21世纪高职高专经管类专业立体化规划教材

# 电子商务实务

张 琴 主 编
吴 婷 刘会丽 徐海峰 副主编

清华大学出版社
北 京

## 内 容 简 介

本书是一本体现"项目导向、任务驱动"的电子商务实务教材，本书力求突出高等职业教育的特色，引入国内外职业教育教学和教材编写的先进理念，以"理论够用，更注重实际操作能力，培养技术技能型人才"的思想为指导，从任务出发，引出内容体系。本书共分为 10 个项目，主要包括认识电子商务、网络营销、网络商品交易、网络商务安全、网络支付、网络商品配送、网络客户服务、移动商务、电子商务信息服务、电子商务法律法规等。

本书既可作为高职高专电子商务专业、市场营销、经济类专业、管理类专业及相关专业的教材，也可作为广大电子商务爱好者自学的入门教材，还可作为从事电子商务工作人员的实践指导用书或参加电子商务师职业资格考试的参考用书。

本书封面贴有清华大学出版社防伪标签，无标签者不得销售。
版权所有，侵权必究。举报：010-62782989，beiqinquan@tup.tsinghua.edu.cn。

**图书在版编目(CIP)数据**

电子商务实务/张琴主编. —北京：清华大学出版社，2015(2023.9重印)
(21 世纪高职高专经管类专业立体化规划教材)
ISBN 978-7-302-39190-6

Ⅰ. ①电… Ⅱ. ①张… Ⅲ. ①电子商务—高等职业教育—教材 Ⅳ. ①F713.36

中国版本图书馆 CIP 数据核字(2015)第 017715 号

责任编辑：秦　甲
装帧设计：杨玉兰
责任校对：周剑云
责任印制：宋　林

出版发行：清华大学出版社
　　　网　　　址：http://www.tup.com.cn, http://www.wqbook.com
　　　地　　　址：北京清华大学学研大厦A座　　邮　　编：100084
　　　社 总 机：010-83470000　　邮　　购：010-62786544
　　　投稿与读者服务：010-62776969, c-service@tup.tsinghua.edu.cn
　　　质量反馈：010-62772015, zhiliang@tup.tsinghua.edu.cn
　　　课件下载：http://www.tup.com.cn, 010-62791865
印 装 者：天津安泰印刷有限公司
经　　销：全国新华书店
开　　本：185mm×260mm　　印　张：17　　字　数：410 千字
版　　次：2015 年 3 月第 1 版　　　　　印　次：2023 年 9 月第 8 次印刷
定　　价：49.00 元

产品编号：061212-02

# 前　　言

　　本书是"电子商务实务"课程的理论与实践一体化教程，是根据教育部"高职高专教育要面向生产、建设、管理、服务第一线，培养技能型、应用型人才"的基本要求，构建教材体系，以网络商务岗位实际需求设计教学内容。基于工作过程，设计了10个项目30个任务，力争做到使学生在学中做，做中学。

　　在编排形式上，通过为每个项目设置任务，让学生明确在实际工作中要解决什么样的问题，也方便教师安排每个单元的各个任务。任务总结则让学生反思以及教师带领学生回顾学习的知识及技能，技能检测是通过检查学生自己的学习状况进行查漏补缺。最后安排课外实训任务，拓展和提升学生举一反三的实践能力。

　　本书具有以下特色。

　　(1) 内容体系基于工作过程。以网络商务工作过程为导向，以网络商务岗位工作任务为载体设计了30个任务。

　　(2) 以实战演练激发学生的学习兴趣，提升技能。基于学生爱动手操作、对理论知识不感兴趣的特点，以实操方式让学生掌握理论知识点；同时通过实战演练，也可以提升学生的操作技能。

　　(3) 将课堂教学与项目拓展的课外活动相结合。

　　本书共包括10个项目，分别是：认识电子商务，网络营销，网络商品交易，网络商务安全，网络支付，网络商品配送，网络客户服务，移动商务，电子商务信息服务，电子商务法律法规。

　　本书由南通科技职业学院的张琴担任主编，并确立了本课程的课程标准，同时负责全书的修改和定稿。具体编写分工如下：南通科技职业学院的张琴编写项目一、项目三的任务三以及项目四、项目五、项目七、项目八以及项目十、南通科技职业学院的刘会丽编写项目二，南通科技职业学院的吴婷编写项目三中的任务一、任务二和项目六，南通科技职业学院的徐海峰编写项目九。在本书的编写过程中，得到了南通千讯信息技术有限公司总经理吴娜、深圳深锐思软件公司总经理钱锋的鼎力支持和帮助，并参与校稿。

　　本书在编写过程中参考和借鉴了一些同行的有关论著和研究成果，在这里表示衷心的感谢。本书的顺利完成，还要特别感谢清华大学出版社的大力支持，感谢编辑老师对书稿的认真编校。

　　编写"工作过程导向"的教材是一种新的探索，尽管编者为了提高教材的质量做了不少努力，但因时间和水平有限，书中难免存在不足，恳请广大读者不吝赐教(ntqinzhang@163.com)，以便今后进行修改与完善。

编　者

# 目 录

项目一 认识电子商务 .................. 1

 任务一 初识电子商务 .................. 1
  一、电子商务的产生及其发展 .......... 1
  二、电子商务的定义及内涵 ............ 6
  三、电子商务的概念模型 .............. 8
  四、电子商务的基本组成 ............. 10
  五、电子商务的分类 ................. 11
  六、电子商务的特点 ................. 14
  七、电子商务的功能 ................. 15
  八、电子商务的效益 ................. 18

 任务二 电子商务应用 ................. 22
  一、登录 Google 或百度搜索引擎 ...... 23
  二、浏览电子商务相关站点 ........... 24
  三、淘宝购物体验 ................... 26
  四、电子商务团购体验 ............... 27
  五、淘宝开店体验 ................... 29

项目二 网络营销 ..................... 32

 任务一 网络商务信息的收集与发布 ..... 32
  一、网络商务信息的概念和特点 ....... 32
  二、网络商务信息的分级 ............. 33
  三、网络商务信息的收集 ............. 34
  四、网络商务信息的发布 ............. 35

 任务二 网络广告 ..................... 37
  一、网络广告的概念及特点 ........... 37
  二、常见的网络广告形式 ............. 38
  三、网络广告的计价方式 ............. 41
  四、网络广告设计 ................... 41
  五、网络广告服务商的选择 ........... 42
  六、网络广告发布的渠道及方式 ....... 43

 任务三 网络促销 ..................... 45
  一、网络促销的概念和特点 ........... 45
  二、网络促销的方法 ................. 45
  三、促销活动的实施 ................. 48

项目三 网络商品交易 ................. 51

 任务一 C2C 电子商务 ................. 51
  一、C2C 电子商务概念 ............... 51
  二、C2C 交易模式 ................... 52
  三、C2C 盈利模式 ................... 52
  四、目前我国 C2C 发展中存在的
    问题 ............................ 53
  五、应对 C2C 问题的措施 ............ 55

 任务二 B2C 电子商务 ................. 56
  一、B2C 电子商务概念 ............... 57
  二、B2C 商城类型 ................... 57
  三、B2C 模式的分类 ................. 58
  四、B2C 盈利模式 ................... 59

 任务三 B2B 电子商务 ................. 60
  一、B2B 电子商务概述 ............... 60
  二、B2B 电子商务分类 ............... 62
  三、B2B 电子商务交易流程 ........... 64
  四、B2B 盈利模式 ................... 67

项目四 网络商务安全 ................. 80

 任务一 防火墙技术 ................... 80
  一、防火墙的基本概念 ............... 80
  二、防火墙的构成 ................... 81
  三、防火墙的类型 ................... 82
  四、防火墙的优点 ................... 83
  五、防火墙的局限 ................... 84
  六、防火墙的应用 ................... 84

 任务二 数据加密技术 ................. 88
  一、数据加密、解密的基本过程 ....... 88
  二、对称加密技术 ................... 89
  三、非对称加密技术 ................. 90
  四、数字信封 ....................... 91

五、数字摘要 ..................................... 91
　　六、数字签名 ..................................... 92
任务三　CA 认证技术 ............................. 93
　　一、认证中心 ..................................... 94
　　二、数字证书 ..................................... 96
任务四　安全技术协议 ......................... 122
　　一、安全套接层协议 ......................... 122
　　二、安全电子交易协议 ..................... 125

## 项目五　网络支付 ............................. 128

任务一　电子现金 ................................. 128
　　一、电子现金 ................................... 128
　　二、电子钱包 ................................... 130
任务二　银行卡 ..................................... 133
　　一、银行卡 ....................................... 133
　　二、智能卡 ....................................... 136
任务三　电子支票 ................................. 140
任务四　第三方网上支付 ..................... 144
　　一、第三方网上支付的概念 ............. 144
　　二、第三方网上支付特点 ................. 144
　　三、第三方网上支付行业分类 ......... 145
　　四、第三方网上支付经营模式 ......... 145
　　五、第三方网上支付主流产品 ......... 145
　　六、第三方网上支付存在的问题 ..... 146
任务五　网络银行 ................................. 148
　　一、网络银行概述 ............................. 149
　　二、网络银行的特点 ......................... 150
　　三、网络银行功能 ............................. 151
　　四、网络银行业务与服务 ................. 152
　　五、我国网络银行现存问题 ............. 154

## 项目六　网络商品配送 ..................... 164

任务一　认识物流 ................................. 164
　　一、物流的概念 ................................. 164
　　二、物流的起源及发展 ..................... 165
　　三、物流的职能要素 ......................... 167

任务二　认识电子商务物流 ................. 169
　　一、电子商务物流的含义 ................. 169
　　二、电子商务物流的特点 ................. 170
　　三、电子商务物流模式 ..................... 171
　　四、仓储管理 ..................................... 174
　　五、货物打包 ..................................... 175
　　六、物流配送 ..................................... 176

## 项目七　网络客户服务 ..................... 179

任务一　售前准备 ................................. 179
　　一、品牌价值培训 ............................. 179
　　二、产品知识培训 ............................. 180
　　三、促销活动传达 ............................. 184
　　四、服务流程培训 ............................. 184
　　五、组织结构培训 ............................. 186
　　六、工作流程培训 ............................. 187
任务二　售中沟通 ................................. 189
　　一、进门问好 ..................................... 189
　　二、接待咨询 ..................................... 190
　　三、推荐产品 ..................................... 191
　　四、处理异议 ..................................... 193
　　五、促成交易 ..................................... 193
　　六、确认订单 ..................................... 195
　　七、礼貌告别 ..................................... 195
　　八、下单发货 ..................................... 196
任务三　售后管理 ................................. 197
　　一、售后服务 ..................................... 197
　　二、正确处理投诉 ............................. 198
任务四　客户关系管理 ......................... 202
　　一、客户关系管理的概念 ................. 202
　　二、客户关系管理的内容 ................. 203
　　三、客户关系管理系统的组成 ......... 203
　　四、客户关系管理之客户分组 ......... 205
　　五、客户关系管理之客户关怀 ......... 206
　　六、客户关系管理之精准营销 ......... 207

## 项目八 移动商务 ............214

### 任务 移动商务实务 ............214
一、移动商务概述 ............214
二、移动商务体系结构 ............217
三、移动商务实现技术 ............218
四、移动商务应用 ............220
五、移动商务发展 ............223

## 项目九 电子商务信息服务 ............226

### 任务一 网络媒体 ............226
一、网络媒体概述 ............226
二、网络媒体的盈利模式 ............227
三、网络传媒产业 ............228

### 任务二 虚拟社区 ............232
一、虚拟社区概念 ............232
二、虚拟社区的类型 ............233
三、虚拟社区的商业价值 ............235

### 任务三 网络娱乐 ............237
一、网络娱乐概述 ............237
二、网络游戏 ............237
三、网络音乐 ............239
四、网络文学 ............240

### 任务四 Web 2.0 及其相关社会软件应用 ............242
一、Web 2.0 及其相关应用的基本概念 ............242
二、博客 ............244
三、播客 ............245
四、移动博客和移动播客 ............247
五、Web 2.0 及其应用的商业价值 ....247

## 项目十 电子商务法律法规 ............251

### 任务一 认识电子商务法 ............251
一、电子商务法的概念 ............251
二、电子商务法的调整对象 ............251
三、电子商务法的地位 ............252
四、电子商务法的性质 ............252
五、电子商务法的主体 ............252
六、电子商务法的特征 ............252
七、电子商务法的作用 ............253

### 任务二 电子商务立法 ............254
一、电子商务立法概述 ............254
二、国外电子商务立法 ............254
三、我国电子商务立法 ............257

## 参考文献 ............260

# 项目一　认识电子商务

## 【知识与技能目标】

- 了解电子商务的产生及其发展，理解电子商务的定义、内涵、概念模型及其基本组成，掌握电子商务的分类、特点、功能和效益，能准确选择使用电子商务。
- 掌握搜索引擎的使用方法，能够浏览电子商务相关站点。
- 掌握网上购物及网店操作的一般流程及基本技能，能够亲自体验网上购物和开店的乐趣。

## 任务一　初识电子商务

### 【情境及任务描述】

你的妹妹张兰今年高考结束，准备填报志愿，她看到很多学校招收电子商务专业，但是她对此不太了解，向你咨询。你准备怎样向她介绍？

### 【知识准备】

### 一、电子商务的产生及其发展

#### 1. 电子商务的产生背景

信息技术(Information Technology，IT)是指 20 世纪后半叶发展起来的两项电子技术，即集成电路技术和数据网络通信技术，它为电子商务的发展奠定了技术基础。

20 世纪 40 年代，开始了信息技术革命的新时代，与工业革命相比发展速度更快，对社会生产力和人类工作、生活方式的影响也都更为深入和广泛。1946 年，美国宾夕法尼亚大学研制成世界上第一台可运行程序的电子计算机，使用了 18800 多个电子管，5000 个继电器，重达 30 余吨，占地 170 平方米，但每秒仅处理 5000 条指令，制造成本则达到几百万美元。1971 年，英特尔(Intel)公司将相当于当年 12 台计算机的处理能力集成到一片 12 毫米的芯片上，而价格却只有 200 美元。电子计算机自诞生以来，由于构成其基本部件的电子器件发生了重大的技术革命，使它得到突飞猛进的发展，突出表现为计算机体积越来越小，速度越来越快，成本却越来越低。回顾电子器件的变化过程，计算机经历了以电子管到晶体管作为逻辑元件，再从晶体管到小集成电路及至今天采用大集成电路或超大集成电路作为逻辑元件，半导体存储器集成度越来越高，内存容量越来越大，外存储器使用各种类型的软、硬盘和光盘，运算速度每秒可达几亿甚至上百亿次。1981年，美国IBM公司研制成功IBM-PC机(Personal Computer，个人计算机)，并迅速发展成为一个系列。微型计算机采用微处理器和半导体存储器，具有体积小、价格低、通用性和适应性方面的能力强、可靠性高等特点。随着微型计算机的出现，计算机开始走进千家万户。

20世纪60年代，美国军方最早开发了作为保障战时通信的互联网技术，把单个计算机连接起来应用，计算机开始了网络化进程。进入70年代，当时美国政府和军方出于冷战需要，设想将分布在美国本土东海岸的四个城市的计算机联系起来，使它成为一个打不烂、拖不垮的网络系统，叫ARPANET。但当时生产的计算机硬件、软件都不一样，要组成这样的网络，就必须把很多不同的计算机硬件和软件通过某种方式连接起来。于是在20世纪70年代初出现了一个关于计算机网络互联的共同协议——TCP/IP，这个协议达成之后，ARPANET取得了较大扩展：从美国本土联到了其在欧洲的军事基地。80年代初，美国科学基金会发现这种方式非常实用，于是把这几个地区的计算机连接起来，并接入大学校园。参加互联网技术开发的科研和教育机构开始利用互联网，这是今天Internet的雏形。20世纪90年代，人们发现互联网技术可以有极其广泛的市场利用价值，而政府却无法靠财政提供互联网服务，于是美国政府的政策开始转向开放市场，由私人部门主导。1991年，美国政府解除了禁止私人企业为商业目的进入互联网的禁令，并确定了收费标准和体制。从此商业网成为美国发展最快的互联网络：个人、私人企业和创业投资基金成为美国互联网技术产业化、商业化和市场化的主导力量。

1991年9月，美国首次把作为信息基础设施(National Information Infrastructure，NII)的全国性光导纤维网络称为"信息高速公路"。美国国家信息基础设施的建成，为人类打开了信息世界之门。美国国家信息基础设施主要由高速电信网络、数据库和先进计算机组成，包括Internet、有线、无线与卫星通信网以及各种公共与私营网络构成的完整网络通信系统。随着NII对公众的开放以及各类网络的联网，个人、组织机构和政府系统都可以利用NII进行多媒体通信，各种形式的信息服务也得到极大发展。1994年9月，美国在建设本国信息高速公路的基础上，又提出建立全球信息基础设施(Globe Information Infrastructure，GII)计划的倡议，呼吁各国把光纤通信网络和卫星通信网络连接起来，从而建立下一代通信网络。1997年7月，美国发布《全球电子商务框架》，明确他们将主导全球电子商务，并制定了九项行动原则。继NII、GII之后，在1999年年初，美国政府又提出发展"数字地球"的战略构想。这是国际信息领域发展的新课题，以信息基础设施和空间数据基础为依托的信息化发展的第三步战略。美国政府的这一系列政策极大地促进了网络经济的发展。

### 2. 电子商务的产生条件

电子商务最早产生于20世纪60年代，发展于20世纪90年代，其产生和发展的重要条件主要如下。

(1) 计算机的广泛应用：近30年来，计算机的处理速度越来越快，处理能力越来越强，价格越来越低，应用越来越广泛，这为电子商务的应用提供了基础。

(2) 网络的普及和成熟：由于Internet逐渐成为全球通信与交易的媒体，因此全球上网用户呈级数增长趋势，快捷、安全、低成本的特点为电子商务的发展提供了应用条件。

(3) 信用卡的普及应用：信用卡以其方便、快捷、安全等优点而成为人们消费支付的重要手段，并由此形成了完善的全球性信用卡计算机网络支付与结算系统，使"一卡在手、走遍全球"成为可能，同时也为电子商务中的网上支付提供了重要的手段。

(4) 电子安全交易协议的制定：1997年5月31日，由美国VISA和Mastercard国际组织等联合制定的SET(Secure Electronic Transfer protocol)即电子安全交易协议的出台，以及该协议得到大多数厂商的认可和支持，为在开发网络上的电子商务提供了一个关键的安全环境。

(5) 政府的支持与推动：自1997年欧盟发布了欧洲电子商务协议，美国随后发布"全球电子商务纲要"以后，电子商务受到世界各国政府的重视，许多国家的政府开始尝试"网上采购"，这为电子商务的发展提供了有力的支持。

### 3. 电子商务的发展

从推动电子商务发展的主要技术角度看，电子商务经历了专用网、Internet和移动电子商务三个发展阶段。

1) 专用网电子商务阶段

20世纪60年代末到80年代(电子商务的萌芽阶段)通过专线或者VAN(Value-Added Network，增值网)实现连接。

EDI(Electronic Data Interchange，电子数据交换)在20世纪60年代末期产生于美国，当时的贸易商们在使用计算机处理各类商务文件的时候发现：由人工输入到一台计算机中的数据有70%是来源于另一台计算机输出的文件，由于过多的人为因素，影响了数据的准确性和工作效率的提高，人们开始尝试在贸易伙伴之间的计算机上使数据能够自动交换，EDI也就应运而生了。

EDI是将业务文件按一个公认的标准从一台计算机传输到另一台计算机上去的电子传输方法。由于EDI大大减少了纸张票据，因此，人们也形象地称之为"无纸贸易"或"无纸交易"。

从硬件方面讲，20世纪90年代之前的大多数EDI都不通过Internet，而是通过租用的电脑线在VAN实现，这样做的目的主要是考虑到安全问题。但随着Internet安全性的日益提高，作为一个费用更低、覆盖面更广、服务更好的系统，其已表现出替代VAN而成为EDI的硬件载体的趋势，因此有人把通过Internet实现的EDI直接叫作Internet EDI。

从软件方面看，EDI所需要的软件主要是将用户数据库系统中的信息，翻译成EDI的标准格式以供传输交换。由于不同行业的企业是根据自己的业务特点来规定数据库信息格式的，因此，当需要发送EDI文件时，从企业专有数据库中提取的信息，必须把它翻译成EDI的标准格式才能进行传输，这时就需要相关的EDI软件来帮忙了。EDI软件主要包括转换软件(Mapper)、翻译软件(Translator)和通信软件。

- 转换软件(Mapper)：用于将原始单证(如订购单证)转换成翻译软件能够理解的平面文件(是用户原始资料格式与EDI标准格式之间的对照性文件，它符合翻译软件的输入格式)或将从翻译软件接收来的平面文件，转换成原计算机系统中的原始单据。
- 翻译软件(Translator)：将平面文件翻译成EDI标准格式文件(EDI报文)或将接收到的EDI报文翻译成平面文件。
- 通信软件：将EDI报文的文件外层加上通信信封(Envelope)，再送到EDI系统交换中心的邮箱(Mailbox)，或从EDI系统交换中心内将接收到的文件取回。

其中，原始单据、平面文件、EDI报文的示例分别如图1-1～图1-3所示。

电子商务实务

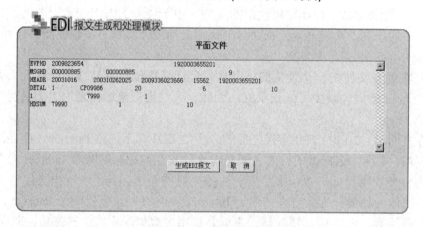

图 1-1　原始单据示例图(以订购单证为例)

图 1-2　平面文件示例图

图 1-3　EDI 报文示例图

EDI 软件的具体工作流程如图 1-4 所示。

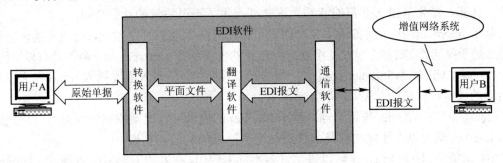

图 1-4 EDI 软件工作流程图

利用通信网络进行账户交易信息的电子传输是电子商务最原始的形式之一。1970 年在美国出现了 EFT(Electronic Funds Transfer，电子资金转账)技术。20 世纪 70 年代，美国航空公司 SABRE 的乘客可以通过终端订票。除此之外，EFT 还用于银行等行业。银行是信息密集型企业，现代银行大量的业务都是通过信息的传递完成。20 世纪 60 年代初期，网络技术的发展促进了 EFT 系统进行账户交易信息的电子传输。电子资金转账系统缩短了银行之间支付指令传输的时间，并减少了在途流动资金。然而，电子资金转账系统并没有改变支付系统的基本结构。

早期的电子资金转账系统主要是银行利用计算机处理银行之间的货币汇划业务，办理汇划结算以及银行计算机与其他机构计算机之间资金的汇划，如代发工资等业务。以后才逐渐发展到今天这样，电子资金可以随时随地通过互联网进行直接转账结算，形成电子商务环境。

2) Internet 电子商务阶段

20 世纪 90 年代以来是基于国际互联网(Internet)的电子商务时代。由于使用 VAN 的费用很高，仅大型企业才有能力使用，因此限制了基于 EDI 的电子商务应用范围的扩大。20 世纪 90 年代中期以后，Internet 迅速走向普及化，逐步地从大学、科研机构走向企业和百姓家庭，其功能也已从信息共享演变为一种大众化的信息传播工具。从 1991 年起，一直徘徊在互联网之外的商业贸易活动正式进入这个王国，促使电子商务成为互联网应用的最大热点。

基于 Internet 的电子商务应用可划分为以下三个阶段。

第一阶段称为电子邮件阶段。这个阶段从 20 世纪 70 年代开始，主要利用 Internet 的电子邮件服务开展各种各样的业务活动，当时的平均通信量以每年几倍的速度增长。

第二阶段称为信息发布阶段。这个阶段从 1995 年起，主要利用 Internet 的 Web 服务功能进行信息发布。Web 从各种信息发布系统中脱颖而出，并已成为目前 Internet 的主要应用技术。

第三阶段称为电子商务阶段。Internet 技术与 WWW 技术广泛应用于商业领域，人类进入了真正的电子商务时代。

上述三个阶段的应用技术正在以惊人的速度高速扩张。电子邮件已经在很大程度上取代了目前的信件和一定程度上的电话、传真；信息发布功能已经取代了一部分报纸、电台、电视台的新闻发布功能，几乎所有重要的报纸都有了免费的电子版本供查阅。许多日常工作,尤其是情况信息的搜集,通过一个鼠标,就可以在短时间内完成,免去了出差、长途电话、传真、邮寄等过去必需的活动,这些都产生了不可估量的社会效益。

基于 Internet 的电子商务活动完全摆脱了传统商务活动的时空限制,使商务的运行和发展更加趋于灵活、实时和全球化。相较基于 EDI 的电子商务,Internet 电子商务具有以下优势。

(1) 成本低:因为 Internet 是覆盖全球的开放性网络,任何人通过接入 Internet 来进行商务活动的成本比传统的 VAN 成本要低很多。

(2) 覆盖广:Internet 覆盖全球,基于 Internet 的应用可以在全球范围内进行,用户通过接入 Internet 就可以方便地与贸易伙伴进行商务信息的沟通和传递。

(3) 功能全:因为 Internet 可以提供许多不同的应用,有着相当丰富的资源,基于 Internet 的电子商务可以支持不同类型的用户实现不同层次的商务目标,如建立商务网站、发布商情信息、在线商务洽谈和建立虚拟商城等。

(4) 更灵活:基于 Internet 的电子商务可以灵活地针对不同的客户提供不同的服务,如针对不同年龄的用户提供个性化的服务界面,针对不同国家和地区的用户提供不同的语言显示。

3) 移动电子商务阶段

随着通信网络的普及,互联网与移动技术结合的服务为提供商创造了更多的商机,使其能够提供更多种类的服务项目,并且能够根据客户的位置和个性提供服务,从而建立和加强其客户关系。移动电子商务利用手机、PDA 及掌上电脑等无线终端进行电子商务活动。它将因特网、移动通信技术、短距离通信技术及其他信息处理技术完美结合,使人们可以在任何时间、任何地点进行各种商贸活动,实现线上线下的购物与交易、在线电子支付,以及各种交易活动、商务活动、金融活动和相关的综合服务活动等。通过个人移动设备可靠地进行电子交易的能力被视为移动互联网业务的重要方面,移动电子商务给用户随时随地获取所需服务提供了更便利的途径。

## 二、电子商务的定义及内涵

### 1. 对电子商务的简单理解

首先,对于"电子商务",我们不妨"望文生义",用公式"电子商务=电子技术+商务活动"表达,用文字可描述为电子商务就是用先进的电子技术改造传统的商务活动,或者说电子商务就是在传统商务活动的一个或多个环节中采用了先进的电子技术手段。这就涉及另外两个必须理解的概念:"电子技术"和"商务活动"。

"电子技术"主要包括网络技术(Intranet、Extranet、Internet 和各种专用网)、Web 技术(Web 服务器技术、Web 浏览器技术和 Internet 协议)、数据库技术及其他多种 IT 技术。

"商务活动"包括提供和获取有形商品或无形服务过程中涉及的一切业务流程,如交换供求信息(发布/获取信息)、达成买卖意向(签订意向书或合同)、销售(付款和交货)、售后服务等。

目前,由于对"电子技术"和"商务活动"的理解范围不同,因此对电子商务概念产生了两种认识,在英文中分别称为 EB(Electronic Business)和 EC(Electronic Commerce),即广义的电子商务和狭义的电子商务。

## 2. 广义和狭义的电子商务

一般认为，广义的电子商务(EB)是指利用各种信息技术(IT)对各种商务/业务活动(Business)实现电子化。

狭义的电子商务(EC)特指运用 Internet 开展的交易(或与交易直接有关的)活动(Commercial)。

可见，两者的差别主要表现在以下两个方面。

(1) 在"电子技术"的应用方面，EB 比 EC 包含的范围广。它不仅指利用 Internet 开展商务活动，还涉及其他 IT 技术的广泛应用，如基于专用网的 EDI 技术、EFT 技术，甚至是电报、电话、传真等电子技术。

(2) 在"商务活动"的涵盖范围上，EB 比 EC 包含的内容多。它不只限于商品交换领域，还包括电子技术在政务、教育、医疗、金融、出版、服务等领域的广泛应用。

需要说明的一点是：在实际应用中，很多场合常常把 EB 和 EC 这两个词混淆使用。事实上，我们也没有必要对这两个概念本身咬文嚼字，对二者进行辨析的主要目的是希望读者打破"电子商务就是网上购物"的认识局限。

## 3. 不同视角电子商务的定义

电子商务一经出现，就以难以想象的速度进入社会、生活及经济领域，成为人们的热门话题。其渗透领域之多、涉及学科范围之广、发展变化速度之快都为开展相关研究带来了很大的困难。同时，由于各国政府、企业、科教组织等在电子商务发展中所处的地位以及对电子商务的参与程度各不相同，迄今为止，关于电子商务并没有一个统一的、权威的、达成共识的定义。下面整理出了一些从不同视角给出的定义，希望读者能加深对电子商务的理解。

1) 国际组织及国际会议给出的定义

国际商会于 1997 年 11 月在法国巴黎举行了世界电子商务会议，云集了全世界商业、信息技术、法律等领域的专家和政府部门的众多代表共同探讨电子商务的概念问题。这次会议给电子商务下的定义是：电子商务是指对整个贸易活动实现电子化，从外延方面可以定义为交易方以电子交易方式而不是通过当面交换或直接面谈方式进行的任何方式的商业交易。它是一种多技术的集合体，包括交换数据(如电子数据交换、电子邮件)、获得数据(共享数据库、电子公告牌)以及自动捕获数据(条形码)等。它的商务包括信息交换、售前和售后服务、销售、电子支付、运输、组建虚拟企业等。

欧洲会议在"电子商务动议"中给出的定义是：电子商务是通过电子方式的商务活动。它的技术是通过电子方式处理和传递数据，包括文本、声音和图像。它的商务涉及许多活动，不仅包括货物电子贸易和服务、在线数据传递、电子资金划拨、电子证券交易、货运单证、商业拍卖、合作设计和工程、在线资料、公共产品获得等有形商品的商务活动，而且还包括无形商品(服务)的商务活动，如信息服务、金融服务、法律服务、健身服务、教育服务等。

联合国经济合作和发展组织在有关电子商务的报告中对电子商务的定义：电子商务是发生在开放网络上的企业之间(B2B)、企业和消费者之间(B2C)的商业交易。

2) 部分 IT 企业的观点

IBM 公司认为，E-Business=IT+Web+Business，即电子商务是在 Internet 等网络的广泛联系与传统信息技术系统的丰富资源相互结合的背景下应运而生的一种相互关联的动态商务活动。电子商务是在 Internet 上进行的重要事务，它利用前所未有的网络方式将顾客、销售商、供货商和雇员联系在一起，将有价值的信息迅速传递给需要的人群，而不仅仅是商业交易。

HP 公司认为，电子商务是指从售前服务到售后支持的各个环节实现电子化、自动化的商务活动。

COMPAQ 公司认为，电子商务是一个以 Internet/Intranet 为架构、以交易双方为主体、以银行支付和结算为手段、以客户数据库为依托的全新商业模式。

3) 来自学者的声音

美国权威学者瑞维·卡拉科塔和安德鲁·B.惠斯顿在他们的专著《电子商务前沿》中提出，"广义地讲，电子商务是一种现代商业方法。这种方法通过改善产品和服务质量来提高服务传递速度，并满足政府组织、厂商和消费者降低成本的需求。这一概念也用于通过计算机网络寻找信息来支持决策。一般来讲，今天的电子商务通过计算机网络将买方和卖方的信息、产品和服务联系起来，而未来的电子商务则通过构成信息高速公路的无数计算机网络中的一条将买方和卖方联系起来。"

中国电子商务研究专家李琪教授在其专著《中国电子商务》一书中指出，"客观上存在着两类或三类依据内在要素不同而对电子商务的定义。第一，广义的电子商务，是指电子工具在商务活动中的应用。电子工具包括从初级的电报、电话到 NII、GII 和 Internet 等工具。现代商务活动指商品的合理、合法的消费除去典型的生产过程后的所有活动；第二，狭义的电子商务，是指在技术、经济高度发达的现代社会里，掌握信息技术和商务规则的人系统化地运用电子工具，高效率、低成本地从事以商品交换为中心的各种活动的全过程。"李琪教授强调了电子商务是新型生产力的观点。

可以看出，以上几类观点有的侧重于描述电子商务所包括的技术和商务范围，有的倾向于刻画技术对商务的功用，有的则更注重商务对技术的应用。总而言之，电子商务是在商务发展的内在要求及技术发展的外在推动下应运而生的。在这里我们认为，如果给出一个更简单系统的定义，电子商务就是指系统化地利用电子工具，高效率、低成本地从事以商品交换为中心的各种活动的全过程。现在，人们已逐步认识到技术始终只是手段，商务才是电子商务的本质。

## 三、电子商务的概念模型

### 1. 电子商务的概念模型概述

电子商务的概念模型是对现实生活中电子商务活动的抽象描述，它由交易主体、电子市场、交易事务，以及信息流、资金流、物流和商流等基本要素构成。电子商务的概念模型如图 1-5 所示。

项目一 认识电子商务

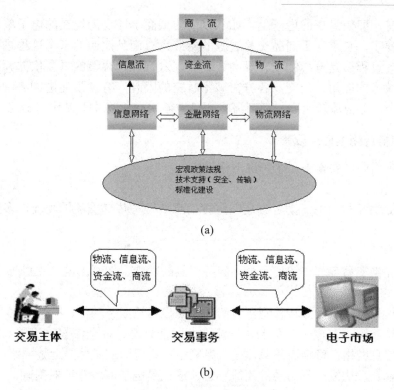

图 1-5 电子商务的概念模型

交易主体是指从事电子商务活动的对象,是电子商务活动的实际参与主体,包括买卖双方和交易活动必需的第三方中介机构,如企业、银行、政府机构、认证机构和个人等;电子市场是指电子商务参与各方从事商品和服务交换的场所,它是由商务活动参与主体,利用通信网络连接成的虚拟的统一经济整体;交易事务是指电子商务参与各方所从事的具体的商务活动的内容,例如询价、报价、转账支付、广告宣传、商品运输等。

**2．电子商务的信息流、资金流、物流和商流**

电子商务的应用是信息流、资金流、物流和商流的整合。其中,信息流最为重要,它对整个流程起着监控作用,而物流、资金流则是实现电子商务的保证,商流代表着货物所有权的转移,标志着交易的达成。

信息流在电子商务活动中最基本也最普遍,既包括商品信息、营销信息、技术支持、售后服务等内容,也包括诸如询价单、报价单、付款通知单、转账通知单等商业贸易单证,还包括交易方的支付能力、支付信誉、中介信誉等。

资金流主要是指资金在银行之间的转移过程,包括付款、转账、兑换等过程。

物流主要是指商品和服务的存储、保管、加工、配送、运输和装卸。在电子商务交易中,通过网络实现物流的能力十分有限,只能直接传输如软件、有价信息等信息类商品和服务。对于大多数实体商品和服务来说,物流仍然要经由传统的配送渠道和方式。

商流是指商品在购、销之间进行交易和商品所有权转移的过程,具体包括商品交易的一系列活动,它是在电子交易的过程完成之后,通过物流来实现的。

在电子商务的应用中,十分强调物流、资金流、商流和信息流的整合。在网络环境下,虽然商务活动的顺序并没有改变,但进行交易和联络的工具改变了,要处理的信息形式也发生了重要改变，即信息流的电子化，如从以前的纸面单证变为现在的电子单证。信息流的作用更为重要了，它贯穿于商品交易过程的始终，对商品流通的整个过程进行控制，记录整个商务活动过程，是分析物流、导向资金流、进行经营决策的重要依据。由于电子工具和网络通信技术的应用，使交易各方突破了时空的限制，有利于促进物流、资金流和信息流的有机结合，加快流转速度。而商流也通过方便快捷的物流得以快速实现。

#### 3．电子商务应用的硬件要素

电子商务应用硬件要素由三个关键网络构成。

1) 信息网络

信息网络提供参与商务活动各方之间进行信息处理与传递交流的功能，多以网站的形式出现。

2) 金融网络

金融网络提供交易各方在线使用金融服务工具的功能，如网上电子支付等。

3) 物流网络

物流网络提供商品从卖方转移到买方的物流配送运输服务功能。

这三个网络实际上是电子商务的"三流"，即信息流、资金流和物流的基础环境。信息流的载体是信息网络；资金流的载体是金融网络；物资流的载体是运输网络，三流互动，各种网络有机融合，构成商务活动的川流不息，这也是电子商务营运的基础。

## 四、电子商务的基本组成

电子商务的基本组成要素有网络、用户、认证中心、物流配送、网上银行、商家等，其系统结构如图1-6所示。

图1-6　电子商务的组成

#### 1．网络

网络是电子商务的基础，是商务、业务信息传送的载体；Intranet是企业内部商务活动的场所；Extranet是企业与企业以及企业与个人进行商务活动的纽带。

#### 2．用户

电子商务用户分为个人用户和企业用户。个人用户，使用浏览器等接入Internet。企业用户，建立企业内联网、外部网和企业管理信息系统，对人、财、物、供、销、存等进行科学管理。企业利用Internet网页站点发布产品信息、接受订单等，如要在网上进行销售等商务活动，还要借助于电子报关、电子报税、电子支付系统，以及海关、税务局、银行等进行有关商务、业务处理。

### 3．认证中心

认证中心 CA(Certification Authority)是受法律承认的权威机构，负责发放和管理数字证书，使网上交易的各方能互相确认身份。数字证书是一个包含有证书持有人、个人信息、公开密钥、证书序号、有效期、发证单位的电子签名等内容的数字文件。

### 4．物流配送

接受商家送货要求，组织运送无法从网上直接得到的商品，跟踪产品的流向，将商品送到消费者手中。

### 5．网上银行

在 Internet 上实现银行的业务，为用户提供 24 小时实时服务；与信用卡公司合作，发放电子钱包，提供网上支付手段，为电子商务交易中的用户和商家服务。

## 五、电子商务的分类

### 1．按照商务形态分类

按照商务形态可把电子商务分为两类：完全电子商务(Pure EC)和不完全电子商务(Partial EC)。

如果在全部商务活动中，所有业务步骤都是以传统方式完成的，则称为传统商务；如果在全部商务活动中，所有业务步骤都是以数字化方式完成的，则称为完全电子商务。在整个交易过程中，双方根本无须见面，甚至可以足不出户，这就是我们理想中的电子商务。但是，现实生活中还存在着相当一部分介于两者之间的商务形态，即并非商务活动的所有环节都以传统方式或电子方式开展，而是二者兼而有之。一部分业务过程是通过传统方式完成的，另外一部分则应用了 IT 技术手段。这种在全部商务活动中，至少有一个或一个以上的业务环节应用了 IT 技术的商务形态，一般称为不完全电子商务。

下面，我们用一个立体图形进一步说明三种商务形态，如图 1-7 所示。

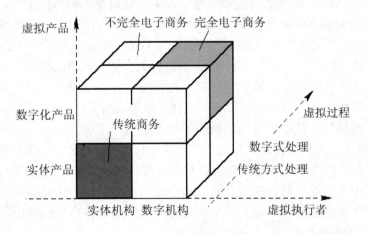

图 1-7　电子商务形态模型

**电子商务实务**

在图1-7中，主要根据产品形态(服务方式)、业务处理方法和组织机构等的数字化程度划分了三种商务形态。在三个维度中，产品形态包括有形物质产品和数字化产品(传统服务和新型数字化服务)；业务处理方法包括传统处理方式和数字化处理方式；组织机构包括实体机构和数字化机构。

介于传统商务和完全电子商务之间的6个方块全部用来描述不完全电子商务(Partial EC)形态。如在Amazon(亚马逊，是全球第一家也是最大的虚拟书店)买了一本书，这个过程就属于不完全电子商务，因为它通过联邦快递送书。其一，送来的书是有形产品；其二，物流配送方式也不是数字化的。

完全和不完全电子商务均提供特有的机会，同一公司往往二者兼营。不完全电子商务要依靠一些外部要素，如运输系统的效率等。直接电子商务能使双方越过地理界限直接进行交易，充分挖掘全球市场的潜力。

**2. 按照交易对象分类**

按照交易对象把电子商务主要分为六类：B2C、B2B、C2C、B2G、G2C和G2G。B、C、G分别代表企业(Business)、个人消费者(Consumer)和政府(Government)三个交易主体。下面通过重点讨论B2C、B2B、C2C三种电子商务模式来了解电子商务的基本运营状态。

1) 企业与消费者间的电子商务(B2C)

这是人们最熟悉的一种电子商务类型，交易起点为企业，终点为消费者，基本等同于电子零售。目前，在Internet上遍布这种类型的购物网站，通过网上商店买卖的商品可以是实体化的，如书籍、鲜花、服装、食品、汽车、电视等；也可以是数字化的，如新闻、音乐、电影、数据库、软件及各类基于知识的商品；还有提供的各类服务，如安排旅游、住宿、订票、在线医疗诊断和在线教育与培训、网上游戏和娱乐等。B2C对于企业来说可以扩大企业产品的知名度，拥有更大的市场，以及利用网络的跨地域性，在销售通道上，更易控制和掌握。而对于个人来说，进行电子消费，不受时间及地域限制，让消费者有更多的自主权。在消费变得方便的同时，消费者作为个体，将有更多的时间及精力来完成其他生活事务。如亚马逊网上书店就是典型的B2C型电子商务企业。

2) 企业与企业间的电子商务(B2B)

B2B方式是电子商务应用中最受企业重视的形式，目前B2B的主要形式是以企业间的产品批发业务为主，因此B2B也称为批发电子商务。这是电子商务的主流，主要着重企业的经营效率，利用网络整体提高企业的管理、经销、产品推广水平，从而改善传统商业模式所带来的弊端，对于企业的新产品推广，更易快速打入市场。企业可以使用Internet或其他网络寻找最佳合作伙伴，完成从订购到结算的全部交易行为，包括向供应商订货、签约、接受发票和使用电子资金转移、信用证、银行托收等方式进行付款，以及完成在商贸过程中发生的其他问题如索赔、商品发送管理和运输跟踪等。这类电子商务除当事人双方之外，更需要涉及相关的银行、认证、税务、保险、物流配送、通信等行业部门；对于国家间的B2B，还要涉及海关、商检、担保、外运、外汇等行业部门。总之，必须有各参与方的有机配合和实时响应，可以说，这些行业部门也都是参与对象。目前应用最广泛的B2B型电子商务是基于交易中介服务平台的模式，即交易企业双方之间的一切活动都是通过中介服务平台提供的各种电子商务服务实现的。如全球最大的网上交易市场阿里巴巴就是著名的企业间电子商务(B2B)服务公司。

3) 消费者与消费者间的电子商务(C2C)

C2C 是 Internet 上产生的一种新模式,是一种个人对个人的网上商务交易方式,也有人称之为 P2P。消费者可以在网上卖出自己多余或不再使用的商品,亦可以在网上买到自己所需要的商品和所喜爱的物品,甚至可以进行物物的直接交换。其中最典型的是在网上拍卖或竞买,开展网上竞价交易,如著名的竞买网站 eBay 已成为世界上最大的拍卖网站。由于这种模式为消费者之间直接交易的开展提供了信息和交易的平台,不仅大大节省了消费者之间交易的时间和成本,也提高了社会效益,受到消费者的喜爱,因此使得 C2C 电子商务的发展非常迅速。淘宝网是国内最大的 C2C 网上交易平台。

4) 政府与企业的电子商务(Government to Business,G2B)

G2B 覆盖企业与政府之间的各种事务。政府通过网上服务,为企业创造良好的电子商务环境,诸如网上报批、网上报税、电子缴税、网上报关、EDI 报关、电子通关等;企业对政府发布的采购清单,以电子化方式回应;企业对政府的工程招标,进行投标及竞标;政府可经过网络实施行政事务的管理,诸如政府管理条例和各类信息的发布;涉及经贸的电子化管理;价格管理信息系统的查询;工商登记信息、统计信息、社会保障信息的获取;咨询服务、政策指导;政策法规和议案制定中的意见收集;网上产权交易,各种经济政策的推行,等等。

5) 政府与消费者的电子商务(Government to Customer,G2C)

在现代社会中,政府也对个人的繁杂的事务处理转到网上进行。这也正是电子商务中政府作为参与方所要从事的管理活动,包括政府对个人身份的核实;对公民福利基金、生活保障费的发放;收集民意和处理公民的信访及举报;政府主持的拍卖;公民的自我估税、报税及电子纳税;公民行使对政府机构和官员的监督;政策法规的查询等。

当今世界,许多政府都将 G2B、G2C 的电子商务看作是树立良好形象、提供优质服务的基本办法。主要运作方式是政府上网,就是将政府职能上网,在网络上成立一个虚拟的政府,在 Internet 上实现政府的职能工作。政府上网后,可以在网上发布政府部门的名称、职能、机构组成、工作章程、各种资料以及文档等,并公开政府部门的各项活动,增加办事执法的透明度,为企业和公众与政府打交道提供方便,同时也接受社会的民主监督,提高公众的参政议政意识。与此同时,由于 Internet 是跨国界的,政府上网将能够让各国政府互相了解(在有限的范围内),加强交流,从而适应经济全球化的趋势。

**3. 按照网络范围分类**

按照网络范围的不同,电子商务可以分为以下四种类型。

1) 企业内部电子商务

企业内部电子商务即企业内部之间(注:企业的各个部分可以在不同的地域)通过企业内部网的方式处理与交换经营管理信息。企业内部网是一种有效的商务工具,通过防火墙,企业将自己的内部网与 Internet 隔离,可以用来自动处理商务操作及工作流,增强对重要系统和关键数据的存取,共享经验,共同解决客户问题,并保持组织间的联系。通过企业内部的电子商务,可以增加商务活动处理的敏捷性,对市场状况能更快地做出反应,可以更好地为客户提供服务。

2) 本地电子商务

本地电子商务通常是指利用本城市内或本地区内的信息网络实现的电子商务活动,电子交易的地域范围较小。本地电子商务系统是利用 Internet、Intranet 或专用网将下列系统联结在一起的网络系统：①参加交易各方的电子商务信息系统，包括买方、卖方及其他各方的电子商务信息系统；②银行金融机构电子信息系统；③保险公司信息系统；④商品检验信息系统；⑤税务管理信息系统；⑥货物运输信息系统；⑦本地区 EDI 中心系统(实际上，本地区 EDI 中心系统联结各个信息系统的中心)。本地电子商务系统是开展远程国内电子商务和全球电子商务的基础系统。

3) 远程国内电子商务

远程国内电子商务是指在本国范围内进行的网上电子交易活动，其交易的地域范围较大，对软硬件和技术要求较高，要求在全国范围内实现商业电子化、自动化，以及实现金融电子化，交易各方具备一定的电子商务知识、经济能力和技术能力，并具有一定的管理水平和能力等。

4) 全球电子商务

全球电子商务是指在全世界范围内进行的电子交易活动，参加电子交易的各方通过网络进行贸易。涉及有关交易各方的相关系统，如买方国家进出口公司系统、海关系统、银行金融系统、税务系统、运输系统、保险系统等。全球电子商务业务内容繁杂，数据来往频繁，要求电子商务系统严格、准确、安全、可靠，应制定出世界统一的电子商务标准和电子商务(贸易)协议，使全球电子商务得到顺利发展。

# 六、电子商务的特点

电子商务的特性可归结为：商务性、服务性、集成性、可扩展性、安全性和协调性。

## 1. 商务性

电子商务最基本的特性为商务性，即提供买、卖交易的服务、手段和机会。因而，电子商务对任何规模的企业而言，都是一种机遇。就商务性而言，电子商务可以扩展市场，增加客户数量；通过将万维网信息连至数据库，企业能记录下每次访问、销售、购买形式、购货动态以及客户对产品的偏爱，这样企业就可以通过统计这些数据来得知客户最想购买的产品是什么。

## 2. 服务性

在电子商务环境中，客户不再受地域的限制，像以往那样，忠实地只做某家邻近商店的老主顾，他们也不再仅仅将目光集中在最低价格上。因而，服务质量在某种意义上成为商务活动的关键。技术创新带来新的成果，互联网应用使得企业能自动处理商务过程。现在 Internet 上许多企业都能为客户提供完整服务，而网络在其中起了催化剂的作用。企业通过将客户服务过程移至网上，使客户能以一种简捷的方式完成过去较为费事才能获得的服务。如将资金从一个存款户头移至一个支票户头、查看一张信用卡的收支、记录发货请求，乃至搜寻购买稀有产品，这些都可以足不出户而实时完成。显而易见，电子商务提供的客户服务具有一个明显特性：方便。这不仅对客户如此，对企业同样也能受益。在国外大银行，通过电子商务，客户能全天候地存取资金，快速地阅览诸如押金利率、贷款过程等信息，使服务质量大大提高。

### 3. 集成性

电子商务的集成性指通过技术实现新老资源、人工操作与电子系统处理的有机集成。Internet 的真实商业价值在于协调新老技术，使用户能行之有效地利用已有的资源和技术，更加有效地完成任务。电子商务的集成性，还在于事务处理的整体性和统一性，它能规范事务处理的工作流程，将人工操作和信息处理集成为一个不可分割的整体。这样不仅能提高人力和物力的利用，同时也提高了系统运行的严密性。

### 4. 可扩展性

要使电子商务正常运作，必须确保其可扩展性。万维网上有数以百万计的用户，而在传输过程中，时不时地出现高峰状况。倘若一家企业原来设计每天可受理 40 万人次访问，而事实上却有 80 万人次访问，就必须尽快配有一台扩展的服务器，否则客户访问速度将急剧下降，甚至还会拒绝数千次可能带来丰厚利润的客户的来访。如果在出现高峰状况时能及时扩展，就可使得系统阻塞的可能性大为下降。电子商务中，耗时仅 2 分钟的重启可能导致大量客户流失，因而可扩展性极其重要。对电子商务来说，可扩展的系统是稳定的系统。稳定系统才能提供优质服务和促进电子商务的不断发展。

### 5. 安全性

对于客户而言，无论网上的物品如何具有吸引力，如果缺乏对交易安全性的把握，就会导致不敢在网上进行买卖。在电子商务中，安全性是必须考虑的核心问题。欺骗、窃听、病毒和非法入侵都在威胁着电子商务，因此要求网络能提供一种端到端的安全解决方案，包括加密机制、签名机制、分布式安全管理、存取控制、防火墙、安全万维网服务器、防病毒保护等。为了帮助企业创建和实现这些方案，国际上多家公司联合开展了安全电子交易的技术标准和方案研究，并发表了 SET(安全电子交易)和 SSL(安全套接层)等协议标准，使企业能建立一种安全的电子商务环境。随着技术的发展，电子商务的安全性也会相应增强，并作为电子商务的核心技术。

### 6. 协调性

商务活动是一种协调过程，它需要客户与公司内部、生产商、批发商、零售商间的协调，在电子商务环境中，它更要求银行、配送中心、通信部门、技术服务等多个部门的通力合作。为提高效率，许多组织都提供了交互式的协议，电子商务活动可以在这些协议的基础上进行。电子商务是迅捷简便的、具有友好界面的用户信息反馈工具，决策者们能够通过它获得高价值的商业情报、辨别隐藏的商业关系和把握未来的趋势。因而，他们可以做出更有创造性、更具战略性的决策。

## 七、电子商务的功能

从电子商务角度，对商务活动进行分析，将纷繁复杂的商务活动分为三个方面：信息、管理和交易。所有商务活动都可以归入其中的一类，或同时归入其中两类、三类。按照电子商务功能目标的不同，与信息、管理和交易服务相对应，可将电子商务基本功能概括为"3C"，即内容管理(Content Management)、协同处理(Collaboration)与交易服务(Commerce)

三大类。电子商务的系统功能分类是既有区别又相互联系的三个方面,它们的组合构成了电子商务的基本功能。如图 1-8 描述了内容管理、协同处理和交易服务三者的关系。

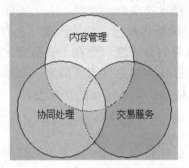

图 1-8　电子商务的交易功能

### 1. 内容管理

内容管理即管理网上需要发布的各种信息,指的是借助信息技术,协助组织和个人,实现内容的创建、存储、分享、应用、更新,并在企业、个人、组织、业务、战略等方面产生价值的过程。其内容主要包括三个方面:信息沟通的渠道与信息的分布、信息服务(集成信息资源、信息搜索、分类、处理)和信息的安全(保密、真实、可靠)。

### 2. 协同处理

协同处理指能支持不同组织(如企业和企业之间、供应链和供应链之间、企业和政府机构之间)、不同部门(如企业各个部门之间、政府各个部门之间)、群体人员的协同工作,它通过通信系统(包括电子邮件和办公系统)、自动处理业务流程系统、管理信息系统、内部网和外部网协同业务活动,能大大降低运作成本,缩短产品开发周期。

### 3. 交易服务

交易服务即电子方式下的买卖活动,具体包括四个方面的应用:市场与售前服务、销售活动、客户服务、电子货币支付。

电子商务交易服务过程同普通贸易过程一样,也分三个阶段:交易前、交易中和交易后。

交易前:主要是指交易各方在交易合同签订前的活动,包括在各种商务网络和 Internet 上发布和寻找交易机会,寻求合适的贸易伙伴等,并可以通过网络交换信息比较价格,了解对方的信誉和条件,以及最后确定交易对象。

交易中:主要是指电子合同签订后的贸易交易过程,涉及银行、税务、海关、商检、物流等方面的电子单证交换,这种交换常常通过 EDI 实现。

交易后:在交易双方办完各种手续后,商品交付运输公司起运,物流过程可以通过电子商务网络跟踪货物的行程。银行则按照合同,依据贸易方提供的单证向另一方支付交易资金,出具相应的银行单证,实现整个交易过程。

电子商务通过 Internet 提供网上交易和管理的全过程服务,具体表现为:对企业和商品的广告宣传、交易的咨询洽谈、客户的网上订购、招标,网上支付,销售前后的服务传递,客户的信息征询,以及对交易过程的管理等。

1) 广告宣传

电子商务使企业可通过自己的 Web 服务器在 Internet 上全球范围做广告宣传，宣传企业形象和发布各种商品、服务信息。客户在网上检索所需商品信息。与其他各种广告形式相比，网上的广告成本最低，给顾客的信息量却最丰富。

2) 咨询洽谈

电子商务使企业可借助非实时的 E-mail、News Group(新闻组)和 chat(实时讨论组)了解市场和商品信息、洽谈交易事务。如有进一步需求，还可用网上的 Whiteboard Conference(白板会议)、BBS 交流即时信息。网上咨询洽谈超越人们面对面洽谈的限制，能极大地降低交易成本。

3) 网上订购与招标

企业在网上开通网上订购、查询系统，客户即可进行网上电子采购。当客户填写并确认订购单后，系统会回复确认信息给客户，表示订购信息已收悉，并将客户的订单传输给企业的相关业务部门。这样，一方面企业实时操作订购、生产、销售业务和电子商务全过程，保证企业可以对销售活动进行紧密跟踪；另一方面，客户也需要在线实时了解自己网上订单的实施进展，以及查阅账户，实现网上电子采购。

企业在网上开通招标系统，可以将自己需要外包的业务通过网上招标系统，进行招标、竞标、发标。

4) 网上支付

网上支付是电子商务交易过程中的重要环节，企业在网络银行开设电子账户，客户就可以采用信用卡、电子钱包、电子支票和电子现金等多种电子支付方式进行网上支付。建立网上电子账户采用在网上电子支付的方式，可以提高企业品牌形象，密切客户关系，提高支付效率，节省交易开销。但网上支付的顺利实施不仅仅是技术上的问题，它还要求银行、信用卡公司、保险公司等相关机构的支持。同时，需要有一个安全运行的环境，包括建立健全法律法规、社会信用体系、认证机构及必要的安全技术等。

5) 服务传递

电子商务通过服务传递系统将商品尽快地传递到已订货并付款的客户手中。对于有形的商品，服务传递系统可以对本地和异地的仓库在网络中进行物流的调配并通过快递业务完成商品的传送；而无形的信息产品如软件、电子读物、信息服务等则立即从电子仓库中将商品通过网络直接传递给客户。

6) 信息征询

企业的电子商务系统可以采用网页上的调查表单、客户服务中心的电子邮件、讨论组里的留言板等及时收集客户对商品和销售服务的反馈意见以及需求信息。客户的反馈信息能提高网上交易、售后服务的水平，使企业获得改进产品、发现市场的商业机会，使企业的市场运营形成一个良性的封闭回路。

7) 交易管理

整个交易的管理涉及人、财、物多个方面，包括企业和企业、企业和客户及企业内部等各方面的协调和管理。因此，交易管理是涉及商务活动全过程的管理。电子商务的发展，提供了一个良好的交易管理的网络环境及多种多样的应用服务系统。这样，才能保障电子商务获得更广泛的应用。

## 八、电子商务的效益

### 1. 电子商务的经济效益

电子商务的不断发展和完善取得了革命性的成果，使企业的促销、采购、库存及办公成本大大降低，在线服务宣传，树立企业形象和品牌，带来了新的销售机会，提高了企业经营效益，对整个经济的发展都产生了深远影响。

1) 降低采购成本

电子商务具有进一步降低采购费用的潜力，并且通过电子商务，还能很快做出评估和决策，大大提高企业工作效率。据统计，利用 EDI 的企业一般可节省 5%～10%的采购费用。相对专用网络，不仅大企业可以从 EDI 低廉的传输费用中得益，小企业也会从中受益。专用网成本较高，而 Internet 为其开展电子商务敞开大门。Internet 可降低处理费用，并通过网上公开招标，为企业提供新的采购机会和更低的采购成本。例如，通用电气公司照明设备分部报告表明，采购从人工系统转向采用 Internet 协议的电子系统后，在反应速度、服务改进及在减少劳动力和材料成本方面，都产生明显效益。

2) 优化库存和减少产品的积压

生产计划送达供应商所需的时间越长，公司的库存就越大，还会带来延迟和错误，并且使供应商对需求变化来不及做出所要求的快速反应。对公司来说，通过电子商务能优化库存，为客户带来更好的服务以及较低的运营费用。此外，增加库存周转频率，能降低与库存有关的费用，如搬运和存储费，减少库存量意味着现有的制造能力得到更有效的利用，而更有效的生产可以减少或消除对工厂和设备增加投资的要求。

3) 缩短生产周期

通过建立公司与大的供应商和客户之间的电子网络，可使公司以比从前短得多的时间内发送和接收采购订单、发货单和发货通知。某些公司甚至还开始在增值网上共享产品性能指标和图纸，以加速产品的设计与研制。Internet 促成了在不同工作小组和不同地点之间开展合作项目，从而使生产周期进一步缩短。比如，汽车制造商可以通过电子数据交换系统与其各大供应商进行生产与计划需求的信息交流。组装厂通过网络向供应商发送一份电子化的 8～10 周的预测或生产计划，详细注明某一具体计划时段每个工厂所需零部件的数量，同时日生产需求也电子化发给供应商。当零部件准备就绪并装上拖车后，供应商就通知组装厂部件已经上路。组装厂根据拖车到达时间安排其生产线。利用接收到的更精确和及时的信息改变组装程序，大部分北美组装厂每年库存可周转 130 次，比以前高出 7～10 倍。

4) 提供更有效的客户服务

许多公司正在使用 Internet 进行客户服务。在网上介绍产品、提供技术支持、查询订单处理信息，不仅可以解放本公司客户服务人员，让其去处理更复杂的问题，调整与客户的关系。另外，公司十分重视通过 Internet 收集和存储有关客户和产品的信息，建立客户管理系统，进一步提高客户服务的质量。利用 Internet 进行客户服务也可以在联机订单跟踪、下载软件和提供技术支持信息等方面节省开支。

5) 降低运营成本

在传统的商务活动中，随着订购量的增加，公司必须不断增加销售人员，企业运营成本才自然不断增加。而与此相反，企业利用电子商务的特点，可以在很少或根本没有附加费用的情况下增加新客户。这是因为其销售功能置于计算机服务器中，而不是具体的仓储地点或销售人员，它对查询和订货的响应仅仅受到服务器容量的限制。Internet 也可以使传统的销售组织形式，如分级批发渠道、分类销售和广告宣传等更为有效。由于具有自动订购功能，销售代理人不用再预备耗时费力的人工订单，而是可以把时间花在建立和保持客户关系上。电子分类目录可给出比纸分类目录更多的信息和选择方案。直接面向市场的联机服务，可缩短再采购周期，增加销售附带产品的能力。

6) 带来新的销售机会

伴随着 Internet 在全球的运行，在 Web 站点上的企业可以进入一个新的市场，这个市场是它们通过人员促销和广告宣传无法有效进入的。企业通过在网上创建定制服务，卖主可能会在全球建立一个全新的有利可图的市场。利用 Internet 销售产品的公司还能吸引新的客户。例如，在戴尔公司 Web 站点上采购产品的，有 80%的消费者和一半的小公司过去从未购买过戴尔公司的产品。四分之一的人说，若不是有 Web 站点，他们将不会进行这次采购活动。而且，他们的平均采购量高于戴尔公司的老顾客。

### 2．电子商务的社会效益

1) 促使全球经济的发展

电子商务使贸易的范围空前扩大，从而引起全球贸易活动的大幅度增加，提高了贸易环节中大多数角色的交易量。因此，全球范围的经济形势将向一个良好的趋势发展。

2) 促使知识经济的发展

信息产业是知识经济的核心和最主要的推动力，而电子商务又站在信息产业的最前列，使得信息产业在国民经济中所占的比重进一步加大，而且将成为经济发展的新增长点。因此电子商务的发展必将直接或间接地推动知识经济的发展。

3) 促使新兴行业的产生

在电子商务条件下，原有的业务模型发生了变化，许多不同类型业务过程由原来的集中管理变为分散管理，社会分工逐步变细，因而产生了许多新兴行业，以配合电子商务的顺利运转。比如，由于商业企业的销售方式和最终消费者的购买方式的转变，打破了原来的"一手交钱，一手交货"的模式，使得送货上门等业务成为一项极为重要的服务业务，也促进了物流公司的发展。因而，市场的存在必然导致新行业的出现，如配送中心这类具备相当规模的、专门从事送货业务的行业等，从而也创造了更多的就业机会和社会财富。

> **知识链接：电子政务应用**
>
> 电子政务分为政府间的电子政务(G2G)，政府对企业的电子政务(G2B)和政府对公众的电子政务(G2C)三种应用模式。
>
> **1．政府对公众(G2C)**
>
> 政府对公众这一类别涵盖了政府与公众之间所有的交互活动，G2C 包含了多种多样的应用，最基本的思想就是让公众在家就可以和政府沟通交流。公众可以在网上找到他们需要的所有信息，可以提出问题并得到回应，还可以缴税和付账等；政府可以在网上发布信息、开展培训、帮助就业等。图 1-9 列出了北京市政府门户网站(http://www.beijing.gov.cn/)

对公众提供的服务内容。

图 1-9　北京市政府门户网站对公众提供的服务内容

从图 1-9 中可以看到，通过电子政务平台，公众不仅可以获取各类公共信息，如法规政策、道路交通状况、教育、医疗等，还可以享受网上缴税、网上电子证件、网上社保等服务。

## 2. 政府对企业(G2B)

政府对企业电子政务是政府与企业通过网络平台进行的各项交互活动，主要包括：电子采购与招标、电子税务系统、电子工商行政管理系统、信息咨询服务和电子外贸管理服务。

图 1-10 列出了北京市政府门户网站(http://www.beijing.gov.cn/)对企业提供的服务内容。

图 1-10　北京市政府门户网站对企业提供的服务内容

下面进一步介绍目前普遍使用的功能。

### 1) 电子采购

政府采购是一项涉及面十分广泛的系统工程。利用电子化采购和电子招标系统，对提高政府采购的效率和透明度，树立政府公开、公正、公平的形象，以及促进国民经济的发展起着十分重要的作用。通过网络公布政府采购与招标信息，为企业特别是中小企业参与政府采购提供必要的帮助，向他们提供政府采购的有关政策和程序，使政府采购成为阳光

项目一　认识电子商务

作业，减少暗箱操作，降低企业的交易成本，节约政府采购的支出。

目前许多地方政府已经建立了比较完善的电子采购系统，例如，北京市政府就建立了"数字北京招标投标服务平台"。这个服务平台可以发布招标信息、公布中标结果，以及宣传招投标政策、流程等。

2) 电子税务

电子税务系统使企业在家里或企业办公室就能完成税务登记、税务申报、税款划拨、查询税收公报、了解税收政策等业务。

3) 电子工商行政管理

电子工商行政管理系统提供的业务包括：企业登记注册相关文件；企业运营管理，如企业信用信息查询、企业网上年检、合同管理、商标管理、市场管理等；企业登记注册，如各类企业登记注册、广告登记审批、不动产抵押登记等。

4) 电子外贸管理

电子外贸管理系统提供进出口配额许可证的网上发放、网上报关以及网上结汇等业务。

**3. 政府对政府(G2G)**

政府对政府电子政务涵盖了政府内部的所有活动，主要是政府各部门之间的交易，还包括与上下级政府、不同地方政府之间的非企业交易。

主要包括：办公自动化管理系统、协同工作系统、决策支持系统和信息资源库等。办公自动化管理系统的功能包括电子邮件、电子公文、报表汇总、统计分析等，这些功能用以实现日常业务工作流程，如办公文件审批、常用申请、会议管理和档案管理。

**案例**

**一年的交换达成梦想**

用一个回形针换得一套房子，这个想法看上去似乎显得很荒谬，但加拿大的青年凯尔·麦克唐纳却通过网络实现了这个梦想，CNN详细地报道了这一传奇故事。

凯尔·麦克唐纳在当地是一个送货工，和加拿大千千万万的普通小青年一样，凯尔·麦克唐纳买不起房子，不过认为自己拥有良好的推销技能和执着的奋进心，他决定从最廉价的互联网上寻找一些机会来达成他的目标。

麦克唐纳有一枚特大号的红色回形针，是一件难得的艺术品。为了通过这枚回形针交换些更大更好的东西，他在当地的物品交换网站 Craigslist.org 上贴出了广告。很快，来自英属哥伦比亚的两名妇女用一支鱼形钢笔换走了他的红色回形针。就在当天，麦克唐纳又带着那支鱼形钢笔去拜访了艺术家安妮·罗宾斯。没想到，交易顺利达成！麦克唐纳带着一只绘有笑脸的陶瓷门把手走出安妮的家门。

接下来的交换对象，是来自弗吉尼亚州亚历山德里亚市的35岁的肖恩·斯帕克斯。斯帕克斯给了麦克唐纳一只烤炉。麦克唐纳开始意识到物物交换的妙处：每次交换后，他拥有的东西越来越大，价值也是更多。

麦克唐纳决定继续交易下去。加州海军陆战队空军基地的一名军官要了这只烤炉，并给了麦克唐纳一个发电机。随后，他用这只发电机换了一只具有多年历史的百威啤酒的啤酒桶。加拿大蒙特利尔市一名电台播音员相中了这只古典酒桶，用一辆旧的雪地车交换了酒桶。

与此同时，麦克唐纳把每一次的交换经历写在了网上，他的故事引起了许多人的注意。麦克唐纳接受加拿大电视台的采访，表示愿意以前往落基山脉的旅游来交换这辆雪地车。

加拿大一家雪上汽车杂志很快响应，愿意为麦克唐纳提供这次旅行。而麦克唐纳又将这个机会转让给了一个公司经理，换取了一辆1995年生产的泰龙敞篷车。麦克唐纳随即转手把汽车给了一位音乐家，得到了在工作室录制唱片的一份合同。麦克唐纳把这个机会给了凤凰城一名落魄的歌手，歌手感激涕零之余用他的一套双层公寓的免费居住权交换了这次录制唱片的合同！

至此，麦克唐纳仅仅经过一年就由一个两手空空的送外卖的小青年，成为销售经验丰富、拥有一套双层公寓的风云人物。

## 【任务实施】

在学习了相关准备知识后，结合你自己的理解，谈谈你所了解的电子商务。

要求：

(1) 将学生4~6人分成一个小组，组内分工要明确。
(2) 查阅电子商务相关知识的资料。
(3) 小组成员讨论和交流各自的学习成果，由组长进行汇总整合。
(4) 由小组指定代表进行任务汇报。

## 【任务小结】

由教师归纳总结任务中主要的思想、知识点等。

# 任务二　电子商务应用

## 【情境及任务描述】

根据国际航协(IATA)计划，2008年6月1日起，包括中国在内的全球机票代理机构100%实现电子机票，纸质机票从此成为历史。使用电子机票可以在一定程度上降低航空公司的成本，同时由于购买电子机票可以通过网上电子商务付款，无须送取票，不会遗失，凭身份证直接到机场登机，订票也不受时间、地点等影响，给旅客也带来了便利。购买电子机票的旅客登机时手里只有一个登机牌，保险包含在机票中。若旅客想额外购买保险，可以直接在机场购买或网上订购，20元/份，网上订购的保单号会发送到客户的手机上。如需行程单，可到机场电子商务柜台打印或者乘机前、后一月内邮寄。现在南京的李经理接到临时出差通知，要求他2013年10月8日去广州参加当天晚上7点的一场会议，李经理于上午10点便能到禄口机场。作为他的秘书，你准备怎样帮他订票？

项目一　认识电子商务

## 【实训过程】

### 一、登录 Google 或百度搜索引擎

(1) 登录 Google 网址 http://www.google.com.hk，如图 1-11 所示。

图 1-11　Google 首页

(2) 登录百度网址 http://www.baidu.com，如图 1-12 所示。

图 1-12　百度首页

(3) 选择"电子商务发展"、"C2C"等相关关键词进行搜索。
(4) 浏览搜索结果。
(5) 当搜索结果不理想时，及时更换关键词或关键词组合。
(6) 通过搜索结果提供的信息，如链接网址、参考文献等进一步发现其他有价值的信息。

## 二、浏览电子商务相关站点

### 1. 登录中国互联网络信息中心

(1) 登录中国互联网络信息中心网站 http://www.cnnic.net.cn，如图 1-13 所示。

图 1-13　中国互联网络信息中心首页

(2) 查阅最新的中国互联网发展状况统计报告，必要时和以前的统计资料进行对比分析。选择你感兴趣的几个主题着重分析，提出你的观点。选题包括现状分析、解决对策、发展预测等。

### 2. 登录主流电子商务网站

(1) 登录淘宝网站 http://www.taobao.com，如图 1-14 所示。

图 1-14　淘宝网首页

(2) 登录阿里巴巴网站 http://www.1688.com，如图 1-15 所示。

项目一　认识电子商务

图 1-15　阿里巴巴中国站首页

(3) 登录京东商城网站 http://www.jd.com，如图 1-16 所示。

图 1-16　京东商城首页

(4) 登录卓越亚马逊网站 http://www.amazon.cn，如图 1-17 所示。

图 1-17　卓越亚马逊首页

(5) 登录去哪儿网站 http://www.qunar.com，如图 1-18 所示。

电子商务实务

图 1-18　去哪儿首页

## 三、淘宝购物体验

(1) 登录淘宝网 http://www.taobao.com，打开淘宝首页，如图 1-19 所示，将页面移到左下方"新手上路"中的新手专区。单击文字链接后打开新手学购物界面。

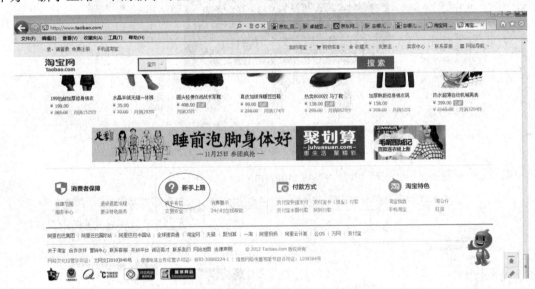

图 1-19　淘宝首页

(2) 新手学购物界面包括获得账号、挑选宝贝、拍下宝贝、支付货款、收货及评价等操作流程，如图 1-20 所示。

项目一　认识电子商务

图 1-20　新手学购物页面

## 四、电子商务团购体验

（1）登录团购导航网站 http://www.31ri.com，如图 1-21 所示。选择自己所在的城市，如南京。在城市下面是团购网站"格子铺"，可以点击一些知名团购网站进入查看团购信息，也可以在"所有团购"下浏览近期的团购信息。

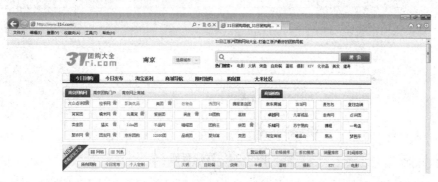

图 1-21　团购导航首页

（2）挑选好自己想团购的产品后，打开页面，如图 1-22 所示。点击"抢购"按钮，即可弹出提交订单页面，选择好数量后点击"提交订单"按钮购买，如图 1-23 所示。

图 1-22　产品页面

图 1-23　提交订单页面

（3）点击"提交订单"按钮后，需要在弹出的注册登录页面注册自己的团购账号，用于付款和发送商品等，如图 1-24 所示。手机号码务必填写正确，团购的信息和确认序列号都会以短信形式发送至你注册的手机上。凭手机短信完成消费。若已注册，直接登录即可。

图 1-24　注册页面

（4）按照随后出现的付款提示选择付款方式进行操作，之后进行评价完成整个交易。

（5）在你的登录账户中可以管理订单、收藏商品、修改账户、查看消息等，如图 1-25 所示。

图 1-25　订单管理页面

## 五、淘宝开店体验

(1) 登录淘宝网 http://www.taobao.com，免费注册，步骤流程如图 1-26 所示。

图 1-26　淘宝注册流程

(2) 发布宝贝，开设店铺，具体流程如图 1-27 所示。

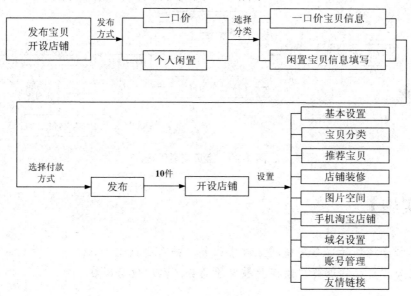

图 1-27　宝贝发布流程

① 点击"我要卖"按钮，再点击"免费开店"按钮，开始发布宝贝。

② 在弹出的页面中根据宝贝实际情况设定填写所有项，包括填写宝贝出售数量、宝贝开售起始时间及有效期选择。

(3) 宝贝出售管理。开店过程中，可点击"我的淘宝"中的"我是卖家"链接，查看店铺各项信息，也可以查看"我的淘宝"中下方的"卖家提醒"专区了解店铺经营最新情况并进行管理。宝贝出售管理示意图如图 1-28 所示。

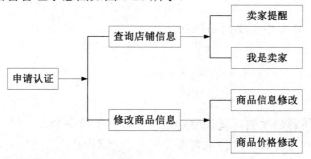

图 1-28　宝贝出售管理

电子商务实务

① 点击"我的淘宝"中的"出售中的宝贝"链接,进入出售宝贝列表。

② 点击需修改信息的宝贝旁的"编辑宝贝"栏目,对需修改的信息进行编辑。已有被出价情况中的宝贝,不允许修改信息。

③ 在卖家付款前,可以进入"我的淘宝"中的"交易管理",根据实际情况重新调整物流承运商和价格。填写好后点击"保存修改过的信息"按钮。

(4) 宝贝交易过程管理。在宝贝卖出之后,进入"我是卖家"中的"已卖出的宝贝",可以查看卖出宝贝的交易状态,以及支付宝交易各阶段的收付款情况。

也可以选择联系买家方式,点击旺旺图标,与买家在线确认。买家会员名可查看买家网上信息,点击"联络买家"栏中的买家真实姓名可以查看买家真实信息以及收货人信息。宝贝交易管理方式如图1-29所示。

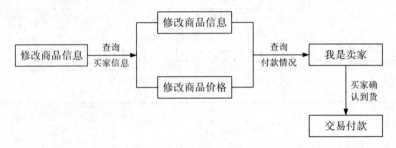

图1-29 宝贝交易管理

## 【任务实施】

1. 请你帮李经理的秘书完成网上订票业务,并简要叙述步骤。
2. 请结合你自己的理解,谈谈开展电子商务活动的优势所在。

要求:

(1) 将学生4~6人分成一个小组,组内分工要明确。
(2) 查阅电子商务相关知识的资料。
(3) 小组成员讨论和交流各自的学习成果,由组长进行汇总整合。
(4) 由小组指定代表进行任务汇报。

## 【任务小结】

由教师归纳总结任务中主要的知识点。

## 【技能检测】

1. 结合自己所接触的案例,谈谈你是怎样理解电子商务的。
2. 电子商务有哪些特点?对传统商务活动有什么影响?
3. 电子商务的基本组成有哪些?

4. 请列举电子商务的经济效益和功能效益。

5. 试查找中国电子商务发展的现状和中国发展电子商务所面临的问题和困难，与西方发达国家同期发展状况做一比较。

## 【实训任务】

1. 谈谈你身边有哪些不同类型的电子商务现象(按参与电子商务的交易主体分类)。
要求：
(1) 分组进行，组内明确分工。
(2) 查阅基本概念的相关知识。
(3) 分析生活中如 B2B、B2C、C2C、B2G、C2G 等常见的电子商务方式。
(4) 小组交流发言。

2. 请同学们搜集宝贝资料，自行完成商家申请认证，在淘宝上开设一个店铺，并发布 10 个宝贝。
要求：
(1) 分组进行，组内明确分工。
(2) 小组交流发言。

# 项目二　网络营销

## 【知识与技能目标】

- 了解网络商务信息的特点及网络商务信息的分级内容；了解网络广告的形式，理解网络广告的特点及网络广告设计的技巧；理解网络促销的形式。
- 掌握网络商务信息收集的基本途径和网络商务信息发布的工具与方法；掌握网络广告发布的渠道及方式；掌握网络促销的实施步骤。
- 学会网络商务信息发布和收集的基本技能；学会网络广告促销和其他网络促销的基本技能。

## 任务一　网络商务信息的收集与发布

### 【情境及任务描述】

假设你是一家儿童玩具生产厂家的网络销售人员，请完成以下任务。
1. 在阿里巴巴网站上发布一则企业产品供给信息。
2. 请利用网络工具搜集关于儿童玩具市场的需求信息。

### 【知识准备】

#### 一、网络商务信息的概念和特点

1. 网络商务信息的概念

在商务活动中，信息通常指的是商业消息、情报、数据、密码、知识等。网络商务信息是指存储于网络并在网络上传播的、能够被识别、符合人类利益和商务发展规律的与商务活动有关的多媒体商务信息集合，是通过网络加以利用的各种商务信息资源的总和，其内容包括商务数据、广告信息、市场信息、经营管理信息、政府政策信息等，可以用文字、数据表格、图像、影像、声音等多种形式表现。

在网络商务活动中，从事网络商务活动的主体(包括企业、个人和政府)依据互联网上传播的商务信息来完成商务活动的市场调研、广告宣传、咨询洽谈、网上订购、竞买竞卖、网上支付、电子账单、服务传递、意见征询、交易管理等。商务信息网站如图2-1所示。

项目二　网络营销

图 2-1　商务信息网站示例

### 2．网络商务信息的特点

(1) 时效性强。传统的商务信息，由于传递速度慢、传递渠道不畅，因而经常导致"信息获得了，但也失效了"的局面。网络商务信息则可有效地避免这种情况。由于网络信息更新及时、传递速度快，只要信息收集者及时发现信息，就可以保证信息的时效性。

(2) 准确性高。网络信息的收集，绝大部分是通过搜索引擎找到信息发布源获得的。在这个过程中，减少了信息传递的中间环节，从而减少了信息的误传和更改，有效地保证了信息的准确性。

(3) 便于存储。现代经济生活的信息量非常大，如果仍然使用传统的信息载体，存储起来难度相当大，而且不易查找。网络商务信息可以方便地从因特网下载到自己的计算机上，通过计算机进行信息的管理。而且，在原有的各个网站上，也有相应的信息存储系统。自己的信息资料遗失后，还可以到原有的信息源中再次查找。

(4) 检索难度大。虽然网络系统提供了许多检索方法，但全球范围的各行各业的海量信息常常把企业营销人员淹没在信息海洋或者说信息垃圾之中。在浩瀚的网络信息资源中，迅速地找到自己所需要的信息，经过加工、筛选和整理，把反映商务活动本质的、有用的、适合本企业情况的信息提炼出来，需要相当一段时间的培训和经验。对于现代企业来说，如果把人才比作企业的支柱，信息则可看作是企业的生命，是企业不可须臾离开的法宝。网络商务信息，不仅是企业进行网络营销决策和计划的基础，而且对于企业的战略管理、市场研究以及新产品开发都有着极为重要的作用。

## 二、网络商务信息的分级

不同的网络商务信息对不同用户的使用价值或效用不同，从网络商务信息本身所具有的总体价格水平来看，可以将其粗略地分为四个等级。

第一级：免费商务信息。这些信息主要是社会公益性的信息。对社会和人们具有普遍服务意义的信息，只占信息库数据量的 5% 左右。这类信息主要是一些信息服务商为了扩大本身的影响，从产生的社会效益上得到回报，推出的一些方便用户的信息，如在线免费软件、实时股市信息等。

第二级：低收费信息。这些信息是属于一般性的普通类信息。由于这类信息的采集、加工、整理、更新比较容易，花费也较少，因此这类信息是较为大众化的信息。这类信息占信息库数据量的10%~20%，只收取基本的服务费用，不追求利润，如一般性文章的全文检索信息。信息服务商推出低收费信息，一方面是体现社会普遍服务意义；另一方面是为了提高市场的竞争力和占有率。

第三级：收取标准信息费的信息。这些信息是属于知识、经济类的信息，收费采用成本加利润的资费标准。这类信息的采集、加工、整理、更新等比较复杂，要花费一定的费用。同时信息的使用价值较高，提供的服务层次较深。收取标准信息费的信息占信息库数据量的60%左右，是信息服务商的主要服务范围。网络商务信息大部分属于这一范畴。

第四级：优质优价的信息。这类信息是有极高使用价值的专用信息，如重要的市场走向分析、网络畅销商品的情况调查、新产品新技术信息、专利技术以及其他独特的专门性的信息等，是信息库中成本费用最高的一类信息，可为用户提供更深层次的服务。一条高价值的信息一旦被用户采用，将会给企业带来较高的利润，为用户带来较大的收益。

## 三、网络商务信息的收集

### 1. 网络商务信息收集的要求

网络商务信息采集是指在网络上对商务信息的寻找和调取工作，这是一种有目的、有步骤地从各个网络站点查找和获取信息的行为。一个完整的企业网络商务信息收集系统包括先进的网络检索设备、科学的信息收集方法和业务精通的网络信息检索员。网络营销离不开信息。有效的网络商务信息必须能够保证源源不断地提供适合于网络营销决策的信息。网络营销对网络商务信息收集的要求是：及时、准确、适度和经济。

(1) 及时。所谓及时，就是迅速、灵敏地反映销售市场发展各方面的最新动态。信息都是有时效性的，其价值与时间成反比。及时性要求信息流与物流尽可能同步。由于信息的识别、记录、传递、反馈都要花费一定的时间，因此，信息流与物流之间一般会存在一个时滞。尽可能地减少信息流滞后于物流的时间，提高时效性，是网络商务信息收集的主要目标之一。

(2) 准确。所谓准确，是指信息应真实地反映客观现实，失真度小。在网络营销中，由于买卖双方不直接见面，因而准确的信息就显得尤为重要。准确的信息才可能做出正确的市场决策。信息失真，轻则会贻误商机，重则会造成重大的损失。信息的失真通常有三个方面的原因：①信源提供的信息不完全、不准确；②信息在编码、译码和传递过程中受到干扰；③信宿(信箱)接收信息出现偏差。为减少网络商务信息的失真，必须在上述三个环节上提高管理水平。

(3) 适度。适度是指提供信息要有针对性和目的性，不要无的放矢。没有信息，企业的营销活动就会完全处于一种盲目的状态。信息过多、过滥，也会使得营销人员无所适从。在当今的信息时代，信息量越来越大，范围越来越广，不同的管理层次又对信息提出不同的要求。在这样的情况下，网络商务信息的检索必须目标明确，方法恰当，信息收集的范围和数量要适度。

(4) 经济。这里的"经济"是指如何以最低的费用获得必要的信息。追求经济效益是一切经济活动的中心，也是网络商务信息检索的原则。许多人上网后，看到网络上大量的可用信息，往往想把它们全部拷贝下来，但最后发现下载费用十分高昂。应当明确，没有力量，也不可能把网络上所有的信息全部收集起来，信息的及时性、准确性和适度性都要求建立在经济性基础之上。此外，提高经济性，还要注意使所获得的信息发挥最大的效用。

### 2. 网络商务信息收集的途径

(1) 浏览网络商务信息网站。通过直接浏览相关网站获取所需的商务信息，专业商务网站的信息容量大，内容多且全面、数据准确，如阿里巴巴、中华纺织网、八方资源网等。

(2) 利用搜索引擎查找商务信息。搜索引擎是互联网上提供搜索服务的网站，其主要任务是在互联网上主动搜索其他站点中的信息，并对其自动搜索。

(3) 通过专业调查网站搜集商务信息。通过专业调查网站和相关调查的资源分布，可免费查阅各行信息、各种免费产品已完成的市场调查报告，专业调查网站如艾瑞咨询(Iresearch)、第一调查网等。

(4) 从网络社区搜集商务信息，任何人都可以在网络社区上进行留言和回答问题、发表建议，也可以查看其他人的留言。

(5) 订阅新闻组收集商务信息。新闻组是非常重要而又富有吸引力的网络资源。在互联网上，分布着许多新闻组服务器，通常会对所有用户开放。

## 四、网络商务信息的发布

### 1. 第三方电子商务平台

第三方电子商务平台是指独立于产品或服务的提供者与需求者，通过网络服务平台，按照特定的交易与服务规范，为双方提供包括认证、交易、支付、物流、信息增值业务等过程的服务。目前第三方电子商务平台的主要形式有以下三种。

(1) B2B(Business To Business)。B2B 电子商务平台有垂直网站(行业网站)和综合网站等。垂直网站如中国化工网、中国服装网、中国建材第一网、中华机械网；综合网站如阿里巴巴、慧聪网、敦煌网等。B2B 电子商务平台基本都设置有信息发布窗口。如图 2-2 所示为慧聪网的采购信息发布平台。

图 2-2　慧聪网的采购信息发布平台

(2) B2C(Business To Customer)。B2C 电子商务平台是商家对顾客的服务模式，如淘宝商城。

(3) C2C(Customer To Customer)。C2C 电子商务平台是顾客对顾客的服务模式，如淘宝网、拍拍等。

### 2．独立网站

公司或个人建立独立网站，拥有独立域名，可以在独立网站发布商务信息，如图 2-3 所示。独立网站具有成本低、自主性大、负面影响小和宣传效果直接等特点。

图 2-3　海尔公司网站

### 3．商务博客

企业或个人利用专门的商务博客网站发布关于企业经营活动信息，以吸引访问者阅读，从而增加浏览者对提供的产品或服务的了解，如图 2-4 所示。

图 2-4　中国行业信息网站"当代景观"公司的商务博客

### 4．网站论坛

网站论坛全称为 Bulletin Board System(电子公告板)或者 Bulletin Board Service(公告板服务)，是 Internet 上的一种电子信息服务系统。它提供一块公共电子白板，每个用户都可以在上面书写，可发布信息或提出看法。网站论坛是一种交互性强，内容丰富而及时的 Internet 电子信息服务系统，用户在 BBS 站点上可以获得各种信息服务、发布信息、进行讨论、聊天等。

### 5. 各类即时通信工具

即时通信(Instant Messenger,IM),是一种基于互联网的即时交流消息的业务,其代表有 Microsoft Lync、百度 Hi、MSN、QQ、微信、FastMsg、UC、蚁傲、ActiveMessenger 等。即时通信不再是一个单纯的聊天工具,它已经发展成集交流、资讯、娱乐、搜索、电子商务、办公协作和企业客户服务等为一体的综合性信息平台。

## 【任务实施】

在学习了相关准备知识后,请完成课前的工作任务。
要求:
(1) 将学生 3~4 人分成一个小组,组内分工要明确。
(2) 登录阿里巴巴网站并注册账户,然后按照要求发布相关信息。
(3) 利用 2~3 种方法搜集关于儿童玩具市场的需求信息。
(4) 小组成员讨论和交流各自的学习成果,由组长进行汇总整理。
(5) 由小组指定代表进行任务汇报。

## 【任务小结】

由教师归纳总结任务中的实施要点。

# 任务二  网 络 广 告

## 【情境及任务描述】

假设有一家刚刚成立不久的小型鲜花销售公司要在网上进行广告宣传,请问该公司可以通过哪些方式来进行广告宣传?

## 【知识准备】

### 一、网络广告的概念及特点

#### 1. 网络广告的概念

简单地说,网络广告就是在网络上做的广告。网络广告是利用网站上的广告横幅、文本链接、多媒体的方法,在互联网刊登或发布广告,通过网络传递到互联网用户的一种高科技广告运作方式。与传统的四大传播媒体(报纸、杂志、电视、广播)广告及近来备受青睐的户外广告相比,网络广告具有得天独厚的优势,是实施现代营销媒体战略的重要一部分。目前网络广告的市场正在以惊人的速度增长,网络广告发挥的效用越来越重要。

### 2. 网络广告的特点

网络广告是新生代的广告媒介，它是随着国际互联网的发展而逐步兴起的，具有传统媒介广告所有的优点，作为一种新型的广告形式，它又有与其他广告形式不同的自身特点。

(1) 传播范围广。网络广告的传播范围广，不受时空的限制，可以通过互联网把广告信息全天候、24小时不间断地传播到世界各地。我国网民数量巨大，而且还在快速发展，这些网民具有较高的消费能力，是网络广告的受众，他们可以在世界任何地方的互联网上随时浏览广告，这种传播效果是任何一种传统媒体都无法达到的。

(2) 表现手段丰富。网络广告采用文字介绍、声音、影像、图像、颜色、音乐等于一体的丰富表现手段，具有报纸、电视的各种优点，更加吸引受众。网络广告表现形式灵活，它有多种广告形式，有静态图片形式，也可以采用动画形式、视频广告形式或品牌游戏广告。

(3) 受众数量可准确统计。利用传统媒体做广告，很难准确地知道有多少人接触到了广告信息。以报纸为例，虽然报纸的读者是可以统计的，但是刊登在报纸上的广告有多少人阅读却只能估计推测而不能精确统计。至于电视、广播和路牌等广告的受众人数就很难估计了，而在互联网上，可以通过权威、公正的访客流量统计系统，精确地统计每个广告的浏览人数以及这些用户的查阅时间和地域分布，从而有助于正确评估广告效果，进一步优化广告投放策略。

(4) 灵活的时效性。在传统媒体上做广告时，一旦发版就很难更改，即使可更改往往也需要付出很大的经济代价。而在互联网上做广告能按需及时更改广告内容，当然也包括修正错误，这样，经营策略的变化可及时得到实施和推广。

(5) 便于浏览者体验。网络广告的载体基本都是多媒体、超文本格式文件，只需受众对产品感兴趣，仅需轻点鼠标就能进一步了解更多、更详细、更生动的信息，甚至还能让消费者亲自"体验"产品、服务或品牌，如果用虚拟现实等新技术，可以让顾客身临其境般地感受商品或服务，并能在网上预订、交易、结算，大大增加了网络广告的时效性。

## 二、常见的网络广告形式

### 1. 网幅广告

网幅广告是最早的网络广告形式。网幅广告(Banner)是以 GIF、JPG 等格式建立的图像文件，定位在网页中，大多用来表现广告内容，同时还可使用 JavaScript 等语言使其产生交互性，用 Shockwave 等插件工具增强表现力。网幅广告的尺寸(Pixels)类型主要有 468×60 全尺寸 Banner、392×72 全尺寸带导航条 Banner、234×60 半尺寸 Banner、125×125 方形按钮、120×90 按钮、120×60 按钮、88×31 小按钮、120×240 垂直 Banner 等。网幅广告可以分为静态、动态和交互式三类。

(1) 静态网幅广告。静态的网幅广告就是在网页上显示一幅固定的图片，它也是早年网络广告常用的一种方式。它的优点就是制作简单，并且被所有的网站所接受；它的缺点也显而易见，在众多采用新技术制作的网幅广告面前，它就显得有些呆板和枯燥。事实也证明，静态网幅广告的点击率比动态的和交互式的网幅广告低，如图 2-5 所示。

图 2-5 静态网幅广告

(2) 动态网幅广告。动态网幅广告拥有会运动的元素，或移动或闪烁。大多数动态网幅广告由 2～20 帧画面组成，通过不同的画面，可以传递给浏览者更多的信息，也可以通过动画的运用加深浏览者的印象，它们的点击率普遍要比静态的高。而且，这种广告在制作上相对来说并不复杂，尺寸也比较小，文件大小通常在 15KB 以下。正因为动态网幅广告拥有如此多的优点，所以它是 21 世纪最主要的网络广告形式。

(3) 交互式网幅广告。当动态网幅广告不能满足要求时，一种更能吸引浏览者的交互式广告产生了。交互式广告的形式多种多样，比如游戏、插播式、回答问题、下拉菜单、填写表格等，这类广告需要更加直接的交互，比单纯的点击包含更多的内容。交互式广告分为 HTML 和 Rich Media 两种。

### 2. 链接广告

文本链接(Text Link)广告是以文字链接的广告，即在热门站点的 Web 页上放置可以直接访问的其他站点的链接，通过热门站点的访问，吸引一部分流量点击链接的站点。文本链接广告是一种对浏览者干扰最少，但却最有效的网络广告形式，如图 2-6 所示。

图 2-6 文本链接广告

### 3. 邮件广告

电子邮件广告(E-mail Advertising)是指通过互联网将广告发到用户电子邮箱的网络广告形式，其形式类似于直邮广告。电子邮件广告具有针对性强、费用低廉的特点，且广告内容不受限制。特别是针对性强的特点，是可以针对具体某一个人发送特定的广告，为其他网络广告方式所不及。电子邮件广告一般采用文本格式或 HTML 格式。通常采用的是文本格式，就是把一段广告性的文字放置在新闻邮件或经许可的 E-mail 中间，也可以设置一个 URL，链接到广告公司首页或提供产品和服务的特定页面。HTML 格式的电子邮件广告可以插入图片，和网页上的网幅广告没有什么区别，但是因为许多电子邮件的系统是不兼容的，HTML 格式的电子邮件广告并不是每个人都能完整地看到的，因此把邮件广告做得越简单越好,文本格式的电子邮件广告兼容性最好,如图 2-7 所示。

图 2-7 雅虎邮箱广告

### 4．漂浮广告

漂浮广告(Floating Advertising)是指漂浮在网站首页或各板块帖子等页面的漂移形式的广告。这种广告可以是图片,也可以是 Flash 动画。首页和各板块帖子页面都可以是独立的广告位,可以自动适应屏幕分辨率,不被任何网页元素遮挡,同时可以支持多个图片漂浮。该类型的广告通常是为了达到宣传网站的效果,所以经常被各大论坛用到。漂浮式广告就像永不消失的幽灵,在浏览网页的时候,它会一直沿着设计好的路线漂移,设计路线不好的漂浮式广告会分散网民的注意力,影响正常的浏览,更有甚者把广告置于账号登录的入口,必须点击广告才可以使之关闭,如图 2-8 所示为漂浮广告。

图 2-8 浙江在线的漂浮广告

### 5．特殊广告

(1) 视频广告。直接将广告客户提供的电视广告转成网络格式,并在指定页面实现在线播放。

(2) 直邮 EDM。又称许可邮件营销,是商业信函的网络延伸版,指通过电子邮件的方式,将企业产品、活动信息等各种推广信息向目标用户群发布。

(3) 定向广告。可按照人口统计特征,针对指定年龄、性别、浏览习惯等的受众投放广告,为客户找到精确的受众群。

(4) 富媒体。富媒体广告一般指综合运用了 Flash、视频和 JavaScript 等脚本语言技术制作的,具有复杂视觉效果和交互功能的网络广告。

## 三、网络广告的计价方式

### 1. 按展示计费

CPM 广告(Cost per mille/Cost per Thousand Impressions)：每千次印象费用。广告条每显示 1000 次(印象)的费用。CPM 广告是最常用的网络广告定价模式之一。

CPTM 广告(Cost per Targeted Thousand Impressions)：经过定位的用户的千次印象费用(如根据人口统计信息定位)。CPTM 广告与 CPM 广告的区别在于，CPM 广告是所有用户的印象数，而 CPTM 广告只是经过定位的用户的印象数。

### 2. 按行动计费

CPC 广告 (Cost Per Click)：每次点击的费用。根据广告被点击的次数收费，如关键词广告一般采用这种定价模式。

PPC 广告(Pay Per Click)：是根据点击广告或者电子邮件信息的用户数量来付费的一种网络广告定价模式。

CPA 广告(Cost Per Action)：每次行动的费用，即根据每个访问者对网络广告所采取的行动收费的定价模式。对于用户行动有特别的定义，包括形成一次交易、获得一个注册用户，或者对网络广告的一次点击等。

CPL 广告(Cost for Per Lead)：按注册成功支付佣金。

PPL 广告(Pay Per Lead)：根据每次通过网络广告产生的引导付费的定价模式。例如，广告客户为访问者点击广告完成了在线表单而向广告服务商付费。这种模式常用于网络会员制营销模式中为联盟网站制定的佣金模式。

### 3. 按销售计费

CPO 广告(Cost Per Order)：也称为 Cost Per Transaction，即根据每个订单或每次交易来收费的方式。

CPS 广告(Cost for Per Sale)：根据网络广告所产生的销售额而付费的一种定价模式。

PPS 广告(Pay Per Sale)：根据网络广告所产生的直接销售数量而付费的一种定价模式。

## 四、网络广告设计

如何使自己的广告发挥尽可能大的效果，是每个在 Internet 上做广告的客户所关心的问题。为实现广告促销的目的，下面的两个环节是十分重要的。

### 1. 明确网络广告的目标

网络营销的核心是市场定位，即企业的经营目的是什么，是树立企业形象，推销产品，还是信息服务，你希望的受众是哪个群体或哪个阶层，是国内的还是国外的，围绕这些因素来策划和确定网络广告投放的整体方案，如内容、图片、色彩，投放到哪些类型的网站上，投放时间的长短、频率和密度、效果监测，等等。只有这样，才能用有限的资金取得尽可能好的效果。

电子商务实务

### 2. 网络广告的设计

(1) 使用具有吸引力的词汇。如"Free"这个词在网上被使用的频率是最高的。在互联网中,"免费"并不意味着一定要免费赠送物品或有关的服务。"免费"还蕴含着另一层意思：浏览者可以自由点击这个图标，我的网页是可以让你免费浏览的，看这个信息是不收费的。如果要向客户提供免费的服务、演示版或产品样品，就更有理由使用"免费"这个词了。

(2) 广告词要精悍、明了。Java 的开发者以 KISS(Keep It Simple，Stupid)来形容 Java 语言的简单易懂。这个原则应用到网络广告中更具实际意义，因为旗帜广告的大小是有限的，在这有限的空间里要让浏览者用目光一瞥就能明白其意思。好的广告词要能吸引浏览者的关注，要给浏览者点击这个旗帜广告的理由，要能够唤起浏览者点击的欲望。

(3) 文字与图形的设计及色彩、动画的协调。浏览者一般难得会有足够的耐心和时间去看一个词句太多的旗帜广告，因此应用尽可能少的广告词表达意图。图形、色彩和动画一般是用来突出广告的视觉效果，浏览者最终是通过文字获得广告信息的，因此图形、色彩和动画都是为文字服务的，其设计上不能喧宾夺主，应当注重在视觉上能够吸引人，使人们浏览主页时，都会禁不住对这些富有创意的动态广告看上一眼。所以，将文字与图形、色彩和动画协调好，是网络广告成功的基础。

## 五、网络广告服务商的选择

网络广告服务商是提供网络广告服务的网站，或者是搜索引擎。通常 ISP(Internet Service Provider，网络服务供应商)和 ICP(Internet Content Provider，网络内容服务商)都具有这样的服务功能。随着 Internet 的迅猛发展，国内外已涌现出一大批网络广告服务商，由于它们的服务内容、质量和费用存在着很大的差异，因此选择一个服务优良、收费公道的广告服务商是企业成功地开展网络促销的重要环节。客户在选择广告服务商时主要应考虑以下五个方面的要素。

### 1. 服务商提供的信息服务种类和用户服务支持

Internet 上信息服务的种类很多，但是在收费标准大体相当的情况下，不同的信息服务商提供的服务种类往往是不同的。一般应选择信息量较大，信息的准确性较高，内容可定期更新或补充，栏目设置条理清晰、主题鲜明、文字简洁，主页设计与制作比较精良的网站。有些信息服务商除了提供常规的 Internet 信息服务之外，还提供一系列专门的信息服务，如经济信息查询、在线商场、股市信息、法律咨询、人才交流、体育及娱乐等，这些服务措施将大大增加站点的浏览人数，在这样的站点上刊登旗帜广告效果较好。此外，还要看是否提供免费服务，因为有一定价值的免费服务往往能够吸引很多访问者。用户服务支持是指在刊登网络广告时服务商对用户提供的构思帮助、说明资料、免费试播时间等，这些情况也应当了解清楚。

### 2. 服务商的设备条件和技术力量配备

设备条件关系到广告商所提供的服务是否可靠，能否保证每天 24 小时、一年 365 天不间断地播出广告等问题。客户应当优先考虑那些技术先进、设备的可靠性和可扩展性高的广告服务商。技术力量配备不仅关系到服务本身的可靠性，而且关系到用户在遇到问题时能否得到及时的技术咨询和技术支持服务。一个可靠的广告服务商的技术队伍应该是由技术熟练的专业人员组成，而不是一些缺乏经验的新手，以确保用户在任何时候都能得到及时的技术支持。

#### 3．服务商的通信出口速率

通信出口速率是选择广告服务商的一个十分关键的因素。目前我国只有少数几个网络具备直接连接国际 Internet 的专线，许多广告服务商都是通过这些网络进入国际 Internet 的。因此选择广告商时首先要弄清它的通信出口速率的情况，是专线出口速率还是接入专线的出口速率。其次，应了解这个广告商的出口专线是自建的，还是租用别人的，或是与他人共享的。这关系到广告商的出口线路及速率的可靠性问题。与他人分享线路的广告服务商一般是难以保证其宣称的通信出口速率的。最后还应当了解用户的数量，有的 Internet 专线通信出口速率虽然很高，但因用户较多，每个用户实际的通信速度仍不理想。

#### 4．服务商的经营背景

广告服务商的背景也很重要，例如，注册资本是否雄厚，经营状况如何，是否具有长期经营的能力，等等。需指出的是，国家对于经营 Internet 广告服务有严格的规定，一个广告服务商必须同时持有经国务院批准的 Internet 接入代理许可证和国家邮电部门核发的电信经营许可证(含计算机信息服务、电子邮件服务等)，才可以面向社会提供网络广告服务。

#### 5．服务商的收费标准

目前网络广告没有统一的收费标准，它是由多种因素构成的。不同的网络广告服务商所制定的价格有很大的差异，需要认真地进行比较后再做抉择。

## 六、网络广告发布的渠道及方式

网上发布广告的渠道和形式众多，各有长短，企业应根据自身情况及网络广告的目标，选择网络广告发布渠道及方式。目前，可供选择的渠道和方式主要有以下八种。

#### 1．主页形式

建立自己的主页，对于企业来说，是一种必然的趋势。它不但是树立企业形象的工具，也是宣传产品的良好工具。在互联网上做广告的很多形式都只是提供了一种快速链接公司主页的途径，所以，建立公司的 Web 主页是最根本的。从今后的发展看，公司的主页地址也会像公司的地址、名称、电话一样，是独有的，是公司的标识，将成为公司的无形资产。

#### 2．网络内容服务商

网络内容服务商(ICP)如新浪、搜狐、网易等，它们提供了大量的互联网用户感兴趣并需要的免费信息服务，包括新闻、评论、生活、财经等内容，因此，这些网站的访问量非常大，是网上最引人注目的站点。目前，这样的网站是网络广告发布的主要阵地，但在这些网站上发布广告的主要形式是旗帜广告。

### 3. 专类销售网

专类销售网是一种专业类产品直接在互联网上进行销售的方式。进入这样的网站，消费者只要在一张表中填上自己所需商品的类型、型号、制造商、价位等信息，然后点击一下"搜索"按钮，就可以得到你所需要商品的各种细节资料。

### 4. 企业名录

企业名录是由一些 Internet 服务商或政府机构将一部分企业信息融入它们的主页中。如中国香港商业发展委员会的主页中就包括汽车代理商、汽车配件商的名录，只要用户感兴趣，就可以通过链接进入选中企业的主页。

### 5. 免费的 E-mail 服务

在互联网上有许多服务商提供免费的 E-mail 服务，很多上网者都喜欢使用。利用这一优势，能够帮助企业将广告主动送至使用免费 E-mail 服务的用户手中。

### 6. 黄页形式

在 Internet 上有一些专门用以查询检索服务的网站，如 Yahoo！、Infoseek、Excite 等。这些站点就如同电话黄页一样，按类别划分，便于用户进行站点的查询。采用这种方法的好处是：①针对性强，查询过程都以关键字区分；②醒目，处于页面的明显处，易于被查询者注意，是用户浏览的首选。

### 7. 网络报纸或网络杂志

随着互联网的发展，国内外一些著名的报纸和杂志纷纷在 Internet 上建立了自己的主页。更有一些新兴的报纸或杂志，放弃了传统的"纸"媒体，完完全全地成为一种"网络报纸"或"网络杂志"。其影响非常大，访问的人数不断上升。对于注重广告宣传的企业来说，在这些网络报纸或杂志上做广告，也是一个较好的传播渠道。

### 8. 新闻组

新闻组是人人都可以订阅的一种互联网服务形式，阅读者可成为新闻组的一员。成员可以在新闻组上阅读大量的公告，也可以发表自己的公告，或者回复他人的公告。新闻组是一种很好的讨论和分享信息的方式。广告主可以选择与本企业产品相关的新闻组发布公告，这将是一种非常有效的网络广告传播渠道。

## 【任务实施】

在学习了相关准备知识后，请完成课前设置的学习任务。
(1) 将学生 4~6 人分成一个小组，组内分工要明确。
(2) 了解网络广告的形式及广告的计价方式，设计适合小型企业的广告宣传方式。
(3) 小组成员讨论和交流各自的学习成果，由组长进行汇总。
(4) 由小组指定代表进行任务汇报。

## 【任务小结】

由教师归纳总结任务中的主要实施要点。

# 任务三 网 络 促 销

## 【情境及任务描述】

假设你在网上经营了一家运动服装店,请问你可以采用哪些方式来进行网络促销?

## 【知识准备】

### 一、网络促销的概念和特点

#### 1. 网络促销的概念

网络促销是指利用计算机及网络技术向虚拟市场传递有关商品和劳务的信息,以引发消费者需求,唤起其购买欲望和促成购买行为的各种活动。

#### 2. 网络促销的特点

网络促销突出地表现为以下三个明显的特点。

(1) 网络促销是通过网络技术传递产品和服务的存在、性能、功效及特征等信息的。它是建立在现代计算机与通信技术基础之上的,并且随着计算机和网络技术的不断发展而改进。

(2) 网络促销是在虚拟市场上进行的,这个虚拟市场就是互联网。互联网是一个媒体,是一个连接世界各国的大网络,它在虚拟的网络社会中聚集了广泛的人群,融合了多种文化。

(3) 在全球统一大市场中进行。全球性的竞争迫使每个企业都必须学会在全球统一大市场上做生意。

### 二、网络促销的方法

#### 1. 网上折价促销

折价亦称打折、折扣,是目前网上最常用的一种促销方式。因为目前网民在网上购物的热情远低于商场超市等传统购物场所,因此网上商品的价格一般比传统方式销售时要低,通过折价以吸引人们购买。由于网上销售的商品不能给人全面、直观的印象,也不可试用、触摸等原因,再加上配送成本和付款方式的复杂性,造成网上购物和订货的积极性下降。

而幅度比较大的折扣可以促使消费者进行网上购物的尝试并做出购买决定。目前大部分网上销售商品都有不同程度的价格折扣，如天猫商城、当当书店等。折价券是直接价格打折的一种变化形式，有些商品因在网上直接销售有一定的困难性，便结合传统营销方式，可从网上下载、打印折价券或直接填写优惠表单，到指定地点购买商品时可享受一定优惠。如图 2-9 所示即为网上优惠券。

图 2-9　打折促销网的网上优惠券促销活动

#### 2．网上变相折价促销

变相折价促销是指在不提高或稍微提高价格的前提下，提高产品或服务的品质数量，较大幅度地增加产品或服务的附加值，让消费者感到物有所值。由于网上直接价格折扣容易造成降低了品质的怀疑，利用增加商品附加值的促销方法会更容易获得消费者的信任。

#### 3．网上赠品促销

赠品促销目前在网上的应用不算太多，一般情况下，在新产品推出试用、产品更新、对抗竞争品牌、开辟新市场情况下利用赠品促销可以达到较好的促销效果。如图 2-10 所示为苏宁易购的赠品促销活动。

图 2-10　苏宁易购的赠品促销

(1) 赠品促销的优点。赠品促销可以提升品牌和网站的知名度；能鼓励人们经常访问网站以获得更多的优惠信息；能根据消费者索取赠品的热情程度而总结分析营销效果和产品本身的反应情况等。

(2) 赠品促销应注意赠品的选择。赠品促销不要选择次品、劣质品作为赠品，这样做只会起到适得其反的作用；赠品促销要明确促销目的，选择适当的能够吸引消费者的产品或服务；赠品促销应注意时机，注意赠品的时间性，如冬季不能赠送只在夏季才能用的物品，另外在危急公关等情况下，也可考虑不计成本的赠品活动以挽回公关危急；赠品促销还要注意预算和市场需求，赠品要在能接受的预算内，不可过度赠送而造成营销困境。

### 4．网上抽奖促销

抽奖促销是网上应用较广泛的促销形式之一，是大部分网站乐意采用的促销方式。抽奖促销是以一个人或数人获得超出参加活动成本的奖品为手段进行商品或服务的促销，网上抽奖活动主要附加于调查、产品销售、扩大用户群、庆典、推广某项活动等。消费者或访问者通过填写问卷、注册、购买产品或参加网上活动等方式获得抽奖机会。如图2-11所示为京东网站的抽奖促销活动。

图2-11　京东网站的抽奖促销

网上抽奖促销活动应注意的几点：①奖品要有诱惑力，可考虑大额超值的产品吸引人们参加；②活动参加方式要简单化，由于目前上网费偏高、网络速度不够快，以及浏览者兴趣不同等原因，网上抽奖活动要策划得有趣味性和容易参加。太过复杂和难度太大的活动较难吸引匆匆的访客；③抽奖结果的公正公平性，由于网络的虚拟性和参加者的广泛地域性，对抽奖结果的真实性要有一定的保证，应该及时请公证人员进行全程公证，并及时通过E-mail、公告等形式向参加者通告活动进度和结果。

### 5．积分促销

积分促销在网络上的应用比起传统营销方式要简单和易操作。网上积分活动很容易通过编程和数据库等来实现，并且其结果可信度高，操作起来相对较为简便。积分促销一般设置价值较高的奖品，消费者通过多次购买或多次参加某项活动来增加积分以获得奖品。积分促销可以增加上网者访问网站和参加某项活动的次数；可以增加上网者对网站的忠诚度；可以提高活动的知名度等。现在不少电子商务网站"发行"的"虚拟货币"应该是积分促销的另一种体现，如8848的"e元"、酷必得的"酷币"、腾讯的"QQ币"等。网站通过举办活动来使会员"挣钱"，同时可以用仅能在网站使用的"虚拟货币"来购买本站的商品，实际上是给会员购买者相应的优惠。如图2-12所示为凡客诚品网站的积分促销活动。

图2-12 凡客网站的积分促销

#### 6. 网上联合促销

由不同商家联合进行的促销活动称为联合促销，联合促销的产品或服务可以起到一定的优势互补、互相提升自身价值等效应。如果应用得当，联合促销可起到相当好的促销效果，如网络公司可以和传统商家联合，以提供在网络上无法实现的服务；网上销售汽车和润滑油公司联合等。

以上六种是网上促销活动中比较常见又较重要的方式，其他如节假日的促销、事件促销等都可结合以上几种促销方式进行综合应用。但要想使促销活动达到良好的效果，必须事先进行市场分析、竞争对手分析以及网络上活动实施的可行性分析，与整体营销计划结合，创意地组织实施促销活动，使促销活动新奇，富有销售力和影响力。

## 三、促销活动的实施

根据国内外网络促销的大量实践，网络促销的实施主要包括以下几个步骤。

#### 1. 确定网络促销对象

网络促销对象是针对可能在网络虚拟市场上产生购买行为的消费者群体提出来的。随着网络的迅速普及，这一群体也在不断膨胀。这一群体主要包括三部分人员：产品的使用者、产品购买的决策者以及产品购买的影响者。

#### 2. 设计网络促销内容

网络促销的最终目标是希望引起购买。这个最终目标是要通过设计具体的信息内容来实现的。消费者的购买过程是一个复杂的、多阶段的过程，促销内容应当根据购买者所处的购买决策过程的不同阶段和产品所处的寿命周期的不同阶段来决定。

#### 3. 决定网络促销组合方式

网络促销活动主要通过网络广告促销和网络站点促销两种促销方法展开。但由于企业的产品种类不同、销售对象不同，促销方法与产品种类和销售对象之间将会产生多种网络促销的组合方式。企业应当根据网络广告促销和网络站点促销两种方法各自的特点和优势，根据自己产品的市场情况和顾客情况，扬长避短，合理组合，以达到最佳的促销效果。

### 4. 制订网络促销预算方案

在网络促销实施过程中，使企业感到最困难的是预算方案的制订。在互联网上促销，对于任何人来说都是一个新课题。所有的价格、条件都需要在实践中不断学习、比较和体会，不断地总结经验。只有这样，才可能用有限的精力和有限的资金收到尽可能好的效果，做到事半功倍。

### 5. 衡量网络促销效果

网络促销的实施过程到了这一阶段，必须对已经执行的促销内容进行评价，衡量一下促销的实际效果是否达到了预期的促销目标。网络企业衡量网络促销效果的主要标准有：主页访问人次、点击次数、千人广告成本、市场占有率的变化情况，产品销售量的增加情况，利润的变化情况，促销成本的降低情况等。

## 【任务实施】

在学习了相关准备知识后，结合你自己的理解，请完成课前设置的任务。
要求：
(1) 将学生 4~6 人分成一个小组，组内分工要明确。
(2) 登录淘宝网或腾讯拍拍等其他网站，学习关于服装网络促销的方式。
(3) 设计本公司的服装网络促销方案。
(4) 小组成员讨论和交流各自的学习成果，由组长进行汇总整理。
(5) 由小组指定代表进行任务汇报。

## 【任务小结】

由教师归纳总结任务中主要的思想、知识点等。

## 【技能检测】

1. 简述网络商务信息的特点及分级的内容。
2. 网络商务信息收集有哪些要求？谈谈可以通过哪些途径收集网络商务信息。
3. 网络商务信息发布的工具和方法有哪些？
4. 思考如何提高网络商务信息收集的有效性。
5. 根据互联网技术的发展，谈谈新型的网络广告形式有哪些。
6. 根据网络广告的特点，思考网络广告与传统广告的根本区别是什么。
7. 学习网络广告的各种计价方式，分析这些计价方式的特点及适用性。
8. 思考在选择网络广告服务商时应注意哪些方面的问题。
9. 谈谈网络广告发布的渠道和方式有哪些。
10. 结合网络促销的特点，分析网络促销与传统促销相比其优势在哪里。

11. 列举网络促销的方式,并举例说明。
12. 结合实际谈谈网络促销实施的步骤有哪些,在网络促销实施中应注意哪些事项。

## 【实训任务】

1. 利用搜索引擎搜索"中国网络营销发展现状",要求搜索结果中不包括"中国网络营销发展趋势",该如何设计搜索关键词?
2. 请应用三种以上网络信息搜集工具收集关于我国白酒市场的供求信息。
3. 登录 http://www.sina.com.cn 网站首页,找出该页面存在的网络广告类型有哪些?
4. 登录 http://www.iresearch.com.cn/html/default.html 网站,了解其中关于网络广告的相关数据。
5. 进入 http://www.lenovo.com.cn 网站,分析其网络广告的设计。
6. 登录 http://www.yhd.com 网站,请分析其运用了哪些网络促销方式。
7. 登录 http://shop.konka.com 网站,请分析采用的网络促销方式及其促销方式的特点。

# 项目三　网络商品交易

## 【知识与技能目标】

- 了解 C2C、B2C、B2B 电子商务的含义。
- 掌握 C2C、B2C、B2B 的交易过程。
- 能够根据案例分析各种类型的电子商务网站的交易模式。

## 任务一　C2C 电子商务

### 【情境及任务描述】

2013 年淘宝双十一销售额突破 350.19 亿元，又是一年光棍节，又到了小伙伴们"骚动"的季节。光棍节最靠谱的说法是起源于南京大学宿舍文化，光棍们在"卧谈会"上创想以 11 月 11 日作为"光棍节"，在这一天组织活动努力"脱光"。原本是校园趣味文化的"光棍节"在社会上逐渐流行，成为广大年轻人约定俗成的节日。每年的光棍节总有几个关键词，今天我们一一道来。

11 月 12 日电(记者陈键)，阿里集团提供的实时数据显示，截至 11 月 11 日 24 时，"双十一"网购狂欢节支付宝交易额(主要为天猫+淘宝)突破 350.19 亿元，打破了阿里巴巴集团董事局主席马云此前 300 亿元的预期。

阿里集团公布的数据显示，2013 年 11 月 11 日零时，天猫、淘宝"网购狂欢节"开场，55 秒后，活动通过支付宝交易额便突破 1 亿元；6 分 7 秒，交易额突破 10 亿元，超过香港 9 月份日均社会零售总额；13 分 22 秒，交易额超 20 亿元；38 分钟后，交易额达到 50 亿元；凌晨 5 点 49 分，交易额突破 100 亿元；13 点 04 分，交易额突破 191 亿元，超越 2012 年；13 点 39 分，交易额突破 200 亿元；21 点 19 分，交易额突破 300 亿元；24 点，交易额达到 350.19 亿元。数据还显示，截至当天 20 点 30 分，有 14 个店铺交易额破亿元。

对于 300 亿预期的突破，马云表示："300 亿不是个悬念，我们更关注数字背后的东西，把做五六百亿、做千亿、做万亿的能力放到真正地帮助更多的企业转型升级上去，真正地让整个社会通过各种各样的经济手段进行运转。"

### 【知识准备】

#### 一、C2C 电子商务概念

通过电子商务网站为买卖双方提供一个在线交易平台，使卖方可以在上面发布待出售的物品的信息，而买方可以从中选择进行购买，同时，为便于买卖双方交易，提供交易所需的一系列配套服务。如协调市场信息汇集、建立用价制度、多种付款方式。

电子商务模式 C2C(Consumer to Consumer)是指消费者对消费者、个人对个人的电子商务。其运营模式为：C2C 服务提供商构建网络交易中介平台，通过宣传发展会员；卖家会员在此平台上进行注册、"开设店铺"，买家通过浏览网站寻找到自己想要的产品，双方通过网站提供的交流工具进行协商，达成一致则买家打款给网站提供的第三方支付工具(比如易趣的贝宝)；然后卖家发货，买家收到货物并查验无误后放款给卖家。

> **知识链接：我国 C2C 发展现状**
>
> 凭借着第三方支付平台、诚信体系的建立及灵活自由的购物模式，C2C 在我国发展很快，从 1999 年易趣网正式开通，即第一个 C2C 网络交易平台成立以来，目前已经形成淘宝网(2003 年推出)、易趣网、拍拍网(2005 年推出)三分天下的局面。2008 年百度推出电子商务网站——百度有啊正式上线。网上 C2C 交易品的种类丰富多样，几乎囊括了吃、穿、住、用、行所有的可贸易品。
>
> C2C 给人们的生活带来巨大的便利，带来了大量的就业和致富机会，促进了资金、信息的流动。然而，作为一个新生事物，C2C 还存在诸多问题。

## 二、C2C 交易模式

C2C 交易模式如图 3-1 所示。

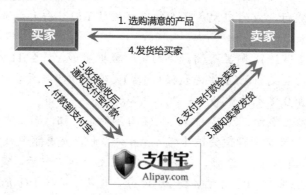

图 3-1　C2C 的交易模式

## 三、C2C 盈利模式

C2C 服务提供商主要通过向卖家收取店铺费用、交易服务费、广告费来获利，由于我国各 C2C 服务提供商目前大部分都提供免费服务，竞争激烈。C2C 服务提供商通常的获利途径主要有以下几种。

### 1. 会员费

会员费也就是会员制服务收费，是指 C2C 网站为会员提供网上店铺出租、公司认证、产品信息推荐等多种服务组合而收取的费用。由于提供的是多种服务的有效组合，基本能适应会员的需求，因此这种模式的收费比较稳定。费用在第一年交纳，第二年到期时需要客户续费，续费后再进行下一年的服务，不续费的会员将恢复为免费会员，不再享受多种服务。

### 2．交易提成

交易提成不论什么时候都是 C2C 网站的主要利润来源。因为 C2C 网站是一个交易平台，它为交易双方提供机会，就相当于现实生活中的交易所、大卖场，从交易中收取提成是其市场本性的体现。

### 3．广告费

企业将网站上有价值的位置用于放置各类型广告，根据网站流量和网站人群精度标定广告位价格，然后再通过各种形式向客户出售。如果 C2C 网站具有充足的访问量和用户黏度，广告业务会非常大。但是 C2C 网站出于对用户体验的考虑，均没有完全开放此业务，只有个别广告位不定期开放。

### 4．搜索排名竞价

C2C 网站商品的丰富性决定了购买者搜索行为的频繁性。搜索的大量应用就决定了商品信息在搜索结果中排名的重要性。由此便引出了根据搜索关键字竞价的业务，用户可以为某关键字提出自己认为合适的价格，最终由出价最高者竞得，在有效时间内该用户的商品可获得竞得的排位。只有卖家认识到竞价为他们带来的潜在收益，才愿意花钱使用。

### 5．支付环节收费

支付问题往往是制约电子商务发展的瓶颈，直到阿里巴巴推出了支付宝才在一定程度上促进了网上在线支付业务的开展。买家可以先把预付款通过网上银行打到支付公司的个人专用账户，待收到卖家发出的货物后，再通知支付公司把货款打入卖家账户，这样买家不用担心收不到货还要付款，卖家也不用担心发了货而收不到款，而支付公司就按成交额的一定比例收取手续费。

## 四、目前我国 C2C 发展中存在的问题

### 1．注册认证问题

认证简单是 C2C 模式存在的一个根本性问题，C2C 几乎所有的问题都来源于此。注册认证一家网络店铺，用户只需要任意一张身份证和与此身份证对应的银行账号、E-mail 等几个要素，到一家 C2C 网站上注册一个 ID，然后按部就班操作，三天之内即可完成认证。店主出售什么货物，货物的质量如何及货物来源于何处，网站并没有严格的审核机制，只能寄希望于店主的自律。至于买家，连身份认证也不需要，注册网站的 ID 就可购物，"买而不款"的现象十分严重。

如此认证，作为网站发展的优势是"简捷"，若涉及安全和诚信问题就显得"简易"，加之网络的虚拟性和隐蔽性，C2C 服务平台更容易成为"销赃场所"、"诈骗场所"、"违约场所"，出了问题往往连肇事者都找不到，而肇事者则会很容易地另找一张身份证，轻松注册一家新店铺继续经营。

### 2. 税务交纳问题

(1) 流转税的流失问题。根据《2006年中国C2C网上购物调查报告》显示，网络店铺经营者身份有如下几种：不以赚钱或经营为目的的个人；将网上开店作为第二职业的个人；全职或专职的自雇自谋职业者；已为网上店铺专门注册了公司的网商；向网上拓展营销渠道的企事业单位；其他经营者身份。其中以营利为目的的个人用户和网商占到网络店铺经营者的大部分，淘宝网为80%左右，易趣为60%左右，拍拍网为70%左右。

我国《税务登记管理办法》明确规定：企业，企业在外地设立的分支机构和从事生产、经营的场所，个体工商户和从事生产、经营的事业单位，均应当办理税务登记，并按规定开立银行账户，领购发票，依法纳税。网店与实体店铺相比，除了经营场所不同外，二者没有任何实质性的区别，所以用户都应该是纳税人，履行纳税人义务。网店经营者绝大多数不缴税。

(2) 个人所得税流失问题。我国约有15万人在网上全职或兼职经营C2C网店，由于经营网络店铺成本低，不需要店租、管理费、水电煤气费等费用，很多卖家又有独特资源或渠道，收益都不错。甚至有些网店年利润已经超过百万元，然而绝大多数卖家都未缴纳个人所得税，这无疑造成了国家税收的大量流失。

### 3. 金融风险问题

(1) "休眠账户"里沉淀资金的安全问题。各C2C服务网站都要求所售商品采用自己提供的第三方支付工具进行交易，从前文C2C交易流程不难看出，从第一步到第四步，货款一直留在服务提供商的账户里，事实上形成"休眠账户"及沉淀资金。根据估算，现在几个网上支付机构平常每日的沉淀资金有3亿~5亿元，甚至更多。如淘宝网从2006年10月开始，对所有在其网上发布的商品实行默认支持支付宝交易，发布的商品中明确支持支付宝的商品也已经达到99.05%，而淘宝网的日交易平均额已经超过3000万元，加上以支付宝作为支付系统的15万家外部网店，淘宝网的支付宝账户总是留有大量沉淀资金。

然而，休眠账户里资金产生的利息并不为资金的所有者占有，这显然不合理。同时，种种迹象表明，各C2C网站正利用这部分资金进行投资，客观上使得这部分资金处于风险之中，一旦网站资金链出现断裂后果将很严重。

(2) 利用第三方支付工具套现的问题。如果买家和卖家串通好进行虚假交易(实际上买家卖家往往为同一人)，即双方没有任何的实质性交易，只是利用第三方支付工具从信用卡透支完成交易，卖家将收到的货款还给买家，买家再利用这笔货款投资，很明显这突破了各个银行对信用卡的限制。据悉已经有人凭此大量套现并将套现的资金投入了股市，这显然会给金融系统带来冲击，也给银行带来风险。

(3) 利用第三方支付工具洗钱的问题。洗钱(Money Laundering)，指隐瞒或掩饰犯罪收益的真实来源和性质，使其在形式上看似合法的行为。通俗地讲，就是把"不干净"的非法收入变成"干净"的钱。有了游离于金融系统监管之外的C2C交易模式和第三方支付工具，不法分子可以利用漏洞从容地完成虚假认证，然后进行虚假交易，摆脱有关部门对资金流向的控制，从而达到洗钱的目的。这和传统意义上利用合法公司进行洗钱相比，有着监管松、成本低、隐蔽性好的优势，所以问题也更加严重。

#### 4. 相关法律法规问题

(1) C2C 模式架空了现有的相关法律法规。注册、经营一家实体店铺需要经过严格的工商注册、税务登记等程序，如我国《个体工商户工商登记程序》规定，个体工商户的设立除要提交申请人本人身份证明外，还要提交经营场所证明，并对个体工商户的设立、变更、注销、登记都做出了明确说明。但是在 C2C 模式中，店铺的注册、登记、注销与工商、税务、卫生、防疫部门全然无关，完全由各网站来决定，网站依靠自身的资金优势和营销优势从相关部门手中夺取了经营准许的权利。

(2) C2C 模式游离于法律监管之外。由于网络交易的特殊性，C2C 交易缺乏相关法律的规范，我国至今没有一部法律可以对应地解决 C2C 或是电子商务交易中出现的问题，法院需要参照《合同法》、《税法》、《民法》、《刑法》等多种法律来综合裁决。因此在某种意义上讲，C2C 等电子商务游离在法律监管的边缘。

## 五、应对 C2C 问题的措施

#### 1. C2C 运营商应加强与有关部门的合作

(1) C2C 运营商应加强与注册登记部门的合作。网站对用户尤其是卖家用户的认证应与工商部门、公安部门相联系，与公安部门的合作主要是指身份证的真伪识别，与工商部门的合作是争取使每一位以营利为目的的经营者能主动到工商部门办理注册手续，登记备案，其目的在于再次确认经营者的身份和经营范围等要素，为以后出现问题时能顺利解决打好基础。另外，这也是对网站简易注册的有益补充，对于发展潜在的 C2C 客户有益无害，同时也是收复店铺经营批准权利的途径，可以拓展我国有关职能部门的工作空间，将网络交易纳入自身的监管和服务体系，更好地促进我国电子商务的发展。

(2) 加强 C2C 诚信数据库与相关部门对应的数据库的整合。C2C 交易模式有着网络虚拟性的特点，其发展离不开良好的诚信经营氛围的支持，所以各 C2C 网站对于每一笔交易都要求买卖双方相互评价，并且将此评价纳入自身的诚信数据库。各 C2C 网站若能进行诚信数据库的整合将更加有利于买卖双方综合判断对方的信誉，从而遏制不法分子在各网站之间流动作案。我国银行、公安部门、税务部门等也在逐步建立个人诚信档案，C2C 诚信数据库与这些数据库的融合将会取得更好的效果。

#### 2. 积极探索电子商务领域的立法

针对电子商务的特点，结合国际电子商务的立法状况，我国电子商务立法应将全国性立法与地区性立法相结合，除了要立足于现有问题外，还应有一定的前瞻性。

目前我国电子商务类的专门性法律有 2005 年 4 月 1 日起施行的《电子签名法》，它旨在规范电子签名行为，确立电子签名的法律效力，然而对于电子商务许多方面的问题却无能为力。因此，有关职能部门应考虑参照各相关法律为电子商务"量身"立法，使电子商务中出现和可能出现的各种问题的解决都有法可依。

各城市可根据自身的经济发展状况、经济结构、居民的生活习惯制定符合自身情况的

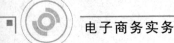

法规，做到既能对本区域范围内的电子商务进行有效规范又不对其发展产生阻碍作用。2007年9月14日，北京市人大常委会审议通过了《北京市信息化促进条例》，要求从事经营活动的单位和个人应当依法取得营业执照并公开其相关信息，北京市成为继武汉市之后第二个通过法规规范电子商务的城市，为电子商务的地区性法律规范提供了借鉴。

### 3. 将第三方支付工具纳入金融监管领域

C2C 网站提供的第三方支付工具的结算方式类似于商业银行中间业务中的结算业务，其实际是在进行"准金融业务"；买卖双方的交易货款在完成交易之前冻结存放在第三方账户，由 C2C 服务提供商支配，这又类似于商业银行的存款业务。从法律上讲，无论是中间业务还是存款业务，只有通过银监会的批准才能进行，而现在各 C2C 网站已经突破了此限制，形成了既定事实，由它们从事此业务未尝不可，关键是安全问题。因此央行职能部门应按照商业银行等金融类公司的申请设立条件提高第三方支付领域的准入门槛，然后按照《商业银行法》的有关内容将现有第三方支付服务纳入监管，比如参照存款保险制度要求各 C2C 服务提供商在央行留存一定比例的保险金，定期向央行汇报金融类业务的利润表以及其他财务会计、统计报表和资料等，力争最大限度地保证用户的资金安全，减小支付风险，同时也有利于配合央行打击金融犯罪。

## 【任务实施】

C2C 平台(淘宝)注册并购物。要求：

要求：
(1) 同学们注册淘宝网账户。
(2) 使用站内搜索引擎，搜索商品，选择一款商品，加入购物车。
(3) 使用支付宝进行结算。
(4) 收货确认并评价，完成购物过程。

## 【任务小结】

由教师归纳总结任务中主要的思想、知识点等。

# 任务二 B2C 电子商务

## 【情境及任务描述】

小明是电子商务专业的学生，一次与同学小红聊天谈到天猫，嘴快说成了"B二C"，小红是计算机专业的学生，立即帮小明纠正，并解释了"B to C"为何简写成"B二C"。同学们，你们知道原因吗？

项目三　网络商品交易

# 【知识准备】

## 一、B2C 电子商务概念

B2C 是英文 Business to Customer(商家对顾客)的缩写,而其中文简称为"商对客"。"商对客"是电子商务的一种模式,也就是通常所说的商业零售,直接面向消费者销售产品和服务。这种形式的电子商务一般以网络零售业为主,主要借助于互联网开展在线销售活动。B2C 即企业通过互联网为消费者提供一个新型的购物环境——网上商店,消费者通过网络在网上购物和支付。由于这种模式节省了客户和企业的时间和空间,大大提高了交易效率,特别对于工作忙碌的上班族,这种模式可以为其节省宝贵的时间。

B2C 电子商务的付款方式是货到付款与网上支付相结合,而大多数企业的配送选择物流外包方式以节约运营成本。随着用户消费习惯的改变以及优秀企业示范效应的促进,网上购物的用户不断增长。

## 二、B2C 商城类型

(1) 综合商城如同传统商城一样。综合商城有庞大的购物群体,有稳定的网站平台,有完备的支付体系、诚信安全体系(尽管仍然有很多不足),方便了买卖双方的交易。而线上的商城,在人气足够、产品丰富、物流便捷的情况下,其成本优势、二十四小时的不夜城、无区域限制等优势,体现着网上综合商城即将获得交易市场的一个角色。典型的综合商城有天猫。

(2) 百货商店:有丰富的产品线,能够满足日常的消费需求,网站设自有仓库,也有一定的商品库存,通过在线下单和物流配送的方式来完成交易。但是,既然称之为商店,说明卖家只有一个,而百货,即是满足日常消费需求的丰富产品线。这种商店具备自有仓库,有库存系列产品,以备更快的物流配送和客户服务。比如亚马逊、当当网、卓越网等。

(3) 垂直商店:这种商城的产品存在着更多的相似性,要么都是满足于某一人群的、要么是满足于某种特定需求的电子商务平台。比如京东商城等。

(4) 复合品牌店:随着电子商务的成熟,会有越来越多的传统品牌商加入电商战场,以实现抢占新市场、扩展新渠道、优化产品和渠道资源来实现其战略目标。比如佐丹奴、李宁、百丽等都是传统品牌,线下也有大量的直属和加盟专卖店,但是线上商城也有他们的品牌店,通过线上和线下相结合的方式,形成一种立体化的品牌战略。

(5) 服务型网店:服务型的网店越来越多,都是为了满足人们不同的个性需求,甚至是帮你排队买电影票,都有人交易,很期待见到更多的服务形式的网店。估计网店未来竞争会朝这个方向发展。

(6) 导购引擎型:比如导购类型的网站是使购物的趣味性、便捷性大大增加,同时诸多购物网站都推出了购物返现,少部分推出了联合购物返现,这些都用来满足大部分消费者的需求,许多消费者已经不单单满足直接进入 B2C 网站购物了,购物前都会通过一些网购导购网站。

(7) 在线商品定制型:商品定制是一条走长线的产业,很多客户看中商品的可能仅仅是商品的某一点，但是却不得不花钱去购买一整个商品，而商品定制就恰恰能解决这一问题，让消费者参与商品的设计中，能够得到自己真正需要和喜欢的商品。

## 三、B2C 模式的分类

目前国内市场上的主流 B2C 电商品牌当数天猫、京东和凡客了。过去的一年当中，天猫经历了淘宝分拆、十月围城、更名天猫；京东经历了 C 轮融资 15 亿美元、组建大物流体系、大战各电商巨头；凡客经历了凡客体广告狂欢、产品种类扩张、公司巨额亏损。每次有这三家公司传出上市的消息时，都会引起行业的激烈讨论，因为这三家巨头代表着三种 B2C 电商模式，这三种 B2C 电商模式各有优势。

### 1. 天猫——为人服务做平台

虽然名字改了，但是天猫在 B2C 行业的领先地位还是无人能敌。天猫商城的模式是做网络销售平台，卖家可以通过这个平台卖各种商品，这种模式类似于现实生活中的购物商场，主要是提供商家卖东西的平台。天猫商城不直接参与卖任何商品，但是商家在做生意的时候要遵守天猫商城的规定，不能违规，否则会受到处罚。如果这家网络"购物商场"想赚更多的钱了，就会加你租金，你不交就会把你赶到(淘宝)集市上摆摊。而一些不服管制的业主就会拉大旗、耍大刀地跟这个商场的负责人理论。这就是天猫商城，与我们现实生活中的购物商场类似。

这种模式的优势是其平台足够大，想卖什么就卖什么，前提是没有违法违规。商城负责维护这个平台的建立，而商户只管做自己的生意，盈亏要自负，与商城没有关系。不过不管你生意如何你都要交一定的场地费。如果想做推广你可以在商城内做做广告、搞搞促销活动，这些都是商户自愿的经营行为。商城负责树立好自己的形象，能吸引足够多的消费者就够了，收入稳定。这种模式的优势在于可以随着市场变动，商户自行对市场做出反应，不需要商城去担忧。市场自由，没有太多条件限制，扩充性强。这种模式对于商城与商户都很稳定，除了一些管理上的纠纷外，市场经营方面都是各顾各的，不发生利益冲突。总地来说，这种模式的优点在于收入稳定，市场灵活，商城不用花太多心思去管理各种产品的经营，而缺点在于盈利可能偏低，商城的战略变动可能会受到商城内部商户的抵制，内部纠纷会比较多。不过这种模式更被商户们喜爱，因为他们可以在这个平台上获得利润，而京东的模式却是这些商户的敌人。与天猫商城类似的还有 QQ 商城。

### 2. 京东——自主经营卖产品

京东商城，2011 年 4 月 1 日宣布获得 15 亿美元的融资，从此京东商城便开始了大手笔的烧钱行动，花费巨资自建物流、重金砸广告、与行业竞争对手大打价格战。这些做法还是很有收获的，京东的市场份额不断提升。并且利用资金优势重创了线上与线下的竞争对手，彻底地把国美和苏宁搞火了，使得苏宁做起自己的网络商城苏宁易购，国美自建国美网络商城并收购库巴网来回击京东商城。

京东商城的模式就类似于现实生活中沃尔玛、乐购、家乐福类的大型超市，引进各种货源进行自主经营。京东先通过向各厂商进货，然后在自己的商城上销售，消费者可以在这里一站式采购。京东自己负责经营这么庞大的网络商城，盈亏就看京东自己的经营能力了。消费者购买时出现问题，直接找京东解决。

这种模式的优点在于其经营的产品多样，综合利润高。商城可以根据市场情况、企业战略对自己销售的产品做出整体调整。商城握有经营权，内部竞争小，对外高度统一。缺点在于内部机构庞大，市场反应较慢，竞争对手较多，产品种类扩充不灵活，容易与供货商发生矛盾。

与京东商城类似的还有当当网。

### 3．凡客——自产自销做品牌

"凡客诚品，爱生活、爱自由，我是凡客。"凡客经历了2011年上半年凡客体广告语红遍大街小巷，产品种类快速扩充，再到2011年年底时的巨额亏损，可以说2011年凡客坐了一回过山车。

凡客诚品的模式类似于现实生活中的美特斯邦威、特步等服装专卖店，主要是自产自销的经营模式。凡客靠卖服装类产品起家，现在又陆续推出家居、化妆品等产品。凡客所销售的这些产品基本上都是凡客自己生产，然后自己销售。整个从生产到销售的过程都是由凡客自己说了算。

这种模式的优势在于，产品的整个产业链都可控，公司的目标利润可以从产品生产时制定，没有供货商的货源限制。缺点在于公司品类扩张困难。

与凡客诚品类似的还有珂兰钻石、梦芭莎等。

## 四、B2C 盈利模式

不同的 B2C 电子商务网站的收益模式不尽相同，归纳起来有以下几种。

### 1．收取服务费

收取服务费是指开设 B2C 网上商店的商家向参与网上购物的对象收取服务费。这种模式，消费者除了要按商品价格付费外，还要向网上商店支付一定的服务费。消费者愿意缴纳服务费的主要原因就在于：消费者感觉在这些网站购物比较方便，能够节省购物时间；消费者可以使用网站提供的优惠券来减免一部分货款，从而节约购物支出；消费者可以经过充分比较后再购买商品，从而减少计划外购物，获得自己真正需要的商品。

另外，B2C 网上商店通过引入联营商的概念，不仅加速了 B2C 电子商务模式的发展，也为网上商店增加了新的利润点。品牌商入驻各大 B2C 网上商店也需要支付一定费用。目前，我国各大 B2C 网上商店收费标准各不相同，如当当网，其手机数码、服装等商品的扣点率为 4%，此外还有平台使用费。

### 2．实行会员制

会员制是按不同的服务范围收取费用。一般有两种方式：①按照时间(如按年、月、季)收取固定的会员费；②根据实际销售规模按比例收取会员费。目前，大多数 B2C 网上商店都实行会员制。

### 3．扩大销售量

扩大销售量是 B2C 网上商店盈利的最直接的方式。为了扩大销售量、提升企业的知名度，B2C 网上商店采用低价策略。如京东商城在其首页上部最醒目处设置了特价专区，每天限时推出特价商品，以吸引消费者。在降低价格的同时，京东商城也扩大了销售量，获得了丰厚的利润。

## 【任务实施】

1. 入驻天猫需要哪些资质？
2. 比较天猫与淘宝 C 店的不同之处。

## 【任务小结】

由教师归纳总结任务中主要的思想、知识点等。

# 任务三　B2B 电子商务

## 【情境及任务描述】

在阿里巴巴国内贸易平台上，要你分别作为采购商和供应商，完成如下任务：作为采购商，实际采购需要选择搜索出来的产品，了解产品信息以及卖家的详细情况；作为供应商，在阿里巴巴国内贸易平台上发布和管理供应信息，掌握高质量供应信息评判标准和信息发布技巧；买卖双方使用阿里旺旺进行沟通交流，成功后，买方下订单，买卖双方完成正式交易。

## 【知识准备】

### 一、B2B 电子商务概述

B2B 电子商务是指企业与企业间的电子商务。它是指企业与企业间通过 Internet 进行产品、服务及信息交换。其业务流程一般是由商业机构(或企业、公司)使用 Internet 或各种商务网络发布供求信息，并向供应商(企业或公司)订货或接受客户订货，完成支付过程及票据的签发、传送和接收，确定配送方案并监控配送。这类电子商务除当事人双方之外，更需要涉及相关的银行、认证、税务、保险、物流配送、通信等行业部门；对于国际的 B2B，还要涉及海关、商检、担保、外运、外汇等行业部门。总之，必须有各参与方有机配合和实时响应。通过 B2B 交易方式，企业之间交易可以减少许多事务性的工作流程和管理费用，从而降低企业经营成本。网络的便利性及延伸性使企业扩大了活动范围，企业发展跨地区跨国界更方便、成本更低廉。

项目三 网络商品交易

**知识链接：我国 B2B 发展历程**

**1. 萌芽阶段**

这个阶段为 1998—2000 年。1997 年以前，我国 B2B 电子商务的主要任务是发展政府项目，具有代表性的是"三金工程(金关工程、金卡工程、金桥工程)"。从 1999 年开始，受国外 B2B 电子商务模式成功发展的影响，我国成立了第一批 B2B 电子商务平台，如阿里巴巴。

**2. 起步阶段**

这个阶段为 2001—2003 年。受互联网经济泡沫的影响，这一阶段的 B2B 电子商务平台发展得比较艰难，大部分较早涌现的 B2B 电子商务平台因为无法继续经营而消失。

**3. 发展阶段**

这个阶段为 2004—2008 年。经历了艰难的起步阶段，从 2004 年开始，以阿里巴巴为代表的 B2B 电子商务平台开始稳定盈利，许多行业垂直 B2B 电子商务平台也在各自的领域崭露头角，这个行业再次受到关注，电子商务阵营开始分化。此时的 B2B 电子商务交易主要有国际贸易、国内行业贸易和商品流通贸易。

**4. 多样化发展阶段**

这个阶段为 2008 年至今。虽然这一阶段之初就遭遇了金融危机，但经过前面几个阶段的发展和积累，中小企业利用电子商务的意识逐步提高，我国的 B2B 电子商务开始呈现多样化发展趋势。具体表现为：在发展方式上，综合类 B2B 平台进一步细化发展方向，且涌现了一大批垂直类电子商务平台；同时，电子商务平台的模式也在发展，网站除了提供信息服务外，还提供在线支付和物流配送服务，使得用户直接实现在线交易。

目前基于 Internet 的 B2B 交易发展十分迅速，从国际电子商务发展的实践和潮流看，B2B 业务在全球电子商务销售额中所占比例约为 90%。从交易额看，B2B 交易是电子商务交易额的大头。这是因为，在现实世界中，企业间的商务贸易额是消费者直接购买的 10 倍。因此，B2B 电子商务模式是电子商务业务的主题。

B2B 不仅是建立一个网上的买卖者群体，它也为企业间的战略合作提供基础。网络使得信息畅通无阻，企业之间可以通过网络在市场、商品或经营等方面建立互补互惠的合作，形成水平或垂直形式的业务整合，以更大的规模、更强的实力、更经济的运作真正达到全球运筹管理的模式。实现 B2B 电子商务必须具备一定的条件，主要包括：信息的标准化、用户身份验证和网络交易集成技术。

**1. 信息标准化**

信息的无歧义性是电子商务的基本要求。在商务伙伴之间交换电子数据采用的传统技术是有几十年历史的 EDI 技术，但其最大的缺点在于其信息标准化只适用于少数特殊行业中的固定合作伙伴进行的高价值、高重复性的交易，而且美国的 EDI 标准和欧洲、亚洲的还不兼容。Internet 的出现向这一传统技术提出了挑战，其运行的低成本对各种企业都具有巨大的吸引力，但首先需要建立一种基于 Internet 的非 EDI 信息交换标准和协议。因而，首要的任务就是建立一个被广泛接受的信息交换标准格式，这样一个标准应当使 B2B 电子商务网站能很容易地被各种客户使用，并且可以方便地与企业内部产品的产进销存渠道融合到一起。目前有一些非营利性组织在致力于建立这种标准。

### 2. 用户身份验证

和以前 EDI 使用的封闭网络不同，目前 EDI 在数据存取控制、数据归档、数据恢复、网络使用、客户验证、信息发送以及安全性上具有极高的可靠性。但这些在利用 Internet 作为信息和营销渠道时却难以得到有效的保证。Internet 的这种开放性使得参与交易的双方都迫切地需要确认对方的身份。Internet 上常用的身份认证办法是交易双方和中介机构事先从 CA(Certificate Authority)的第三方机构获得自己的"数字签名"。在电子商务交易过程中，商务伙伴之间、企业和金融机构之间都可以通过这种"数字签名"来确认彼此的身份。

### 3. 电子商务集成化

企业电子商务集成化的第一步是建立 Intranet，在达到一定规模之后，企业之间采用 Extranet 连接起来。Internet、Extranet、Intranet 之间的关系如图 3-2 所示。目前企业要实现完善的 B2B 电子商务需要许多系统的共同支持，如制造企业需要有财务系统、企业资源计划 ERP 系统等，并且这些系统能有机地整合在一起实现信息共享、业务流程的完全自动化。

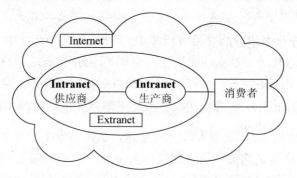

图 3-2　Internet、Extranet、Intranet 之间的关系

## 二、B2B 电子商务分类

根据电子商务面向行业的范围不同，目前 B2B 电子商务模式主要分为垂直 B2B 电子商务和水平 B2B 电子商务两种模式。

### 1. 垂直 B2B 电子商务

垂直 B2B 电子商务主要面向实体企业，包括制造业、商业等行业的企业，该模式追求的是"专"。所交易的物品是一种产业链的形式，可以提供行业中所有相关产品、互补产品或服务，产业链分为两个方向，即上游和下游。垂直网站将特定产业的上、下游厂商聚集在一起，让各阶层的厂商都能很容易地找到原料供应商或买主。这些网站定位于一个特定的专业领域内，如 IT、化学工业、流通业或钢铁业。生产商或商业零售商可以与上游的供货商之间形成供货关系，如戴尔电脑公司与上游的芯片和主板制造商就是通过这种关系进行合作；又如 Cisco 与其分销商之间进行的交易也是采取这种方式；再如中国化工网就是一种非常成功的典型垂直市场，化工企业不但能很快地找到有足够货源的原料供应商，供应商也可更迅速地将产品销售出去。在国内也有不少垂直型的 B2B 网站，如中国纺织在线(www.chinatextileonline.net)和中国纸网(www.paperec.com)等。垂直网站吸引的是针对性较强的客户，这批针对性较强的客户是这些网站最有价值的财富，是真正的潜在商家，这种市场一旦形成，就具有极大的竞争优势。所以垂直型网站更有聚集性、定向性。它们较喜欢收留团体会员，易于建立起忠实的用户群体，吸引着固定的回头客。结果是垂直网站形成了一个集约化市场，它拥有真正有效的客户。

不同行业的 B2B 网站在功能上可能有一定的差别，但总地来说仍然属于信息发布平台类网站。垂直 B2B 交易网站除了在行业集中方面与水平 B2B 交易平台不同外，二者的经营模式基本相同。同时，由于垂直网站的专业性强，因此其面临的客户很多都是本行业的，潜在购买力比较强，其广告的效用也会比较大。也正因为如此，垂直网站的广告费较水平网站要高。除了广告外，垂直网站还可以通过产品列表以及网上商店门面收费。同水平网站一样，垂直网站也可以举办一些拍卖会，并向交易成功的卖方收取一定比例的交易费。此外还可以收取客户的信息费，即数据库使用费。

### 2. 水平 B2B 电子商务

水平 B2B 电子商务面向所有行业，是一种综合式的电子商务模式。该模式追求的是"全"。它将各个行业中相近的交易过程集中到一个场所，为买方和卖方创建一个信息沟通和交易的平台，在这个平台上能够分享信息、发布广告、竞标投标，并进行交易。目前国内主要的水平 B2B 网站有阿里巴巴(http://www.alibaba.com)、环球资源网(http://www.globalresources)、慧聪网(http://www.hc360.com)等。

水平 B2B 网站上交易的商品覆盖门类齐全，但与 B2C 电子商务相比较，不是以日用、休闲和娱乐消费品为主的或是单宗交易小额而交易量大的，企业和企业间的交易一般是大额交易。由于 B2B 电子商务大额交易的特点，所以 B2B 的交易多在线下完成，B2B 网站只是提供一个平台，供交易双方寻找信息和洽谈。如阿里巴巴网站主要以提供商机交流和交易撮合为主，其商品种类丰富，覆盖全面，各种商品信息都有，而商品的交易都在网下进行。

水平 B2B 网站可以产生很多的利润流。通常情况下，如果水平网站将目光放在广告上，那么可以有一个很好的盈利机会。另外，水平网站通常会举办网上拍卖会，这时，网站可以向成交的卖方收取一定比例的交易费。水平网站也可以靠出售网上店面来赚钱。除此之外，水平网站还可以自己开展电子商务，从商务活动中直接赚钱。水平 B2B 电子商务模式追求的是"全"，它能够获得收益的机会很多，而且潜在的用户也比较多、大，所以它能够迅速地获得收益。但是其风险主要体现在用户群是不稳定的，被模仿的风险也很大。

网络商品交易中心就是水平 B2B 电子商务的一种主要形式，它是指通过虚拟网络市场进行商品交易。在交易过程中，网络商品交易中心以 Internet 为基础，利用网络技术，将商品供应商、采购商和银行紧密地联系起来，为客户提供市场信息、商品交易、仓储配送、货款结算等全方位的服务。其流转程式如图 3-3 所示。

具体可分为以下几个步骤。

(1) 买卖双方将各自的供应和需求信息通过网络告诉给网络商品交易中心，网络商品交易中心通过信息发布服务向参与者提供大量的、详细准确的交易数据和市场信息。

(2) 买卖双方根据网络商品交易中心提供的信息，选择自己的贸易伙伴。

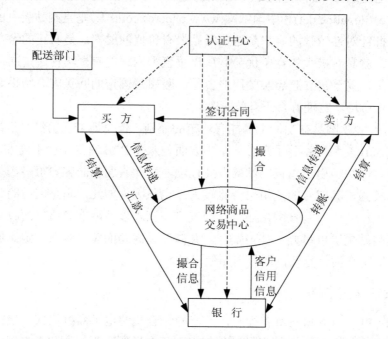

图 3-3　网络商品交易中心流转程式

(3) 网络商品交易中心从中撮合，促使买卖双方签订合同。
(4) 买方在网络商品交易中心指定的银行办理转账付款手续。
(5) 指定银行通知网络交易中心买方货款到账。
(6) 网络商品交易中心通知卖方将货物发送到设在买方最近的交易中心配送部门。
(7) 配送部门送货给买方。
(8) 买方验证货物后通知网络商品交易中心货物收到。
(9) 网络商品交易中心通知银行买方收到货物。
(10) 银行将买方货款转交卖方。
(11) 卖方将回执送交银行。
(12) 银行将回执转交买方。

网络商品交易中心存在的问题主要有：目前的合同文本还在使用买卖双方签字交换的方式，如何过渡到电子合同，并在法律上得以认证，尚需解决有关技术和法律问题；整个交易涉及的资金二次流转，税收问题仍需认真研究；信息资料的充实也有待于更多的企业、商家和消费者参与；整个交易系统的技术水平如何与飞速发展的计算机网络技术保持同步，则是在网络商品交易中心起步时就必须考虑的。

## 三、B2B 电子商务交易流程

下面以中国商品交易中心为例，来说明 B2B 电子商务的交易流程。

1. 中国商品交易中心概况

中国商品交易中心(http://www.ccec.com.cn)是国家经贸委批准组建的为企业提供商品交易中介服务的经济组织，以会员制为纽带，以无形市场与有形市场相结合为基本框架，以网络交易和看样订货为商品交易方式，通过改造传统的商品交换方式，实现超大型的网络经营。它主要从事以下业务。

(1) 通过计算机网络为企业提供各类生产资料、生活资料供求信息。
(2) 通过计算机网络为交易双方提供网上谈判、签约服务。
(3) 通过交易中心系统为交易各方提供交易、交割服务。
(4) 通过国有商业银行为交易各方提供资金统一结算服务。
(5) 为国家机关、企事业单位提供各项经济预测、统计分析。
(6) 为企业提供产品信息广告及 Internet 主页制作与发布服务。
(7) 为会员企业提供产品展示的场所。
(8) 为企业办理入会入网的各项手续及咨询服务。

2. 中国商品交易中心的交易程序

中国商品交易中心的交易活动，首先是买卖双方通过网络进行洽谈，签订好合同后，买方把定金打到交易中心的结算银行，交易中心通过其所辖机构迅速通知卖方发货，发货的同时把提货手续交给分中心、分部或分交易所。卖方货物发出后，交易中心就会通知买方付款。余款到账后，交易中心把提货手续交给买方，和买方一起验货，没有问题了，交易中心将货款及时、准确地交给卖方。如果有问题，交易中心先帮助交易双方解决，然后进行交割结算。在整个过程中，交易中心运用了一整套规范的条例、科学的管理手段以及各种传输数据和完善的服务，通过交易中心的交易交割整体运作，保证买方货款的安全和卖方货物的安全，买卖双方只需坐在家中，就可以顺利地完成整个交易过程。具体地说，整个交易过程可分为以下 14 个步骤。

(1) 买卖双方使用中国商品交易中心的电子商务系统进行洽谈，确定合同草案后到交易中心在买卖双方当地的各分支机构办理合同生效手续。
(2) 买方按合同要求向银行支付定金。
(3) 银行通知交易中心定金到位。
(4) 交易中心通知卖方发货。
(5) 卖方向买方发货。
(6) 卖方向交易中心提交单据。
(7) 单据在交易中心内传递。
(8) 交易中心通知买方向银行付清余款。
(9) 买方向银行支付余款。
(10) 银行通知交易中心余款到位。
(11) 交易中心向买方移交单据。
(12) 买方收货，向交易中心提交验收报告单。
(13) 交易中心通过银行向卖方划付货款。
(14) 银行向卖方划付货款。

### 3. 中国商品交易中心的信息发布

中国商品交易中心的信息发布包括注册用户发布的供应商品、采购商品、企业信息等信息，以及在经济信息自由港发布的商品图文、公告、招商、合作、广告等信息。

### 4. 中国商品交易中心网络信息查询

中国商品交易中心的查询方式可分为分类查询、关键字查询两种方式。

(1) 分类查询。分类查询是多种信息查询办法中的一种，它可通过逐级的信息类别确定，缩小用户查找范围，使用户能尽快找到自己所需的信息。例如，某企业想购买冷轧板，进入查询后，在分类查询栏目下，点击查询消息商品信息，此时进入分类选择，由于冷轧板属于钢铁类，故应先点击钢材，再点击钢板，此时如果系统中有冷轧板销售信息，将会显示在用户面前。

(2) 关键字查询。它分为企业信息查询和商品信息查询两种。

企业信息查询：用关键字查询企业信息时，可先设定地域，再在地域设定框后面的关键字文本框中输入要查找的关键字，关键字可以是企业名，也可以是任意字。例如，某企业想查找保定地区纺织企业信息。进入查询后，在关键字查询栏的企业信息项下设定地域，先在第一栏中点击河北省，再在第二栏中点击保定市，最后在第三栏中输入关键字"纺织"二字，此时点击下面的"查询"按钮，有关信息将会显现在你的面前。

商品信息查询：商品信息查询只需先设定是销售商品还是采购商品，然后在关键字文本框中输入任意字，即可查询。例如，某企业想购买玉米。进入查询后，在关键字查询栏的产品信息项下，将销售产品前的圆点亮显，再在后面框中输入"玉米"二字，最后点击下面的"查询"按钮，有关信息即可显现。

### 5. 中国商品交易中心网上谈判

用户进入网上交易洽谈页面，首先必须注册登录，然后再查询销售商品和采购商品信息，才能进入洽谈，处理合同签订或下订单。网上谈判过程可分为以下几个步骤。

(1) 买方查询合同内容，屏幕显示有关合同形态的说明和买卖双方在合同签约中的注意事项。

(2) 屏幕显示合同每一页。合同的每一页需填写地点和时间。

(3) 填写合同内容。买方查询卖方关于报价的信息，买方可以对计量单位、数量、单价进行修改，修改后点击"保存"按钮确认，屏幕上出现数据更新成功的提示。

(4) 买方根据交易系统提供的卖方信息和中介方信息，填写发盘有效期并点击"保存"按钮。屏幕再次出现关于数据更新成功的提示，点击"确认"按钮确认后，再点击"发往对方"按钮，从而结束买方对合同草案的填写过程。

(5) 卖方查询合同时，点击"合同草案"按钮，在填写完企业编码和密码后，屏幕显示出买方的合同状态，选择相应状态，查看合同草案内容。

(6) 卖方查看买方发来的合同，对数量、单价等重要条款修改后，点击"保存"按钮确认，合同即发回买方。

(7) 买方查询时，屏幕显示卖方的合同状态，选择相应状态，即可查看合同内容。

(8) 买方查看卖方还盘合同的数量、价格等重要条款。

(9) 买方查看完毕，如对卖方的还盘仍有异议，可继续修改后点击"发往对方"按钮。若对卖方的还盘没有异议，点击"接受"按钮，合同进入中国商品交易中心管理库，双方不再具有修改、删除的权力。

#### 6. 中国商品交易中心的结算系统

中国商品交易中心推行一种新型的结算办法：中国商品交易中心采取中介介入的方式，完成买卖双方之间的资金结算，对于交易双方的供销行为，交易中心作为第三方起到监督与管理的作用。为此，交易中心设置职能部门——结算中心，通过结算中心的日常操作来完成对企业供销行为的监督与管理。

该交易中心实行见单付款、验货结算的交易模式，采用全国集中结算、统一管理的全新结算办法，依靠一整套先进可靠的结算系统对资金进行严格的监控和管理。交易中心委托国有银行完成交易双方在商品交易中的货款清算业务。交易中心通过严格的结算管理手段和完善的服务措施，运用清算银行遍布城乡网点的电子联行清算系统，为买卖双方提供及时顺利、安全准确、优质便捷的商品交易服务，使企业足不出户就能完成资金划付。具体结算流程如下。

(1) 买方通过其开户行将定金汇付给清算银行，清算银行将定金到账信息通知交易中心结算中心，卖方接到交易中心通知后发货。

(2) 买方通过其开户行将余款汇付给清算银行，清算银行将余款到账信息通知交易中心结算中心。

(3) 买方接到货物，验收合格后通知交易中心。

(4) 结算中心按规定通知清算银行给卖方结转货款。

为确保交易资金的安全，在交易过程中一旦发生违约，结算中心立即冻结在账资金，违约处理完毕，结算中心立即解冻冻结资金，并进行相应的资金划转，恢复正常履约过程。

## 四、B2B 盈利模式

B2B 电子商务网站盈利模式有以下几种。

### 1. 收取会员费

企业通过 B2B 电子商务平台参与电子商务交易的前提是注册成为该网站的会员，而会员每年需要缴纳一定的会员费，这样才能享受到网站提供的各项服务。目前，会员费已经成为我国 B2B 电子商务网站最主要的收入来源。

### 2. 收取广告费

网络广告是门户网站的亮点所在，也是 B2B 电子商务网站的主要收入来源。一般来说，B2B 电子商务网站会有弹出广告、漂浮广告、Banner 广告、文字广告等形式的广告供用户选择。

### 3. 收取竞价排名费

竞价排名是近几年广泛应用的推广模式。企业为了促进产品的销售，都希望在 B2B 电子商务网站的信息搜索中排名靠前。为了满足企业的这种需求，一些 B2B 电子商务网站推出了竞价排名的服务方法，在确保信息准确的基础上，根据会员交费的不同对其排名顺序进行相应调整。

除了前面三种常规的盈利模式外，信息化技术服务费、代理产品销售费、交易佣金费、展览或活动费等也逐步成为 B2B 电子商务网站的收费渠道。这些大部分为增值服务，能为网站拓展更多的收益来源，从而达到网站和会员双赢的效果。

# 【任务实施】

## (一)采购商寻找商机

### 1. 搜索供应信息

(1) 搜索商品，登录 http://www.1688.com，在阿里巴巴中文网站中搜索产品，如图 3-4 所示。用户可以通过产品关键字、来源国家、发布日期、买卖类型和行业分类等多种方式，检索与查询所需要的商业机会信息。

图 3-4　搜索产品

(2) 挑选商品，缩小搜索范围。如图 3-5 所示，通过类目、省份、经营模式等方面来缩小供应商的查找范围。

(3) 货比三家，筛选信息。采购商最多可以选择 10 条供应信息进行对比，且可以从各项条件对比中筛选合适的供应商。

(4) 在选定好供应商后，在每一条供应信息下都有"站内留言"按钮，单击后会出现询价页面。

(5) 可以对多个供应商进行批量询价。如图 3-6 所示，在批量询价时，要按照采购需求详细填写，如订单总量、期望价格等，以便卖家有针对性地回复。批量询价留言页面如图 3-7 所示。

项目三　网络商品交易

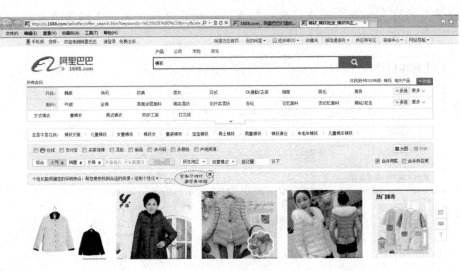

图 3-5　挑选产品

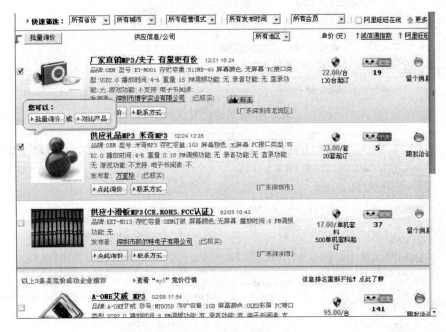

图 3-6　批量询价

　　(6) 填写完成后，输入验证码，发送询价单，注意询价供应信息不能超过 5 条，若超过，则无法进行批量询价。

　　(7) 此外，还可以查看公司信息。

## 2. 发布求购信息

　　诚信通会员可以直接在阿里巴巴网站上发布信息，普通会员要通过邮箱验证或者手机验证才可以进行信息的发布。发布采购信息的步骤如下。

　　(1) 注册会员。

　　(2) 登录阿里巴巴网站，进入"我的阿里助手"。

　　(3) 在导航栏中的"供求信息"选项下点击"发布供求信息"链接，然后在打开的页面中，选择需要的信息类别，选中"求购"单选按钮，进行产品基本信息的填写，如图 3-8 所示。

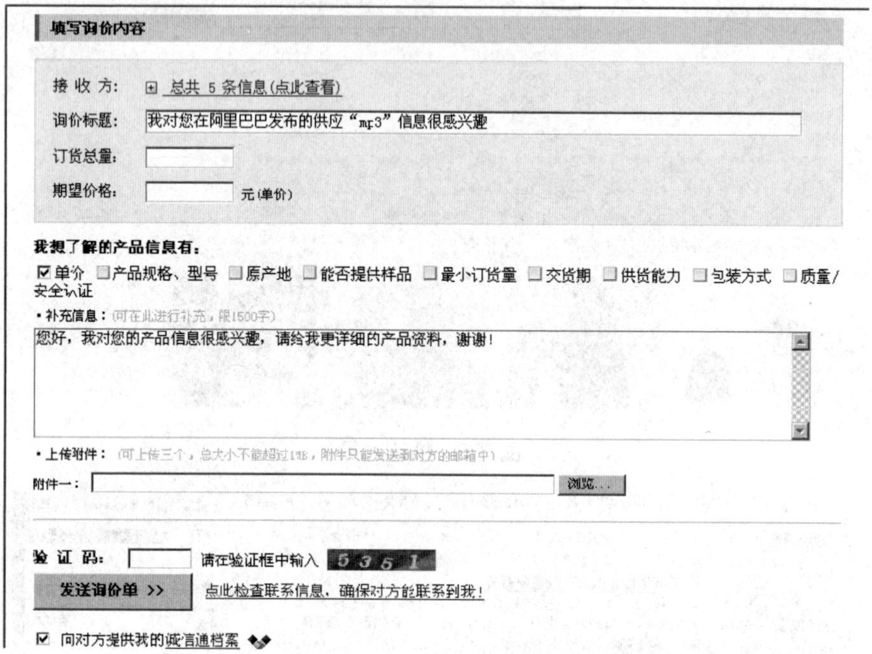

图 3-7 批量询价留言页面

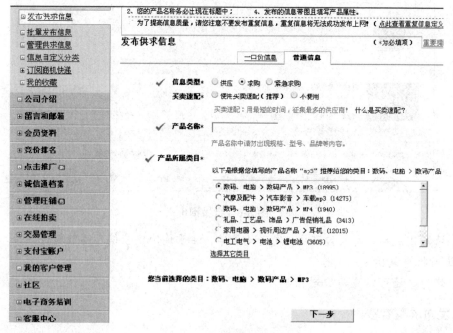

图 3-8 发布采购信息页面

(4) 按照要求填写信息详情，如图 3-9 所示。

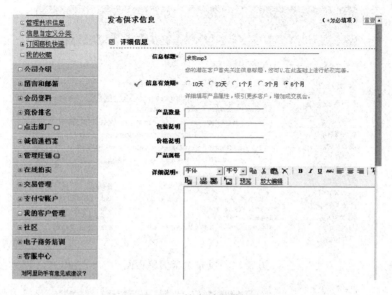

图 3-9　信息填写页面

(5) 供求信息发布成功后等待审核，如图 3-10 所示。

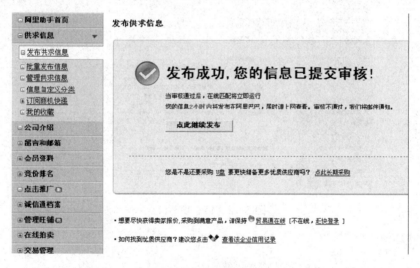

图 3-10　信息发布成功

## (二)供应商发布信息

### 1. 发布一条产品供应信息

(1) 登录阿里助手，点击"供求信息"中的"发布供求信息"链接，选择信息类型，点击"立即发布求购信息"按钮。发布供求信息页面如图 3-11 所示。

(2) 按要求填写内容，点击"同意服务条款，我要发布"按钮。操作如图 3-12～图 3-14 所示。

电子商务实务

图 3-11 发布供求信息页面

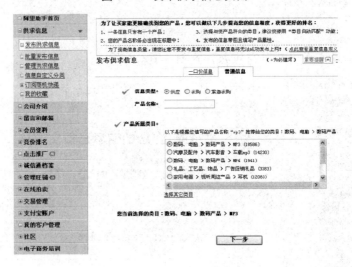

图 3-12 信息填写(1)

图 3-13 信息填写(2)

项目三　网络商品交易

1、建议从产品性能、用途、包装、售后服务等方面来描述；
2、您可通过 来插入图片，图片地址建议使用阿里巴巴旺铺的公司相册"复制图片地址"来添加，请勿盗用他人图片，以免引起纠纷。
3、可添加阿里巴巴内部链接（阿里巴巴、淘宝、支付宝、雅虎），加入其他网站链接，系统将自动删除。

上传图片　　图片1　　　　图片2　　　　图片3

[暂无图片] [暂无图片] [暂无图片]

[上传][删除]　[上传][删除]　[上传][删除]

图片格式jpg或gif，大小不超过200k。
推荐使用免费工具"图片助手"，自动处理图片格式及大小并上传！ 立即使用　帮助

▪ 交易条件

图 3-14　信息发布页面

### 2. 批量发布信息

批量发布信息是提供给会员使用 Excel 批量发布产品供应信息的工具，为了您更方便地发布信息，建议会员按照下载的 Excel 模板存储产品信息。

(1) 进入阿里巴巴后台管理"阿里助手"首页，在"信息管理"下面的"供求信息"中点击"批量发布信息"选项，如图 3-15 所示。

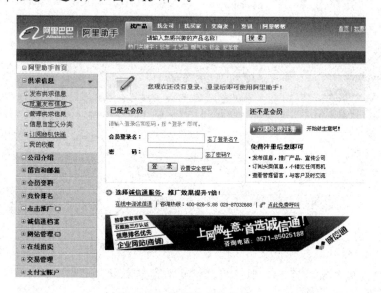

图 3-15　批量发布信息页面

(2) 选中要发布信息的类目，点击"下载表单"按钮，弹出"文件下载"对话框，如图 3-16 所示。下载并打开 Excel 批量发布表单后，根据模板的选项完成相关信息的输入，并保存好。

电子商务实务

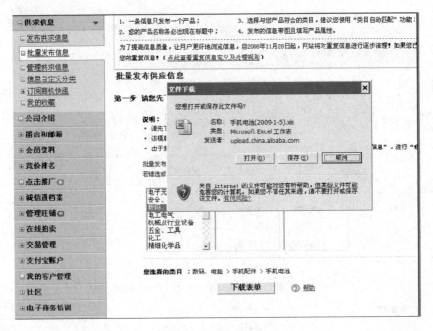

图 3-16　下载表单

(3) 上传填写好的 Excel 批量发布表单，如图 3-17 所示。

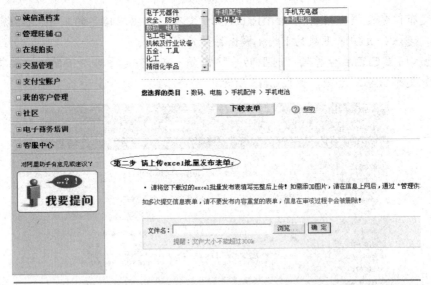

图 3-17　上传 Excel 批量发布表单

(4) 弹出信息发布成功页面，则说明批量发布信息成功。

3. 管理供应信息

登录到阿里助手，点击阿里助手中的"供求信息"，再点击"管理供求信息"选项，如图 3-18 所示，在这里可以进行供求信息的管理。

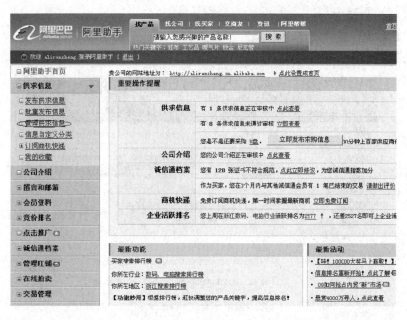

图 3-18　管理供求信息页面

## (三)网上洽谈下订单

### 1. 留言洽谈

供应商在收到采购商的询价消息或者看到求购信息后,可以使用报价或管理留言功能及时给采购商反馈。

1) 使用报价功能填写信息

如图 3-19 所示,在采购商的采购信息页面上点击"点此报价"按钮后,在弹出的留言信息填写单中按要求填写好相关信息,这样可以方便和采购商联系。

图 3-19　给采购商报价

电子商务实务

2) 管理收到的留言

进入阿里助手,在"留言和邮箱"下面点击"我收到的留言"链接,可以对留言进行管理,如图 3-20 所示。

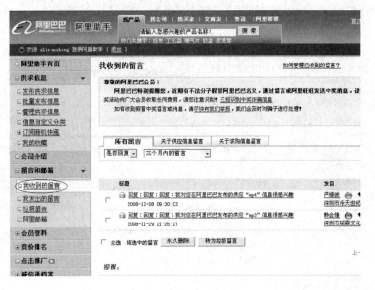

图 3-20  留言管理

**2. 阿里旺旺洽谈**

(1) 添加商友。登录阿里旺旺,点击"添加商友",弹出"添加商友"页面,如图 3-21 所示。

图 3-21  添加商友

(2) 可以利用阿里旺旺在聊天时发布商机。

(3) 可以通过阿里旺旺订阅你关注的产品信息。

(4) 使用阿里旺旺管理每笔网上交易,不管用户阿里旺旺是否在线,所有收到的反馈,阿里旺旺都将即时给予提示。

## 3. 下订单

(1) 留言转为订单。买卖双方在经过多次留言沟通后，卖家可以在阿里助手留言页面选择向客户"发起订单"，进一步确认买家信息并填写订单详细信息后给客户发出订单，如图 3-22 所示。

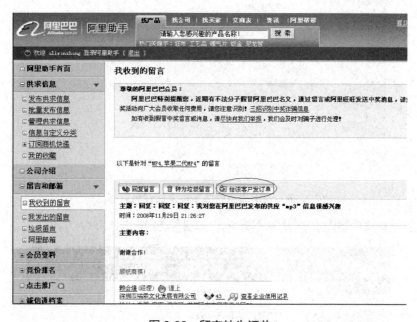

图 3-22　留言转为订单

(2) 利用客户管理发起订单。登录阿里助手，点击"我的客户管理"选项，如图 3-23 所示。

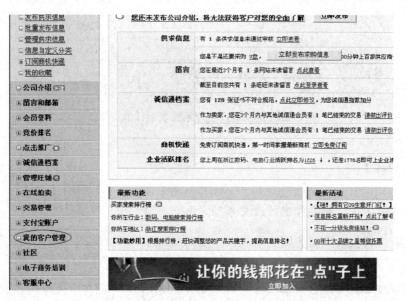

图 3-23　利用客户管理系统发起订单页面(1)

(3) 进入界面后点击"销售管理"下的"订单列表"选项，如图 3-24 所示。

图 3-24　利用客户管理系统发起订单页面(2)

(4) 点击"新建"链接，新建一个订单，如图 3-25 所示。

图 3-25　利用客户管理系统发起订单页面(3)

# 【任务小结】

由教师归纳总结任务操作中的注意事项、知识点等。

知识链接：其他电子商务模式

## 1. G2B 电子商务模式

G2B 电子商务模式即政府和企业之间通过网络进行交易活动的运作模式，如电子报税、电子通关、电子采购等。

G2B 电子商务模式比较典型的例子是政府网上采购。政府通过 G2B 电子商务模式在网上进行产品或服务的采购和招标。G2B 电子商务模式操作相对透明，对于采购商而言，能有效降低采购成本，也有利于找到更合适的供应商；对于供应商而言，也能获得更多的投标机会。

**2. G2C 电子商务模式**

G2C 电子商务模式即个人消费者与政府之间的电子商务。其中"C"也可以理解为 Citizen，公民的意思，也就是政府可通过 G2C 电子商务模式向公民提供各种服务。

目前我国的 G2C 电子商务模式的网站主要由政府主导，但一般并不限于 G2C 的功能，一般有 G2B 的政府对企业的业务处理，也有 G2C 的政府对个人的业务处理。

**3. G2G 电子商务模式**

G2G 电子商务模式即政府与政府之间的电子商务。该模式既包括上下级政府、不同地方政府之间的电子商务活动，也包括不同政府部门之间的电子商务活动。

G2G 电子商务模式是电子政务的基本模式之一，具体实现方式有政府内部网络办公系统、电子法规、电子公文系统、电子司法档案系统、电子财政管理系统、电子培训系统、网络业绩评价系统、城市网络管理系统等方面。这样可以高速、高效并低成本地实现电子政务活动。

**4. P2P 电子商务模式**

P2P 是 Peer to Peer 的缩写，可以理解为"伙伴对伙伴"之意，即对等联网。P2P 电子商务模式的优势是可以直接将人们联系起来，让人们通过互联网直接交互。该模式消除了中间商的环节，使得买卖双方的沟通变得更加容易和直接。

**5. X2X 电子商务模式**

X2X 是 Exchange to Exchange 的缩写，可以理解为"交易到交易"模式。X2X 电子商务模式是在网上电子交易市场不断增加，导致不同的交易市场之间需要实时动态传递和共享信息的情况下产生，是 B2B 电子商务模式的深入发展。

**6. ASP 电子商务模式**

ASP 电子商务模式即信息化应用服务提供商运作模式。该模式是指由电信网络为中介，牵头组织多家拥有优质产品和丰富行业经验的上下游企业参与运作，通过整合电信基础业务产品与电信增值业务产品，为中小企业的信息化提供优质的企业信息化解决方案和服务。ASP 电子商务模式的优势是可以充分利用各方的比较优势，为供应商提供更多机会，为客户提供价格低廉、稳定可靠、多样化的电子商务产品，从而实现双赢甚至多赢。

## 【技能检测】

B2B、B2C、C2C 的含义分别是什么？它们之间有什么区别和联系？

## 【实训任务】

1. 注册淘宝网站的账号，并完成网上购物的过程。
2. 比较淘宝购物与当当购物的区别。

# 项目四　网络商务安全

## 【知识与技能目标】

- 了解电子商务的安全问题，了解防火墙技术，理解并掌握数据加密技术的五种具体方法及原理，理解认证中心的定义、功能及信任机制，掌握数字证书的含义、基本构成及其分类；理解安全技术协议，掌握 SSL 和 SET 的主要区别和基本应用。
- 能进行数字证书的申请、下载、安装、导入、导出等操作，并能发送签名邮件和加密邮件。
- 在网络商务活动中能够使用电子商务安全技术协议。

## 任务一　防火墙技术

### 【情境及任务描述】

小明和小红是电子商务专业的学生，两人正在为一个问题争得面红耳赤。事情是这样的：学校新建了一间商务实训室，还未来得及安装防火墙便临时使用了一次，不巧就感染了病毒。小明认为现在在电脑上安装防火墙，可以防止病毒进一步扩散，而小红认为已经中毒的电脑安装防火墙并不能防止病毒的传播。

那么，到底谁的观点是正确的呢？

### 【知识准备】

网络商务安全具体为信息的保密性、信息的完整性、信息的不可否认性、交易者身份的真实性和系统的可靠性。网络商务安全从整体上可分为计算机网络安全和商务交易安全两大部分。计算机网络安全措施包括保护网络安全、应用安全和系统安全；商务交易安全措施包括加密技术、认证技术和安全技术协议。

### 一、防火墙的基本概念

#### 1. 防火墙的定义

建筑学中的防火墙是用来防止大火从建筑物的一部分蔓延到另一部分而设置的阻挡机构。计算机网络的防火墙是用来防止互联网的损坏，如黑客攻击、病毒破坏、资源被盗用或文件被篡改等波及内部网的危害。它是一个由软件和硬件设备组合而成的，在内部网(可信赖的安全网络)和外部网(不可靠的网络环境)之间的界面上构造的保护屏障。网络防火墙如图 4-1 所示。

防火墙是一种安全有效的防范技术，是访问控制机制、安全策略和防范入侵的措施。从狭义上讲，防火墙是指安装了防火墙软件的主机或路由器系统；从广义上讲，防火墙还包括了整个网络的安全策略和安全行为。只有被允许的通信才能通过防火墙，从而起到内部网与外部网的隔离，可以限制外部用户对内部网络的访问和内部用户对外部网络的访问。它控制所有内部网与外部网之间的数据流量，防止企业内部信息流入 Internet；控制外部有害信息流入 Intranet。防火墙还能执行安全策略、记录可疑事件。

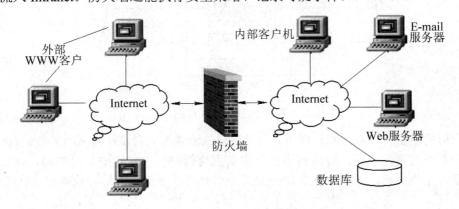

图 4-1　防火墙系统示意图

**2. 防火墙的功能**

在逻辑上，防火墙是一个分离器、限制器和分析器，它有效地监控了内部网和 Internet 之间的任何活动，保证了内部网络的安全。

从总体上看，防火墙应具有如下五大基本功能。

(1) 过滤进出网络的数据包。
(2) 管理进出网络的访问行为。
(3) 封堵某些禁止的访问行为。
(4) 记录通过防火墙的信息内容和活动。
(5) 对网络攻击进行检测和告警。

**3. 防火墙的安全策略**

(1) 凡是没有被列为允许访问的服务都是被禁止的。

这是一种安全性高于一切的策略。其代价是网络的方便性受到限制，网络的应用范围和效率会降低，在这个策略下，会有很多安全的信息和门户被拒之门外。

(2) 凡是没有被列为禁止访问的服务都是被允许的。

在此策略下，网络的灵活性得到完整地保留，但是有可能漏过的信息太多，使安全风险加大，并且网络管理往往疲于奔命，工作量增大。

## 二、防火墙的构成

防火墙主要包括安全操作系统、过滤器、网关、域名服务和 E-mail 处理五部分，如图 4-2 所示。有的防火墙可能在网关两侧设置两个内、外过滤器，外过滤器保护网关不受攻击，网关提供中继服务，辅助过滤器控制业务流，而内过滤器在网关被攻破后提供对内部网络的保护。

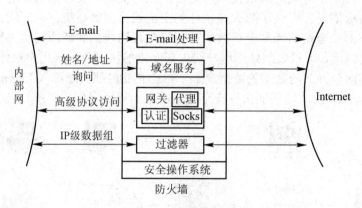

图 4-2　防火墙构成图

防火墙的主要目的是控制数据组，只允许合法流通过。它要对内域网和 Internet 之间传递的每个数据组进行干预。过滤器则执行由防火墙管理机构制定的一组规则，检验各数据组决定是否允许放行。这些规则按 IP 地址、端口号码和各类应用等参数确定。单纯靠 IP 地址的过滤规则是不安全的，因为一个主机可以用改变 IP 源地址来蒙混过关。

## 三、防火墙的类型

防火墙技术可根据防范的方式和侧重点的不同而分为很多种类型。比如根据其实现形式，防火墙可以分为软件防火墙和硬件防火墙；根据其防护规模，防火墙可以分为个人级防火墙和企业级防火墙；根据其实现的网络层次可分为三大类：包过滤、应用代理和复合型防火墙。

1) 包过滤型防火墙

包过滤型防火墙作用在网络层和传输层，可以动态检查通过防火墙的 TCP/IP 报文头中的报文类型、源 IP 地址、目标 IP 地址、源端口号等信息，与预先保存的清单进行对照，按预定的安全策略决定哪些报文可以通过防火墙，哪些报文不可以通过防火墙。其工作原理如图 4-3 所示。

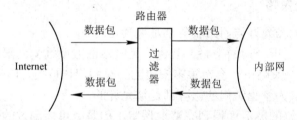

图 4-3　包过滤型防火墙的工作原理

包过滤路由器的最大优点就是价格较低，对用户透明，并且对网络性能的影响很小，包过滤不需要通过用户名和密码来登录。这种防火墙速度快，而且易于维护，通常作为第一道防线，但是，包过滤路由器的弊端也是很明显的，通常它没有用户的使用记录，这样我们就不能从访问记录中发现黑客的攻击记录。

2) 应用代理型防火墙

应用代理型防火墙作用在应用层，代理防火墙也叫应用层网关防火墙。在内部网与外部网之间建立一个单独的子网，该子网有一个代理主机，通过路由器和网关分别与内、外网连接，代理访问主机对外部和内部用户的网络服务请求进行认证，对于合法用户的服务请求，代理服务主机则连接内部网与外部网，自己作为通信的中介，外部用户只能获得经过代理的内部网服务，从而保护内部网络资源不受侵害。其工作原理如图 4-4 所示。

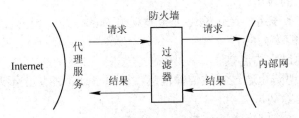

图 4-4　应用代理型防火墙的工作原理

代理服务器技术是防火墙技术中最受推崇的一种安全技术措施，它的优点在于可以将被保护的网络内部结构屏蔽起来，增强网络的安全性能，同时可用于实施较强的数据流监控、过滤、记录和报告等功能。其缺点在于需要为每个网络服务专门设计、开发代理服务软件及相应的监控过滤功能，并且由于代理服务器具有相当的工作量，需专门的工作站来承担。代理服务器对出入数据进行两次处理，所以会降低性能，这是应用网关的主要缺陷。此外，对于新出现的 Internet 服务，防火墙厂商可能要在几个月之后才能为其提供相应的应用代理，这也是应用级网关不尽如人意的地方。

3) 复合型防火墙

包过滤路由器虽有较好的透明性，但无法有效地区分同一 IP 地址的不同用户；应用代理型防火墙可以提供详细的日志及身份验证，但又缺少透明性。因此，在实际应用中，往往将两种防火墙技术结合起来，相互取长补短，从而形成复合型防火墙。

## 四、防火墙的优点

防火墙应该具有高度的安全性和透明性以及良好的网络性能，而这些特性本身相互制约、相互影响。因此用户可根据实际情况需要，选择使用哪种途径来设计满足自己网络安全所需要的防火墙。防火墙应该具有以下优点。

(1) 保护那些易受攻击的服务。防火墙能过滤那些不安全的服务。具有预先被允许的服务才能通过防火墙，这样就降低了受到非法攻击的风险性，大大提高了企业内部网的安全性。

(2) 控制对特殊站点的访问。防火墙能控制对特殊站点的访问。如有些主机能被外部网络访问而有些则要被保护起来，防止不必要的访问。通常会有这样一种情况，在内部网中只有 E-mail 服务器、FTP 服务器和 WWW 服务器能被外部网访问，而其他访问则被防火墙禁止。

(3) 集中化的安全管理。对于一个企业而言，使用防火墙比不使用防火墙可能更加经济一些，这是因为如果使用了防火墙，就可以将所有修改过的软件和附加的安全软件都放在防火墙上集中管理；而不使用防火墙，就必须将所有软件分散到各个主机上。

(4) 对网络访问进行记录和统计。如果所有对 Internet 的访问都经过防火墙，那么，防火墙就能记录下这些访问，并能提供网络使用情况的统计数据。当发生可疑操作时，防火墙能够报警并提供网络是否受到监测和攻击的详细信息。

## 五、防火墙的局限

防火墙本身具有较强的抗攻击能力，但是它也存在局限性。
1) 不能防范内部的攻击

防火墙可以禁止系统用户经过网络连接发送专有的信息。但是如果入侵者已经在防火墙内部，防火墙是无能为力的。

2) 不能防范不通过它的连接

防火墙能够有效地防止通过它的传输信息，然而它却不能防止不通过它而传输的信息。

3) 防火墙不能消除病毒

防火墙一般不能消除网络上的病毒。

4) 防火墙不能防止本身安全漏洞的威胁

防火墙保护别人有时却无法保护自己，目前还没有厂商绝对保证防火墙不会存在安全漏洞。防火墙也是一个 OS，也有其硬件系统和软件，因此依然有漏洞，所以其本身也可能受到攻击。

## 六、防火墙的应用

下面以 Windows 自带的防火墙为例来介绍如何设置防火墙。
1) 启用或禁用 Internet 连接防火墙

双击"控制面板"中的"网络连接"图标，打开"网络连接"窗口。右击所要保护的拨号，如"本地连接"，在弹出的快捷菜单中选择"属性"命令，然后在弹出的"本地连接 属性"对话框中切换到"高级"选项卡，在"通过限制或防止从 Internet 访问此计算机来保护计算机和网络"右侧单击"设置"按钮，弹出如图 4-5 所示的"Windows 防火墙"对话框。

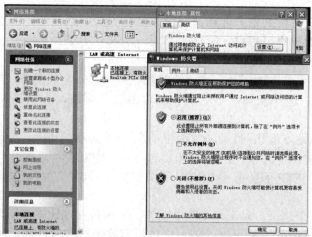

图 4-5　Windows 防火墙设置

"Windows 防火墙"对话框中包含:"常规"选项卡、"例外"选项卡和"高级"选项卡。在"常规"选项卡中,可以选择以下选项。

(1) "启用(推荐)"单选按钮。

选择该选项可以对"高级"选项卡中选择的所有网络连接启用 Windows 防火墙。Windows 防火墙启用后将仅允许请求的和异常的传入流量。异常流量可在"例外"选项卡中进行配置。

(2) "不允许例外"复选框。

当选中"不允许例外"复选框时,Windows 防火墙将阻止所有连接到你的计算机的请求,即使请求来自"例外"选项卡中列出的程序或服务也是如此。防火墙还会阻止发现网络设备、文件共享和打印机共享,当连接到公用网络(例如与机场或旅馆相关的网络)时,"不允许例外"选项十分有用。此设置可以阻止所有连接到你的计算机的尝试,因而有助于保护你的计算机。当使用 Windows 防火墙并选中"不允许例外"复选框时,你仍然可以查看网页、收发电子邮件或使用即时消息传递程序。

(3) "关闭(不推荐)"单选按钮。

选择该选项可以禁用 Windows 防火墙。不推荐这样做,特别是对于可通过 Internet 直接访问的网络连接。

2) Windows 防火墙的基本设置

(1) "例外"选项卡。

在"例外"选项卡中,你可以启用或禁用某个现有的程序或服务,如图 4-6 所示。当选中"常规"选项卡中的"不允许例外"复选框时,异常流量将被拒绝。

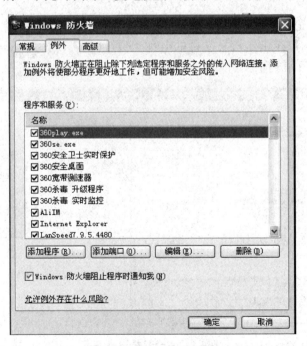

图 4-6 "例外"选项卡

"例外"选项卡中已有一组预先配置的程序和服务,其中包括:文件和打印共享、远程助手(默认启用)、远程桌面等,这些预定义的程序和服务不可删除。如果组策略允许,当单击"添加程序"按钮时,将弹出"添加程序"对话框,你可以在其中选择一个程序或浏览某个程序的文件名。当单击"添加端口"按钮时,将弹出"添加端口"对话框,你可以在其中配置一个 TCP 或 UDP 端口。全新的 Windows 防火墙的特性之一就是能够定义传入流量的范围。该范围定义了允许例外应用的网段。在定义端口的范围时,有三种选择:任何计算机(包括 Internet 上的计算机)、仅我的网络(子网)、自定义列表。

(2)"高级"选项卡。

① 在"网络连接设置"选项组中,你可以任意添加或禁用特定的网络服务,如图 4-7 所示。

图 4-7  网络连接设置

② "安全日志记录"设置。在"日志设置"对话框中,可以配置是否要记录丢弃的数据包或成功的连接,以及指定日志文件的名称和位置(默认设置为 systemroot\pfirewall.log)及其最大容量,如图 4-8 所示。

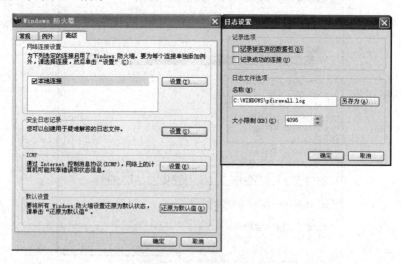

图 4-8  安全日志记录设置

③ ICMP 设置。在"ICMP 设置"对话框中,可以启用和禁用 Windows 防火墙允许在"高级"选项卡中选择的所有连接传入的 ICMP 消息的类型。ICMP 消息用于诊断、报告错误情况和配置。默认情况下,该列表中不允许任何 ICMP 消息。

诊断连接问题的一个常用步骤是使用 PING 工具检验尝试连接到计算机地址。在检验时，你可以发送一条 PING Echo 消息，然后获得一条 PING Echo Reply 消息作为响应。默认情况下，Windows 防火墙不允许传入 ICMP Eche 消息，因此该计算机无法返回一条 PING Echo Reply 消息作为响应。为了配置 Windows 防火墙允许传入 ICMP Eche 消息，必须选中"允许传入的 Eche 请求"复选框。ICMP 设置如图 4-9 所示。

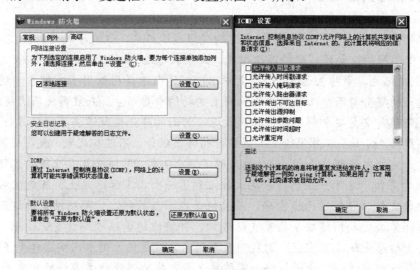

图 4-9　ICMP 设置

④ 默认设置。单击"还原为默认值"按钮，将 Windows 防火墙重设回其初始安装状态。当单击"还原为默认值"按钮时，系统还会在 Windows 防火墙设置改变之前提示你核实自己的决定。

# 【任务实施】

在学习了相关准备知识后，结合你自己的理解以及所见，谈谈小明和小红谁的观点是正确的，并解释原因。

要求：
(1) 将学生 4~6 人分成一个小组，组内分工要明确。
(2) 查阅防火墙相关知识的资料。
(3) 小组成员讨论和交流各自的学习成果，由组长进行汇总整合。
(4) 由小组指定代表进行任务汇报。

# 【任务小结】

由教师归纳总结任务中主要的思想、知识点等。

## 任务二　数据加密技术

### 【情境及任务描述】

麦肯锡研究院指出，中国在 2011 年网购规模超过日本，仅次于美国。2012 年 CNNIC 报告显示，中国网购交易规模保持高速增长，五年来超过 10 倍。2012 年网购交易规模达到人民币 12 594 亿元，年增长达 66.5%。其中 88.5%的人选择用信用卡或储蓄卡进行网上支付。网上支付的安全与否势必会成为影响网上购物的重要因素。而且网民不进行网上购物，最大的担忧仍然是交易安全得不到保障。最近，河南的陈先生就遭遇了网络银行盗窃。

陈先生说："我今年 3 月开通了工商银行的网上银行，不过前几天，我在用网上银行给手机充值时，突然发现账户上的 1600 元只剩下了 2.9 元。"陈先生马上拨打工商银行的客服电话，查询得知，他账户里的钱分两次被汇到了一个山东的账户上。陈先生对此非常诧异。因为要转走钱必须经过两道密码，而且他是在家上的网，密码从没告诉过别人。陈先生随即到郑州市公安局网络安全检察支队查询，并将他的电脑搬到该支队检测。郑州市公安局网络安全检察支队马警官说："我们基本断定，钱是被人用木马病毒转走了。"

那么，你认为应该如何使用数据加密技术来尽可能地避免此类事件的发生呢？

### 【知识准备】

数据加密技术是网络中最基本的安全技术，主要是通过对网络中传输的信息进行数据加密来保障其安全性。加密技术能避免各种存储介质上或通过 Internet 传送的敏感数据被侵袭者窃取。由于原文经过加密，具有机密性，所以加密技术也适用于检查信息的真实性与完整性。这是一种主动安全防御策略，用较小的代价便可为信息提供相当大的安全保护。

### 一、数据加密、解密的基本过程

利用加密技术，可以将某些重要信息和数据从一个可以理解的明文形式变换成一种复杂错乱的、不可理解的密文形式，这个过程就是加密，密文在线路上传送或在数据库中存储，其他用户再将密文还原成明文，这个过程就是解密。解密是加密的逆过程。数据加密、解密的过程如图 4-10 所示。

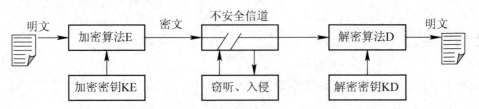

图 4-10　数据加密、解密的一般模型

由此可见，在加密和解密中，都涉及信息(明文/密文)、密钥(加密密钥/解密密钥)和算法(加密算法/解密算法)这三项内容。

加密和解密过程必须依赖两个要素，这就是算法和密钥。算法是加密和解密的计算方法；密钥是加密和解密所需的一串数字。

如果不论截取者获得了多少密文，在密文中都无足够信息来唯一确定对应的明文，则这一密码体制称为无条件安全的，或称为理论上不可破的。在理论上，目前几乎所有使用的密码体制都可破，人们关心的是能研制出在计算机上不可破的密码体制。如果一个密码体制的密码不能被可以使用的计算资源所破译，则这一密码体制称为在计算机上安全。

根据密码算法使用的加密密钥和解密密钥是否相同，将加密技术分为对称加密和非对称加密两类。

## 二、对称加密技术

在对称加密方法中，对信息的加密和解密都使用相同的密钥或者一个能由另一个导出。这种技术需有可靠的密钥传递渠道。该技术最具有代表性的算法是 IBM 公司提出的 DES(Data Encryption Standard)算法，该算法于 1977 年被美国国家标准局 NBS 颁布为商用数据加密标准，是目前广泛采用的对称加密方式之一，主要应用于银行业中的电子资金转账(EFT)领域。

DES 综合运用了置换、代替、代数等多种密码技术，把消息分成 64 位大小的块，使用 56 位密钥，加密算法的迭代轮数为 16 轮。DES 密码算法输入的是 64 位的明文，在 64 位密钥的控制下产生 64 位的密文；反之输入 64 位的密文，输出 64 位的明文。64 位的密钥中含有 8 位奇偶校验位，所以实际的有效密钥长度为 56 位。对称加/解密过程如图 4-11 所示。

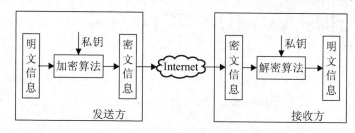

图 4-11　对称加/解密过程

DES 设计精巧，实现容易，使用方便，最主要的优点是加密、解密速度快，并且可以用硬件实现。其主要缺点在于密钥管理困难，主要表现如下。

(1) 在首次通信前，双方必须通过除网络以外的另外途径传递统一的密钥。

(2) 当通信对象增多时，需要相应数量的密钥。例如，当某一贸易方有 $n$ 个贸易关系，那么他就要维护 $n$ 个专用密钥(即每把密钥对应一贸易方)。如果每两个人要求一个私有密钥，$n$ 个人彼此之间进行保密通信需要 $n(n-1)/2$ 个密钥。

(3) 对称加密一般不能提供信息完整性鉴别。它无法验证发送者和接受者身份。

(4) 对称加密是建立在共同保守秘密的基础之上的，在管理和分发密钥的过程中，任何一方的泄密都会造成密钥的失效，存在着潜在的危险和复杂的管理难度。

自 DES 算法公布后，出于 DES 算法本身的缺点以及各国政治上的考虑(在商用方面一般都采用本国设计的算法),而出现了许多 DES 的替代算法,这些算法中比较有影响的有 AES 算法(Advanced Encryption Standard)和欧洲数据加密标准 IDEA(International Data Encryption Algorithm,即国际数据加密算法)。

## 三、非对称加密技术

针对对称加密技术密钥管理困难的问题,1976 年,美国学者 Diffre 和 Hellman 提出了一种新的密钥交换协议,允许通信双方在不安全的媒体上交换信息,安全地达成一致的密钥,这就是"公开密钥系统"。在非对称加密体系中,密钥被分解为一对(即一把公开密钥或加密密钥和一把专用密钥或解密密钥)。这对密钥中的任何一把都可作为公开密钥(加密密钥)通过非保密方式向他人公开,而另一把则作为专用密钥(解密密钥)加以保存。公开密钥用于对机密性的加密,专用密钥则用于对加密信息的解密。专用密钥只能由生成密钥对的贸易方掌握,公开密钥可广泛发布,但它只对应于生成该密钥的贸易方。

贸易方利用该方案实现机密信息交换的基本过程是:贸易方甲生成一对密钥并将其中的一把作为公开密钥向其他贸易方公开;得到该公开密钥的贸易方乙使用该密钥对机密信息进行加密后再发送给贸易方甲;贸易方甲用自己保存的另一把专用密钥对加密后的信息进行解密。非对称加/解密过程如图 4-12 所示。

RSA(Rivest Shamir Adleman)算法是非对称加密领域内最为著名的算法,它建立在数论中大数分解和素数检测的理论基础上。两个大素数相乘在计算上是容易实现的,但将该乘数分解为两个大素数因子的计算量却很大,大到甚至在计算机上也不可能实现。

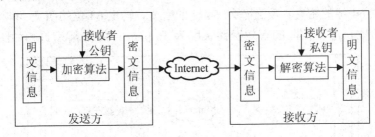

图 4-12　非对称加/解密过程

与对称加密相比,非对称加密有如下优点。

(1) 在多人之间进行保密信息传输所需的密钥组合数量很小。在 $n$ 个人彼此之间传输保密信息,只需要 $n$ 对密钥,远远小于对称加密系统需要 $n(n-1)/2$ 的要求。

(2) 可以克服对称加密技术存在的密钥管理和分发难的问题,公钥可以直接公布在网上。

(3) 可以实现数字签名。

但是,它存在的主要问题是算法的运算速度较慢,相较于对称密码算法慢几个数量级。因此,在实际的应用中通常不采用这一算法对加密量大的信息(如大的 EDI 交易)进行加密。通常,对于加密量大的应用通常用对称加密方法,再用非对称加密算法来加密对称密钥,这样就形成了数字信封。

## 四、数字信封

数字信封是指发送者用接收者的公钥对随机产生的通信密钥加密而得到的密文。数字信封的使用过程如图 4-13 所示。

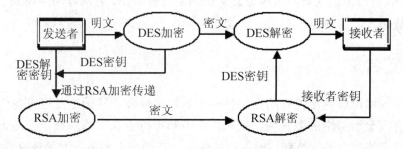

图 4-13　数字信封的使用过程

数字信封是为了解决每次更换密钥的问题而产生的。数字信封的实现步骤如下。
(1) 发信方首先生成一个对称密钥(通信密钥)，用该对称密钥加密要发送的报文。
(2) 发信方用收信方的公钥加密上述对称密钥。
(3) 发信方将第一步和第二步的结果传送给收信方。
(4) 收信方使用自己的私钥解密被加密的对称密钥。
(5) 收信方用得到的对称密钥解密被发信方加密的报文，得到真正的报文。

数字信封技术结合了对称加密技术和非对称加密技术的优点，它克服了对称加密技术中密钥分发困难和非对称加密技术中加密时间长的问题。使用了两个层次的加密来获得非对称加密技术的灵活性和对称加密技术的高效性。

## 五、数字摘要

密钥加密技术只能解决信息的保密性问题，而对于信息的完整性则可以用数字摘要技术来保证。

数字摘要又称 Hash 算法，是 Ron Rivest 发明的一种单向加密算法，其加密结果是不能解密的。所谓数字摘要，是指从原文中通过 Hash 算法(一种单向的加密算法)而得到的一个固定长度(128 位)的散列值，不同的原文所产生的数字摘要必不相同，相同原文产生的数字摘要必定相同。因此数字摘要类似于人类的"指纹"，可以通过数字摘要去鉴别原文的真伪。数字摘要的使用过程如图 4-14 所示。

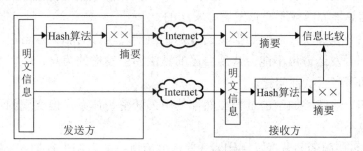

图 4-14　数字摘要的使用过程

数字摘要的实现步骤如下。

(1) 对原文使用 Hash 算法得到信息摘要。

(2) 将信息摘要与原文一起发送。

(3) 接收方对接收到的原文应用 Hash 算法产生一个摘要。

(4) 用接收方产生的摘要与发送方发来的摘要进行对比,若两者相同则表明原文在传输过程中没有被修改,否则说明原文被修改过。

## 六、数字签名

数字摘要技术能够判定信息的完整性和准确性,但却不能确定发送方身份。数字签名用于电子商务安全服务中的源鉴别、完整性服务和不可否认服务。在电子商务中,完善的数字签名应具备签字方不能抵赖、他人不能伪造、在公证人面前能够验证真伪的能力。

数字签名是公钥加密和数字摘要相结合的技术。数字签名主要有三种广泛的应用方法:RSA 签名、DSS 签名和 Hash 签名。Hash 签名是最主要的数字签名方法,也称为数字摘要法(Digital Digest)。数字签名的使用过程如图 4-15 所示。

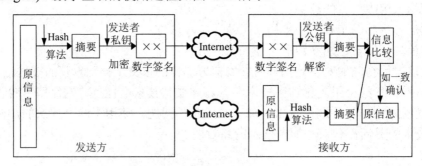

图 4-15　数字签名的使用过程

数字签名的实现步骤如下。

(1) 对原文使用 Hash 算法得到信息摘要。

(2) 发送方用自己的私钥对信息摘要加密。

(3) 发送方将加密后的信息摘要与原文一起发送。

(4) 接收方用发送者的公钥对收到的加密摘要进行解密。

(5) 接收方对收到的原文用 Hash 算法得到接收方的信息摘要。

(6) 将解密后的摘要与接收方摘要进行对比,相同则说明信息完整且发送方身份是真实的,否则说明信息被修改或不是该发送方发送的。

通过数字签名能够实现对原始报文的鉴别。由于发送方的私钥是自己严密管理的,他人无法仿冒,同时发送方也不能否认用自己的私钥加密发送的信息,所以数字签名解决了信息的完整性和不可否认性问题。

数字签名和一般数字加密的过程虽然都使用公开密钥体系,但实现的过程正好相反,使用的密钥对也不同。

(1) 数字签名使用的是发送方密钥对,发送方用自己的私钥进行加密,接收方用发送方的公钥进行解密,这是一个一对多的关系,任何拥有发送方公钥的人都可以验证数字签名的正确性。数字加密则使用的是接收方密钥对,这是一个多对一的关系,任何拥有接收方公钥的人都可以向接收方发送加密信息,只有唯一拥有接收方私钥的人才能对信息解密。

(2) 数字签名只采用了非对称加密算法,它保证发送信息的完整性、身份认证和不可否认性,而一般数字加密采用了对称加密算法和非对称加密算法相结合的方法,它确定发送信息的保密性。

## 【任务实施】

在学习了数据加密相关准备知识后,结合你自己的理解,谈谈如何应用数据加密知识避免本情境中网银被盗事件的发生。

要求:
(1) 将学生 4~6 人分成一个小组,组内分工要明确。
(2) 查阅数据加密相关知识的资料。
(3) 小组成员讨论和交流各自的学习成果,由组长进行汇总整合。
(4) 由小组指定代表进行任务汇报。

## 【任务小结】

由教师归纳总结任务中主要的思想、知识点等。

## 任务三 CA 认证技术

## 【情境及任务描述】

### 电子作业的"打假防伪"

最近在大家用电子邮件发送的作业中出现了"假冒伪劣"产品,两位同学的作业"长得"一模一样,分不清真假,"侵权"行为较严重。我们想开展一项电子作业的"打假防伪"活动——发送签名邮件。为了确保你的作业邮件的保密性,可以发送作业加密邮件。

那么,怎样来发送这类邮件呢?

## 【知识准备】

由于电子商务是在网络中完成的,互相之间不见面,因此为了保证每个人及机构(如银行、商家)都能唯一而且被无误地识别,这就需要进行身份认证。身份认证可以通过验证参与各方的数字证书来实现,而数字证书由认证中心(CA)颁发。

## 一、认证中心

### 1. 认证中心的含义

电子商务认证中心(Certificate Authority，CA)又称为数字证书认证中心，是一个服务性机构。作为电子交易中受信任的第三方，负责为电子商务环境中各个实体颁发数字证书，以证明各实体身份的真实性，并负责在交易中检验和管理证书；数字证书的用户拥有自己的公钥/私钥对。

在电子商务交易中，商家、客户、银行的身份都要由 CA 认证。例如，持卡人要与商家通信，就要从公共媒体上获得商家的公开密钥，但持卡人无法确定商家不是冒充的(有信誉)，于是持卡人请求 CA 对商家认证。CA 对商家进行调查、验证和鉴别后，将包含商家公钥的证书传给持卡人。同样，商家也可对持卡人进行验证。这个过程如图 4-16 所示。

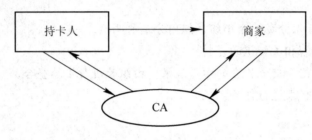

图 4-16　CA 认证过程

发证机构验证证书主体为合法注册实体后，就对证书中的信息进行数字签名，形成证书。在公钥证书体系中，如果某公钥用户需要任何其他已向 CA 注册的用户的公钥，可直接向该用户索取证书，而后用 CA 的公钥解密即可得到认证的公钥；由于证书中已有 CA 的签名来实现认证，攻击者不具有 CA 的签名密钥，很难伪造出合法的证书，从而实现了公钥的认证性。

### 2. 认证中心的职能

认证中心主要有四大职能：证书发放、证书更新、证书撤销、证书验证。具体职能如下。

(1) 接受验证用户数字证书的申请。
(2) 确定是否接受用户数字证书的申请，即证书的审批。
(3) 向申请者颁发(或拒绝颁发)数字证书。
(4) 接受、处理用户的数字证书更新请求。
(5) 接受用户数字证书的查询、撤销。
(6) 产生和发布证书的有效期。
(7) 数字证书的归档。
(8) 密钥归档。
(9) 历史数据归档。

## 3. 认证中心的结构

认证中心通常采用多层次的分级结构，存在一种树状连接的信任关系。根据功能的不同，认证中心划分成不同的等级，不同等级的认证中心负责发放不同的证书，如图 4-17 所示。

上级认证中心负责签发和管理下级认证中心的证书，最低级别的认证中心直接面向最终用户。在进行交易时，通过出示由某个 CA 签发的证书来证明自己的身份。如果对签发证书的 CA 本身不信任，可逐级验证 CA 的身份，一直到公认的权威 CA 处，即可确信证书的有效性。每一个证书与数字化签发证书实体的签名证书关联，沿着信任树一直到一个公认的信任组织，就可确认该证书是有效的。例如，C 的证书是由名称为 B 的 CA 签发的，而 B 的证书又是由名称为 A 的 CA 签发的，A 是权威机构，通常称为根(Root)CA，验证到了根 CA 处，就可确信 C 的证书是合法的。例如某商家的证书是由湖北省电子商务认证中心(HBECA)签发的，而 HBECA 的证书是由中国南方电子商务中心签发的，类似地，海南省电子商务认证中心(HNCA)的证书也是中国南方电子商务中心签发的，这样就构成树形结构，如图 4-18 所示，由 HBECA 和 HNCA 签发的证书 1～证书 4，最终都由中国南方电子商务中心认证。

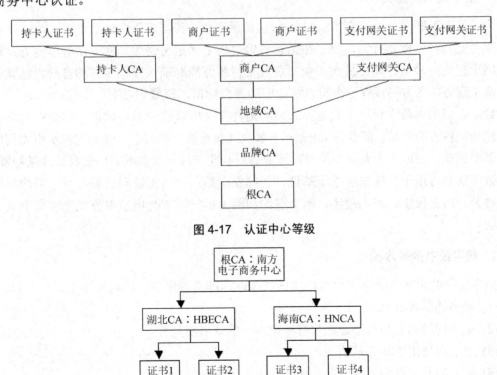

图 4-17　认证中心等级

图 4-18　CA 树形认证结构

## 4. 国内外 CA 中心简介

目前世界上较早的数字认证中心是成立于 1995 年的美国 Verisign 公司 (http://digitalid.verisign.com)。它为全球 50 多个国家提供数字认证服务，有超过 45 000 个

Internet 的服务器接受该公司的服务器数字证书，使用它提供的个人数字证书的人数已超过 200 万。

国内常见的 CA 如下。

- 中国金融认证中心(www.cfca.com.cn)：支持网上银行、网上证券交易、网上购物以及安全电子文件传递等应用。
- 中国商务在线(www.sinacol.com)：是中国电信 CA 的安全认证中心 CTCA。
- 中国数字认证网(www.ca365.com)：有数字认证、数字签名、CA 认证、CA 证书、数字证书和安全电子商务。
- 北京数字证书认证中心(www.bjca.org.cn)：为网上电子政务和电子商务活动提供数字证书服务。
- 中国协卡认证体系(www.sheca.com)：由上海 CA 认证中心发起，京津沪等国内 CA 权威机构联合共建的中国协卡认证体系。

## 二、数字证书

### 1. 数字证书的含义

为了保证互联网上电子交易的安全性(包括保密性、真实完整性和不可否认性)，防范交易及支付过程中的欺诈行为，除了在信息传输过程中采用更强的加密算法等措施外，还必须在网上建立一种信任验证机制，使交易及支付各方能够确认其他各方的身份，这就要求参加电子商务的各方必须有一个可以被验证的身份标识，即数字证书。

数字证书也叫数字凭证，就是标志网络用户身份信息的一系列数据，用来在网络通信中识别通信各方的身份，即要在 Internet 上解决"我是谁"的问题，就如同现实中我们每一个人都要拥有一张证明个人身份的身份证或驾驶执照一样，以表明我们的身份或某种资格。

数字证书可用于发送安全电子邮件、访问安全站点、网上证券交易、网上采购招标、网上办公、网上保险、网上税务、网上签约和网上银行等安全电子事务处理和安全电子交易活动。

### 2. 数字证书的基本构成

数字证书的内部格式是由 CCITT X.509 国际标准所规定的，其内容如下。

(1) 证书的版本信息。

(2) 证书的序列号。每个证书都有一个唯一的证书序列号。

(3) 证书所使用的签名算法。

(4) 证书的发行机构名称。命名规则一般采用 X.500 格式。

(5) 证书的有效期。现在通用的证书一般采用 UTC 时间格式，它的计时范围为 1950—2049 年。

(6) 证书所有人的名称。命名规则一般采用 X.500 格式。

(7) 证书所有人的公开密钥。

(8) 证书发行者对证书的数字签名。

### 3. 数字证书的分类

不同 CA 所颁发的数字证书略有不同,下面是几种常见的数字证书类型。

1) 个人数字证书

常见的个人数字证书有个人身份证书和个人安全电子邮件证书两种。

- 个人身份证书。用来表明和验证个人在网络上的身份的证书,它确保网上交易和作业的安全性和可靠性。可应用于网上炒股、网上理财、网上保险、网上缴费、网上购物、网上办公,等等。个人身份证书可以存储在软盘或 IC 卡中。
- 个人安全电子邮件证书。个人安全电子邮件证书可以确保邮件的真实性和保密性。申请后一般安装在用户的浏览器里,用户可以利用它来发送签名或加密的电子邮件。

2) 单位证书

常见的单位证书有企业身份证书、企业安全电子邮件证书和单位(服务器)数字证书三种。

- 企业身份证书:用来表明和验证企业用户在网络上身份的证书,它确保企业网上交易和作业的安全性和可靠性。可应用于网上证券、网上办公、网上交税、网上采购、网上资金转账、网上银行等。企业身份证书可以存储在软盘和 IC 卡中。
- 企业安全电子邮件证书:可以确保邮件的真实性和保密性。申请后一般安装在用户的浏览器里,企业可以利用它来发送签名或加密的电子邮件。
- 单位(服务器)数字证书:主要用于网站交易服务器,需要和网站的 IP 地址、域名绑定,以保证网站的真实性和不被人仿造。目的是保证客户机和服务器之间交易及支付时双方身份的真实性、安全性和可信任度等。

3) 信用卡身份证书

用于安全地在网上进行信用卡支付。代表信用卡交易中单位或个人信用卡持有者的身份,符合 SET 标准。

4) CA 证书

用于证实 CA 身份和 CA 的签名密钥(签名密钥被用来签署它所发行的证书),在 Netscape Navigator 里,用户可以看到浏览器所接受的 CA 证书,也可以选择是否信任这些证书。在 Netscape 服务器里,管理员可以看到服务器所接受的 CA 证书,也可以选择是否信任这些证书。

### 4. 数字证书的申请

不同 CA 类型数字证书的申请步骤略有不同,下面以 CA365 为例,介绍其申请基本步骤。

(1) 下载并安装 CA 证书。为了建立数字证书的申请人与 CA 的信任关系,保证申请证书时信息传输的安全性,在申请数字证书前,客户端计算机要下载并安装 CA 证书。

具体操作如下。

在地址栏中输入 http://www.ca365.com,登录到中国数字认证网。在窗口中单击"测试证书"按钮,如图 4-19 所示。(第一次访问需要下载安装 CA 证书)

图 4-19　中国数字认证网证书下载

点击"下载并安装根 CA 证书"链接后,弹出如图 4-20 所示的根证书下载和安全提示对话框。

图 4-20　下载安全提示对话框

单击"打开"按钮后,会弹出"证书"对话框,单击"安装证书"按钮,按照安装向导操作直至出现导入成功对话框,如图 4-21 所示。

(2) 提交证书申请表。不需身份验证的申请表可在线填写后提交;需要个人或单位身份验证的,下载申请表填写后连同身份证明材料一起送达 CA,CA 进行身份审核。下载或领取证书的方法:普通证书,可以用身份审核后得到的序列号和密码,从网上下载证书;使用特殊介质(如 IC 卡)存储的证书,需要到 CA 处领取证书。

项目四 网络商务安全

图 4-21 证书安装

提交证书申请表的具体操作如下。

在测试证书申请页面,点击"用表格申请证书"链接,弹出如图 4-22 所示的申请页面,按照要求输入用户信息,"证书用途"栏中可以根据实际需求进行选择,这里我们选中全部复选框。(注意:邮箱要填写自己经常使用的邮箱,便于我们后期做签名和加密邮件)

点击"保存"按钮,出现证书下载页面,如图 4-23 所示。用户选择加密服务类型和密钥大小后,点击"申请证书"按钮。此时系统会弹出一个页面,提示:此网站在代表您请求一个新证书。您应该只允许信任的网站为您请求证书。您想现在请求证书吗?如图 4-24 所示,点击"是"按钮。

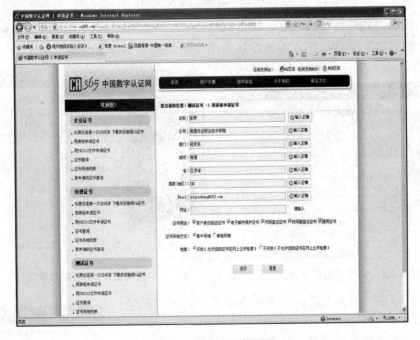

图 4-22 申请证书页面

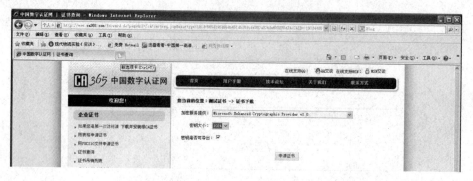

图 4-23　证书下载页面(1)

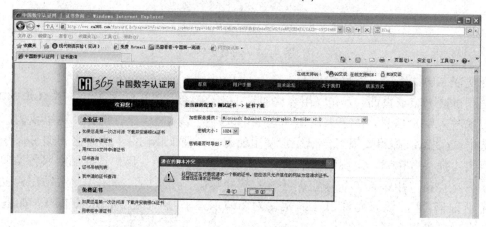

图 4-24　证书下载页面(2)

此时系统会开始创建交换密钥，如图 4-25 所示。在此环节可以进入设置安全级别界面，选中"中"或"高"单选按钮。系统默认为中级别，如图 4-26 所示。

图 4-25　证书安装界面(1)

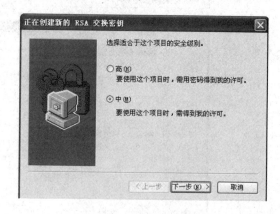

图 4-26　证书安装界面(2)

设置好后单击"确定"按钮，系统会提示"新证书已经安装"，如图 4-27 所示。

要查看已安装的数字证书，请右击 IE 浏览器，在打开的"Internet 属性"对话框中，切换到"内容"选项卡，单击"证书"按钮，打开"证书"对话框进行查看。如图 4-28 所示为

图 4-27　安全提示

CA365 颁发的个人数字证书信息。

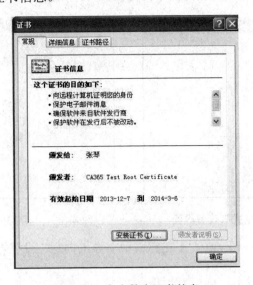

图 4-28　个人数字证书信息

### 5．证书的导出备份

（1）在 IE 浏览器中，选择"工具"→Internet 菜单命令，打开"Internet 选项"对话框，切换到"内容"选项卡，单击"证书"按钮，如图 4-29 所示。

（2）在弹出的"证书"对话框中切换到"受信任的根证书颁发机构"选项卡，在其中选择刚才安装的个人数字证书的根证书，如图 4-30 所示。注意其"颁发者"是"CA 365 Test Root"。

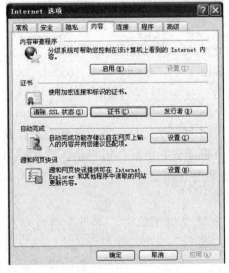

图 4-29　证书导出

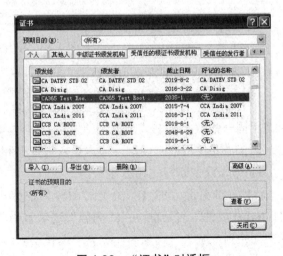

图 4-30　"证书"对话框

（3）单击"导出"按钮，在弹出的"证书导出向导"对话框中单击"下一步"按钮，在弹出的"导出文件格式"设置界面中可按默认选项保存格式，如图 4-31 所示，继续单击"下一步"按钮。

(4) 在"要导出的文件"设置界面中为导出文件命名并确定保存位置,如图 4-32 所示。

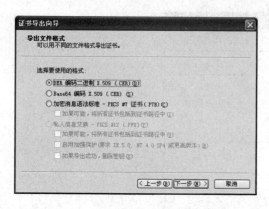

图 4-31 "导出文件格式"设置界面

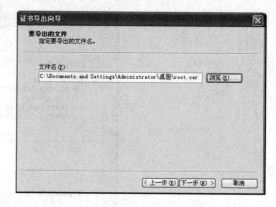

图 4-32 "要导出的文件"设置界面

(5) 单击"下一步"按钮,在"正在完成证书导出向导"设置界面中单击"完成"按钮,如图 4-33 所示。

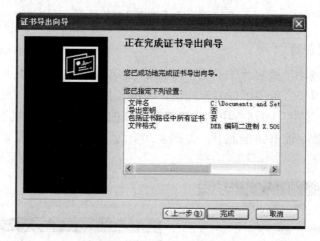

图 4-33 导出完成界面

### 6. 个人数字证书的导出与导入

个人数字证书可以为用户提供凭证,帮助个人在网上完成交易。当需要在不同计算机中使用同一张数字证书或者重装计算机系统时,应当将证书导出后,再将个人数字证书导出。而在需要使用的时候,再依次导入根证书和个人数字证书。

1) 个人数字证书的导出

(1) 右击桌面上的 IE 浏览器图标,在弹出的快捷菜单中选择"属性"命令,打开"Internet 属性"对话框,在"内容"选项卡中单击"证书"按钮。在打开的"证书"对话框中切换到"个人"选项卡,在其中选择已安装成功的个人数字证书,如图 4-34 所示,然后单击"导出"按钮。

(2) 在"导出私钥"设置界面中选中"是,导出私钥"单选按钮,然后单击"下一步"按钮,如图 4-35 所示。

图 4-34 "证书"对话框

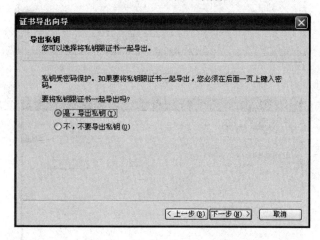

图 4-35 "导出私钥"设置界面

(3) 在弹出的"导出文件格式"设置界面中,可按默认选项保存格式,如图 4-36 所示。为确保安全,可选中"如果导出成功,删除密钥"复选框,继续单击"下一步"按钮。

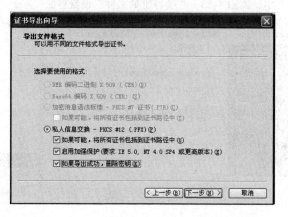

图 4-36 "导出文件格式"设置界面

(4) 在弹出的"密码"设置界面中,为私钥设置密码以保护私钥,如图 4-37 所示。

(5) 单击"下一步"按钮,在弹出的"要导出的文件"设置界面中,为导出文件命名并确定保存位置,如图 4-38 所示。

(6) 成功后,会告知你个人证书导出成功,如图 4-39 所示。

导出证书后,可以在"证书"对话框的"个人"选项卡中查看,以确定证书已经导出,如图 4-40 所示。

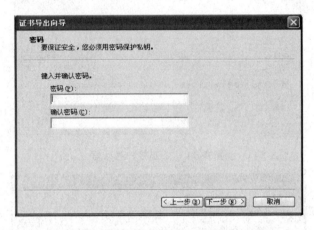

图 4-37 "密码"设置界面

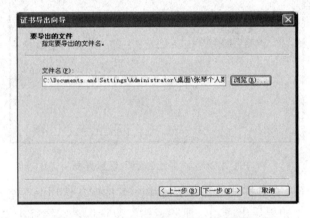

图 4-38 "要导出的文件"设置界面

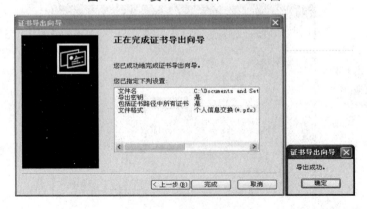

图 4-39 证书导出成功

项目四　网络商务安全

图 4-40　确定证书已经导出

2) 个人数字证书的导入

(1) 右击桌面上的 IE 浏览器图标,在弹出的快捷菜单中选择"属性"命令,打开"Internet 属性"对话框,在"内容"选项卡中单击"证书"按钮,在弹出的"证书"对话框中切换到"个人"选项卡,单击"导入"按钮,如图 4-41 所示。打开"证书导入向导"对话框,选定刚才导出的个人数字证书,如图 4-42～图 4-45 所示。

图 4-41　"证书"对话框

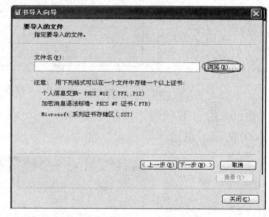

图 4-42　单击"浏览"按钮

图 4-43　选择导入的文件(1)

图 4-44 选择导入的文件(2)

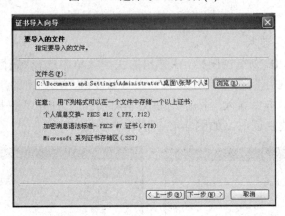

图 4-45 导入的文件位置

(2) 单击"下一步"按钮,在弹出的"密码"设置界面中,输入刚才设置的密码,如图 4-46 所示,单击"下一步"按钮。

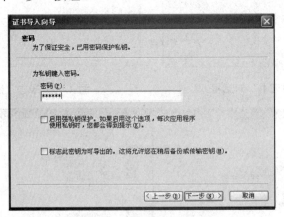

图 4-46 "密码"设置界面

(3) 在"证书存储"设置界面中按照默认设置,让 Windows 自动选择保存区域,然后单击"下一步"按钮,弹出导入成功提示对话框,单击"确定"按钮,即可完成个人数字证书的导入,如图 4-47 所示。

项目四 网络商务安全

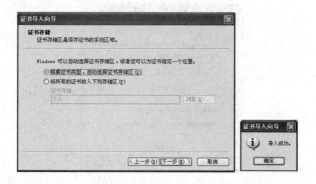

图 4-47 证书导入成功提示

### 7. 数字证书的查询与下载

1) 数字证书的查询

单击"证书查询"链接,可以看到证书列表,如图 4-48 所示。在搜索栏中输入名称或者公司都可以查询到贸易伙伴和自己的证书,也可以单击"下载"按钮,下载下来备用,如图 4-49 所示。例如向对方发送签名或者加密邮件时可以使用。单击"下载"按钮后,弹出如图 4-50 所示的对话框,然后单击"安装证书"按钮即可安装。

图 4-48 个人数字证书的查询页面(1)

图 4-49 个人数字证书的查询页面(2)

电子商务实务

图 4-50 "证书"对话框

2) 数字吊销列表下载

贸易伙伴证书如果由于某种原因被吊销,则证书不能再用来确认身份,因此查询证书的同时还应当保证对方证书不在吊销列表中。点击图 4-51 中"测试证书"下面的"证书吊销列表"链接,弹出"证书吊销列表"对话框,将扩展名为".crl"的文件保存起来,如图 4-52 所示。

图 4-51 吊销列表下载窗口

图 4-52 "证书吊销列表"对话框

## 【任务实施】

### (一)OE 的设置和使用

Microsoft Outlook Express (简称 OE)是随着 Microsoft Internet Explorer(简称 IE)软件包一起发行的软件，按照默认选项安装 IE 之后，就会自动安装好 OE。

**1. 创建新的邮箱账号**

(1) 在 Windows 桌面上启动 OE 软件。选择"开始"→"程序"→Outlook Express 命令，启动后的界面如图 4-53 所示。

图 4-53　Outlook Express 启动后的界面(1)

(2) 选择"工具"→"账户"菜单命令，如图 4-54 所示。

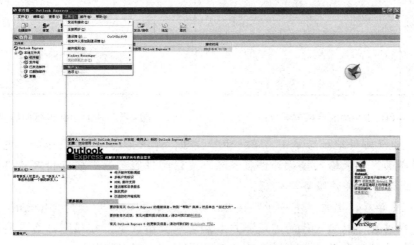

图 4-54　Outlook Express 启动后的界面(2)

(3) 弹出"Internet 账户"对话框,单击"添加"按钮,在弹出的下拉菜单中选择"邮件"命令,如图 4-55 所示。

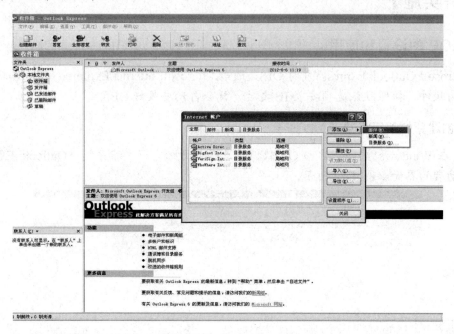

图 4-55　Outlook Express 启动后的界面(3)

(4) 弹出如图 4-56 所示的对话框,要求输入"显示名",例如你的名称是 xinyu,则填写"xinyu",填写完成后单击"下一步"按钮,弹出"Interrnet 电子邮件地址"设置界面,如图 4-57 所示。

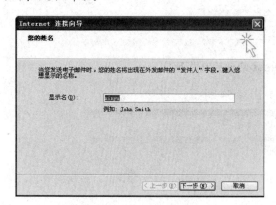
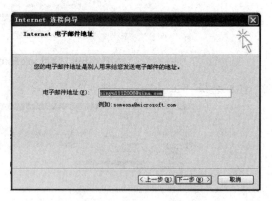

图 4-56　Internet 连接向导(1)　　　　　　图 4-57　Internet 连接向导(2)

(5) 输入电子邮件地址后单击"下一步"按钮,弹出如图 4-58 所示的"电子邮件服务器名"设置界面,要求输入接收邮件服务器和发送邮件服务器。实际情况请咨询你公司的系统管理员或者你的邮件服务提供商。

(6) 输入完毕后,单击"下一步"按钮,则进入如图 4-59 所示的"Internet Mail 登录"设置界面,在这里可以输入你的邮箱账户名和密码。请注意,邮箱账户名需要拼写完全,就是你的邮件地址的全称,包含"@"后面的部分。密码可以输入,也可以不输入;如果不输入,以后每次发信的时候,邮件系统都要询问你的密码。

项目四　网络商务安全

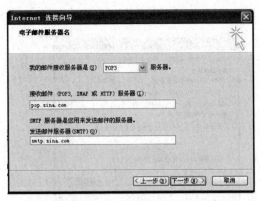

图 4-58　Internet 连接向导(3)

图 4-59　Internet 连接向导(4)

(7) 填写完毕后，单击"下一步"按钮，弹出完成设置对话框，单击"完成"按钮，新账户设置完成，如图 4-60 所示。

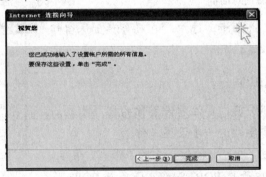

图 4-60　Internet 向导成功提示

(8) 在 OE 中，选择"工具"→"账户"菜单命令，打开"Internet 账户"对话框，在该对话框中可以查看添加的账户，如图 4-61 所示。

图 4-61　查看添加的账户

## 2. 邮件账户的设置

(1) 在"Internet 账户"对话框中选择新建的邮件账户，然后单击"属性"按钮，弹出如图 4-62 所示的对话框。在该对话框中你可以查看新建的账户的属性。

(2) 切换到"服务器"选项卡，选中"我的服务器要求身份验证"复选框，如图 4-63

所示。

图 4-62 属性对话框

图 4-63 "服务器"选项卡

(3) 切换到"高级"选项卡，选中"在服务器上保留邮件副本"复选框，如图 4-64 所示。

### 3. 发送和接收测试邮件

(1) 在发送和接收邮件前，要注意设置你的邮箱账户。比如新浪、QQ 邮箱都需要做这一步设置工作。

(2) 进入邮箱，单击"设置"按钮，选择"账户"菜单，在"POP3/SMTP 服务"中开启 POP3/SMTP 服务或 POP3 服务器并开启 SMTP 服务器。如：新浪邮箱的账户设置开启 POP3/SMTP 服务如图 4-65 所示；QQ 邮箱的账户设置开启 POP3/SMTP 服务如图 4-66 所示。

图 4-64 "高级"选项卡

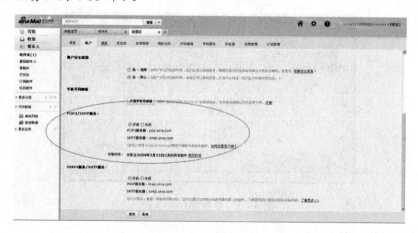

图 4-65 发送和接收邮件测试(1)

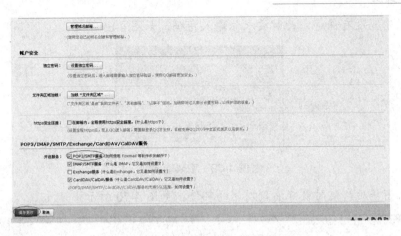

图 4-66 发送和接收邮件测试(2)

(3) 发送一封测试邮件，如图 4-67 所示。

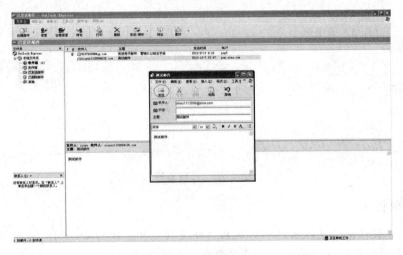

图 4-67 发送测试邮件

(4) 选择"工具"→"发送和接收"→"发送和接收全部邮件"菜单命令，如图 4-68 所示。

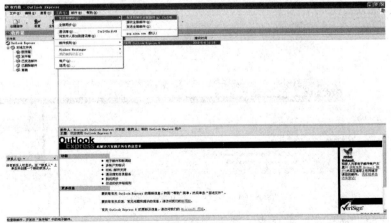

图 4-68 发送和接收邮件页面

(5) 如果密码没有保存，此时要求你输入密码，如图 4-69 所示。

图 4-69 密码输入

(6) 输入密码后，这时就能看到发送的邮件，如图 4-70 所示。

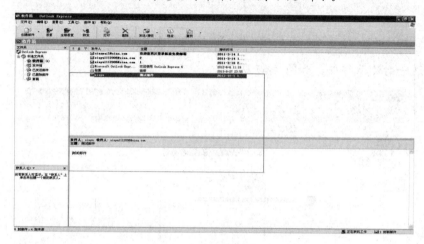

图 4-70 接收邮件

### 4. 通讯簿管理

(1) 为了方便记忆相关人士的邮件地址，并在收发邮件操作中，利用通讯簿快速进行操作，可以选择"工具"→"通讯簿"菜单命令，如图 4-71 所示。

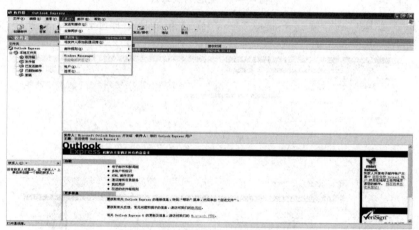

图 4-71 选择"通讯簿"命令

(2) 在打开的"通讯簿"窗口中，选择"新建"→"新建联系人"菜单命令，如图 4-72 所示。

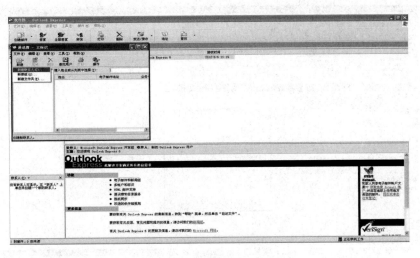

图 4-72　新建联系人页面

(3) 通过"通讯簿"窗口，可以创建一条通讯录。如果有很多通讯录，可以通过右击通讯录，在弹出的快捷菜单中选择"属性"命令，在弹出的"属性"对话框中查找、编辑、删除和增加联系人，如图 4-73 所示。

图 4-73　编辑联系人

## (二)签名加密邮件收发

### 1. 在 Outlook Express 中设置数字证书

(1) 在 Outlook Express 中，选择"工具"→"账户"菜单命令。

(2) 选定申请数字证书时绑定的邮箱(必须一致)，单击"属性"按钮，弹出属性对话框，如图 4-74 所示。

(3) 切换到"安全"选项卡，在"签署证书"和"加密首选项"选项组中分别选择你所申请的证书，如图 4-75 所示。如果单击"选择"按钮后没有发现数字证书，可能的原因有：数字证书以及私钥没有导入；没有安装上级证书；数字证书主题中的电子邮箱地址与现配置的邮箱地址不同或数字证书没有选择邮件安全保护，等等。

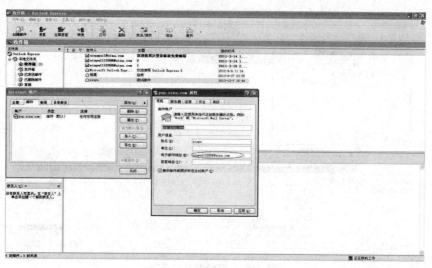

图 4-74 选定申请数字证书时绑定的邮箱

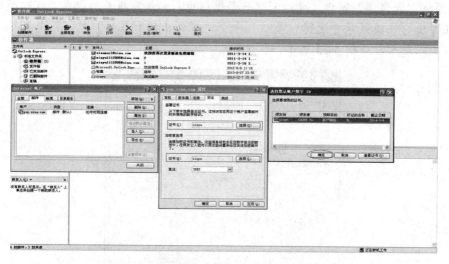

图 4-75 选择申请的证书

(4) 配置完成后，单击"确定"按钮返回到主界面。选择 OE 中的"工具"→"选项"菜单命令，在弹出的"选项"对话框中切换到"安全"选项卡。"不允许保存或打开可能有病毒的附件"复选框决定是否要在 OE 中直接打开邮件附件文件，默认状态是不允许直接打开。选中"在所有待发邮件中添加数字签名"复选框。单击"高级"按钮后，弹出"高级安全设置"对话框，选择在线检查已撤销的数字标识，如图 4-76 所示。这样发送电子邮件时就可以使用数字标识，从而实现安全电子邮件功能。

### 2. 签名电子邮件

(1) 使用申请过数字证书的邮箱发送电子邮件时，打开新邮件，输入内容，在邮件收件人右侧会出现一个红色签名标牌，如图 4-77 所示。如果没有出现数字签名标牌，可选择新邮件窗口中的"工具"→"数字签名"菜单命令或单击工具栏中的"签名"按钮，再单击"发送"按钮发送邮件。(注意: 发送测试签名电子邮件时单击"确定"按钮用私钥，如图 4-78 所示。)

项目四 网络商务安全

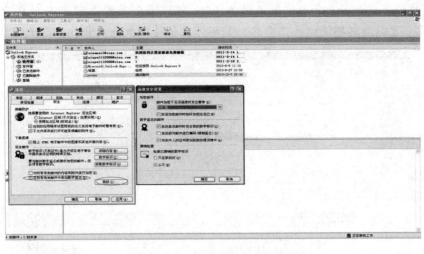

图 4-76 在线检查已撤销的数字标识

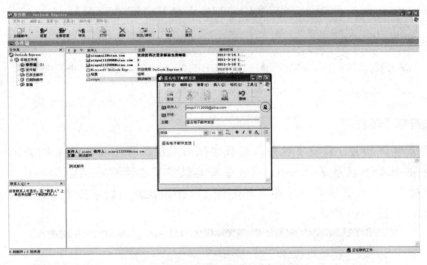

图 4-77 签名电子邮件发送页面(1)

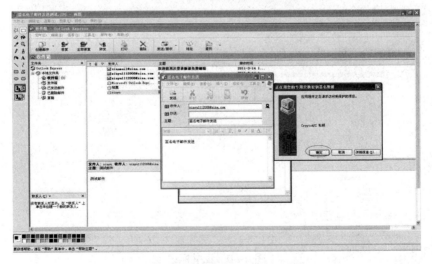

图 4-78 签名电子邮件发送页面(2)

电子商务实务

(2) 当收件人收到并打开数字签名的邮件时，可以看到如图 4-79 所示的提示。单击"继续"按钮后，才能看到邮件的真正内容。若邮件在传输中被他人修改，则无法显示。

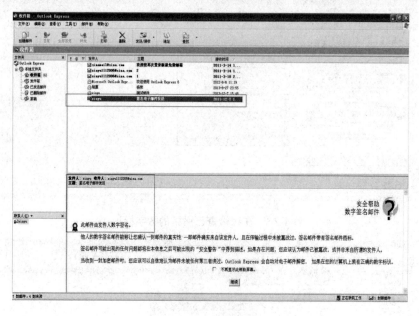

图 4-79 接收页面

### 3．加密电子邮件

要将电子邮件加密，需要有收件人的数字证书。获取收件人数字证书(公钥)的方法有：获取其数字证书文件(扩展名为.cer)；接收带有其数字签名的邮件。

(1) 让对方向你发送有其数字签名的邮件，打开接收到的数字签名邮件，在右边可以看到证书标记，如图 4-80 所示。

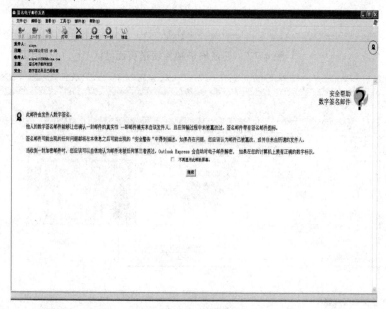

图 4-80 证书标记

(2) 单击该证书标记，在"签名电子邮件发送"对话框中切换到"安全"选项卡，单击"查看证书"按钮，如图 4-81 所示。在弹出的"查看证书"对话框中单击"添加到通讯簿"按钮，在通讯簿中保存发件人的加密首选项，如图 4-82 所示。这样对方的数字证书就添加到你的通讯簿了。

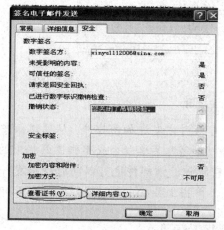

图 4-81　"签名电子邮件发送"对话框

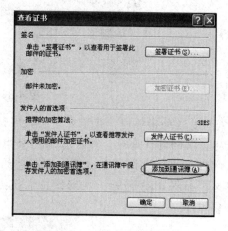

图 4-82　"查看证书"对话框

(3) 选择 IE 中的"工具"→"Internet 选项"→"内容"→"证书"菜单命令，在弹出的"证书"对话框中切换到"其他人"选项卡可以查看到对方的数字证书，如图 4-83 所示。同样，也可以将自己的数字证书发送给对方。

(4) 选择 OE 中的"工具"→"选项"菜单命令，在弹出的"选项"对话框中切换到"安全"选项卡。选中"在所有待发邮件中添加数字签名"和"对所有待发邮件的内容和附件进行加密"复选框，如图 4-84 左图所示，单击"高级"按钮后，弹出如图 4-84 右图所示的对话框，选择在线检查已撤销的数字标识。这样就能发送签名和加密的安全电子邮件了。

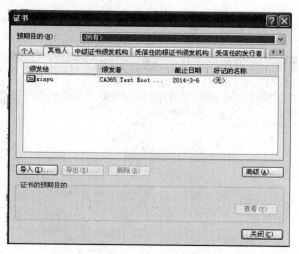

图 4-83　"证书"对话框

图 4-84　高级安全设置

(5) 发送加密邮件。有了对方的数字证书，即可给对方发送加密邮件。从通讯录中导入有数字证书的邮件地址，写好后，选择"工具"→"加密"菜单命令或单击工具栏中的"加密"按钮，邮件右侧将会出现一个蓝色的锁形加密标识。该邮件也可以同时使用发件人数字签名，如图 4-85 所示。在网络正常连接状态下，单击工具栏中的"发送"按钮，即可发送加密邮件。

图 4-85　加密邮件的发送

(6) 当收件人收到一封加密邮件后，首先看到下面的提示内容才能看到邮件正文，如图 4-86 所示。

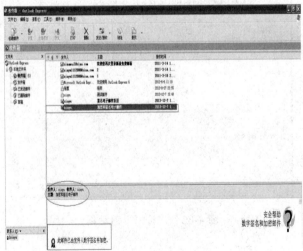

图 4-86　接收加密邮件

## 【任务小结】

由教师归纳总结任务中主要的思想、知识点、操作注意事项等。

**知识链接：安全技术综合应用**

在实际电子商务应用中，安全技术是综合使用的，如图 4-87 所示。

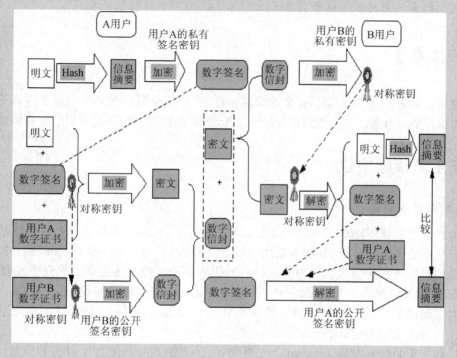

图 4-87　安全技术综合应用

案例

### 电子商务网络诈骗

网络诚信在很大程度上影响了网络交易的普及。某天，雅宝竞价交易网的客户服务中心收到了一封 E-mail。一位山东泰安的王先生反映：他在网上通过竞价的方式购买了一部 Nokia 8810 手机，他汇款给卖主之后，就和这位名叫 kiss590069 的物主失去了联系。雅宝客户服务中心根据王先生提供的线索，查找之后发现网名为 kiss590069 的物主的所有注册信息的真实性都值得怀疑，并且该物主同时有 4 个物品在网上拍卖，都是手机，竞标的人非常多，物主的留言也很有吸引力。于是，雅宝初步认定这是网上欺诈，建议受骗的王先生向公安局报案。没过几天，客户服务中心又通过各种方式找到了与王先生遭遇相同的肖先生、白先生等其他 4 位受害者。客户服务中心工作人员通过各种证据发现，进行这起诈骗的是同一个人，这个人是张家口市宣化区的刘福全。于是，在雅宝的积极配合下，张家口地区警方迅速将骗子捉拿归案。

# 任务四　安全技术协议

## 【情境及任务描述】

软件公司的小李认为，我们在登录 163 邮箱的时候遵循 SSL 协议，在网银支付时遵循 SET 协议。那么，作为学习电子商务专业的你，认为小李的想法正确吗？

## 【知识准备】

近年来，针对电子商务交易安全的要求，IT 业界与金融行业共同推出了许多不同的安全协议和整体解决方案。主要的协议标准有安全套接层协议(SSL)和安全电子交易协议(SET)。

## 一、安全套接层协议

### 1. SSL 协议概述

安全套接层协议(Secure Socket Layer，SSL)由美国 Netscape 公司首先提出，基于 RSA 算法，它是用于浏览器和 Web 服务器间的安全交易协议。它能把在网页和服务器间传输的信息自动加密以防在传输过程中被窃取，同时提供认证服务和传送信息的完整性服务。

SSL 可以被理解成一条受密码保护的通道，其安全性取决于协议中采用的加密算法。SSL 协议实现简单，内置于 IE 等浏览器和 WWW 服务器中，便于在电子交易中应用。目前，SSL 已成为网络上保密通信的一种标准，在 C/S 和 B/S 构架下都有广泛应用。

SSL 的主要目的是解决 Internet 上主要协议 TCP/IP 难以确定用户身份的问题，以保证 Internet 上通信服务的安全性，如图 4-88 所示。

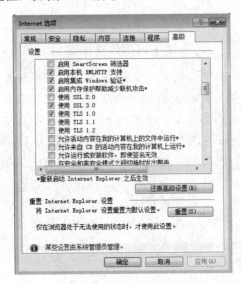

图 4-88　遵循 SSL 协议

SSL 协议分两层：SSL 握手协议和 SSL 记录协议。SSL 协议与 TCP/IP 协议间的关系如图 4-89 所示。

| HTTPS　FTPS　TELNETS　IMAPS 等 |
| --- |
| SSL 握手协议 |
| SSL 记录协议 |
| TCP 协议 |
| IP 协议 |

图 4-89　SSL 协议与 TCP/IP 协议间的关系

在 SSL 握手信息中采用了 DES、MD5 等加密技术来实现机密性和数据的完整性，并采用 X.509 的数字证书实现鉴别。该协议已成为工业标准，并被广泛应用于 Internet 和 Intranet 的服务器产品和客户端产品中。如 Netscape 公司、微软公司、IBM 公司等领导 Internet/Intranet 网络产品的公司已在使用该协议。

2．SSL 协议的功能

SSL 握手协议用于在通信双方建立安全传输通道，具体实现以下功能。
(1) 在客户端验证服务器。SSL 协议采用公钥方式进行身份认证。
(2) 在服务器端验证客户(可选)。
(3) 客户端和服务器间协商双方都支持的加密算法和压缩算法。可选用的加密算法包括：RC4、DES、3DES、RSA、MD5、SHA 等。
(4) 产生对称加密算法的会话密钥。
(5) 建立加密 SSL 连接。

3．SSL 协议包含的信息

SSL 记录协议从高层接收到数据后要经过分段、压缩和加密处理，最后由传输层发送出去。在 SSL 协议中，所有的传输数据都被封装在记录中，SSL 记录协议规定了记录头和记录数据的格式。每个 SSL 记录包含以下信息。
(1) 内容类型：指 SSL 的高层协议。
(2) 协议版本号：指所用的 SSL 协议版本号，目前已有 2.0 和 3.0 两个版本。
(3) 长度：指记录数据的长度，记录数据的最大长度为 16383 个字节。
(4) 数据有效载荷：将数据用 SSL 握手阶段所定义的压缩方法和加密方法进行处理后得到的结果。
(5) MAC：MAC 在有效数据被加密前计算出来并放入 SSL 记录中，用于进行数据完整性检查。

4．SSL 协议的通信过程

SSL 协议的通信过程如下。
(1) 客户机向服务器打招呼，并将本机可支持的安全模块告诉服务器。
(2) 服务器回应客户机，向客户机发送本机的服务器数字证书、公钥，如果服务器需双方认证，还要向对方提出认证请求。

(3) 客户机用服务器公钥加密向服务器发送自己的公钥，根据服务器是否需要认证客户身份，发送客户端数字证书。

(4) 双方根据前面的联络情况，确定用于本次会话的专用密钥。

(5) 双方使用专用密钥进行会话。

(6) 会话结束时双方交换结束信息。

### 5．SSL 协议的应用

SSL 位于传输层与应用层间，因此能很好地封装应用层数据，不用改变位于应用层的应用程序，对用户透明。同时，SSL 只需通过一次"握手"过程建立客户与服务器之间一条安全通信的通道，保证传输数据的安全。因此它被广泛应用于电子商务领域。在 URL 前用 HTTPS 协议就意味着要和服务器之间建立一个安全链接。例如，输入的 URL 为 http://www.cnca.net，点击证书下载，如图 4-90 所示。

图 4-90 HTTP 和 SSL 结合示例(1)

可以看到地址栏协议变成了 HTTPS 协议，如图 4-91 所示。

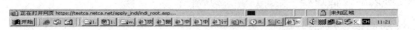

图 4-91 HTTP 和 SSL 结合示例(2)

## 6. SSL 协议的缺点

SSL 也存在一些安全上的弱点。首先，SSL 只能提供交易中客户与服务器间双方认证，在涉及多方的电子交易中，SSL 协议并不能协调各方间安全传输和认证服务；其次，SSL 只能保证信息传递过程的安全，但是无法保证传递过程是否有人截取。所以，SSL 并未实现电子支付所要求的保密性、完整性、不可抵赖性，而且实现多方互相认证也很困难。

## 二、安全电子交易协议

### 1. SET 协议概述

为了克服 SSL 协议的缺点，满足电子交易持续不断增加的安全要求，更为了达到交易安全及合乎成本效益的市场需求，在 1996 年 6 月，Visa、MasterCard、IBM、Netscape、Microsoft 等金融和 IT 公司共同制定并正式发布了安全电子交易(Secure Electronic Transaction)标准。SET 规范的主要目标是为了在 Internet 上进行在线交易时保证信用卡支付的安全。它涵盖了信用卡在电子商务交易中的交易协议、信息保密、资料完整、数据认证、数据签名等各个部分。

SET 协议是专为电子商务系统设计的。它位于应用层，其认证体系十分完善，能实现多方认证。在 SET 的实现中，消费者账户信息对商家保密。SET 协议采用公钥加密技术、私钥和公钥长度在 512～2048 位之间、并采用联机动态授权和认证检查、数字签名和数字摘要等措施，解决了客户资料的安全性问题；解决了网上交易存在的客户、银行和商家之间的多方认证问题；保证网上交易的实时性问题等，这些都是 SSL 无法解决的。SET 协议是目前进行电子商务的最佳协议标准。SET 协议十分复杂，交易数据需多次验证，用到多个密钥以及多次加密、解密，因此处理速度慢。

### 2. SET 协议购物系统

SET 协议购物系统由消费者、商家、发卡行、收单行、认证中心和支付网关六个部分组成。

### 3. SET 协议的工作流程

SET 协议的工作流程如图 4-92 所示。

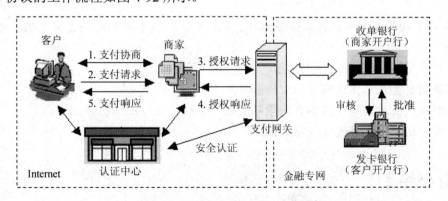

图 4-92　SET 协议的工作流程图

整个工作流程分为下面几个步骤。

(1) 支付初始化请求和响应阶段。当客户决定要购买商家的商品并使用电子钱包支付时，商家服务器上 POS 软件发报文给客户的浏览器电子钱包，电子钱包要求客户输入口令，然后与商家服务器交换"握手"信息，使客户和商家相互确认，即客户确认商家被授权可以接受信用卡，同时商家也确认客户是一个合法的持卡人。此时进入 SET 系统。

(2) 支付请求阶段。客户发出一个报文，包括订单和支付命令。在订单和支付命令中必须有客户的数字签名，同时利用双重签名技术保证商家看不到客户的账号信息。而位于商家开户行的被称为支付网关的另外一个服务器可以处理支付命令中的信息。

(3) 授权请求阶段。在线商店收到订单后，POS 组织一个授权请求报文，其中包括客户的支付命令，发送给支付网关。支付网关是一个 Internet 服务器，是连接 Internet 和银行内部网络的接口。授权请求报文通过到达收单银行后，收单银行再到发卡银行确认。

(4) 授权响应阶段。收单银行得到发卡银行的批准后，通过支付网关发给商家授权响应报文。在线商店发送订单确认信息给客户。

(5) 支付响应阶段。在线商店发送购买响应报文给客户，发送货物或提供服务；并通知收单银行将钱从客户的账号转移到商店账号，或通知发卡银行请求支付，记录客户交易日志，以备将来查询。

在认证操作和支付操作中间一般有个时间间隔，例如，在每天下班前请求银行结一天的账。

在上述处理过程中，通信协议、请求信息的格式、数据类型的定义等，SET 都有明确规定。在操作的每一步，客户、在线商店、支付网关都通过认证中心(CA)验证通信主体身份，以确保通信对方不是冒名顶替。可以简单认为，SET 充分发挥了认证中心的作用，维护在任何开放网络上的电子商务参与者提供信息的真实性和保密性。

**4．SET 协议的缺点**

SET 协议较 SSL 协议更安全，但 SET 实现很复杂，对客户、商家和银行要求都非常高，所以较难推广。

## 【任务实施】

在学习了相关准备知识后，结合你自己的理解，谈谈小李的想法是否正确。为什么？

要求：

(1) 将学生 4~6 人分成一个小组，组内分工要明确。

(2) 查阅安全技术协议相关知识的资料。

(3) 小组成员讨论和交流各自的学习成果，由组长进行汇总整合。

(4) 由小组指定代表进行任务汇报。

## 【任务小结】

由教师归纳总结任务中主要的思想、知识点等。

## 【技能检测】

1. 电子商务有哪些方面的安全威胁？如何理解可实现的威胁和潜在威胁的关系？
2. 什么是对称加密系统？什么是非对称加密系统？它们各自典型的算法是什么？
3. 数字签名的实现原理是什么？
4. CA 认证中心有什么作用？简述它在电子商务交易中的必要性。
5. 目前常用的电子商务安全交易协议有哪些？说出 SSL 协议和 SET 协议的区别。
6. 简述 SET 协议下网络交易的流程。

## 【实训任务】

1. 进入 CA365 认证中心(http://www.ca365.com)，申请一个免费个人数字证书，用申请到的个人数字证书发送一封加密电子邮件给老师。

要求：
(1) 分组进行，组内明确分工。
(2) 以小组为整体，对操作过程中的心得体会交流发言。

2. 调查五家网上银行数字证书的使用情况，并写出调查报告。

3. 调查一个实际的电子商务网站，了解网站安全控制考虑哪几个方面？主要采用什么方法？

# 项目五　网络支付

## 【知识与技能目标】

- 理解电子货币、电子信用卡、电子支票、第三方网上支付方式的概念，掌握常用支付工具银行卡、电子现金等的特点及运作过程。
- 能够利用电子货币、电子信用卡、电子支票、第三方网上支付方式等进行电子支付。
- 能够使用网上银行的银行业务功能、证书管理功能、系统管理功能等。

## 任务一　电子现金

### 【情境及任务描述】

小明是我校电子商务专业大一学生，他在媒体上看到：在国外，电子现金用于小额支付，但是他很想知道电子现金的工作原理是怎么样的。

### 【知识准备】

#### 一、电子现金

**1. 电子现金的含义**

电子现金(Electronic Cash)，又称数字现金(Digital Cash 或 E-money)，是纸币现金的数字化。电子现金通常是指一种以数字形式储存并流通的货币，即一种表示现金的加密序列，可以用来表示现实中各种金额的币值。用户用这些加密的序列数就可以通过 Internet 在允许接受电子现金的商店购物了。电子现金是随着电子商务的应用而产生的一种全新的货币形式。

**2. 电子现金的特点**

电子现金兼有纸币和数字化现金的优势，具有安全性、匿名性、方便性、成本低、可分解性等特点。

(1) 安全性：随着高性能彩色复印技术和伪造技术的发展，纸币的伪造变得更容易了，而电子现金是高科技发展的产物，它融合了现代密码技术，提供了加密、认证、授权等机制，只限于合法人使用，能够避免重复使用，因此，电子现金的防伪能力强。并且由于电子现金无须随身携带，因此减少了遗失和被偷窃的风险。

(2) 匿名性：现金交易具有一定的匿名性和不可跟踪性，而电子现金由于运用了数字签名、认证等技术也确保了它实现支付交易时的匿名性和不可跟踪性，维护了交易双方的隐私权。

(3) 方便性：纸币支付必须定时、定点，而电子现金的数字化流转形态使得用户在支付过程中不受时间、地点的限制，使用更加方便。

(4) 成本低：纸币的交易费用与交易金额成正比，随着交易量的不断增加，纸币的发行成本、运输成本、交易成本越来越高，而电子现金的发行成本、交易成本都比较低，而且不需要运输成本。

(5) 可分解性：是指电子现金支付单位的大小可自行定义。例如，在美国电子现金交易的各方可达成协议，决定电子现金的最小单位是 1 美元，下一单位为 1.2 美元，以此类推。这些单位可由定义者自行决定，不受实际现金系统的限制。这是电子现金同传统货币的一个重要区别。

### 3．电子现金的属性

电子现金有以下四个属性。

(1) 货币价值。电子现金必须由一定的现金、银行授权的信用或银行证明的现金支票进行支持。当电子现金被一家银行产生并被另一家银行所接收时不能存在任何不兼容的问题。

(2) 可交换性。电子现金可以和纸币、商品/服务、信用卡、银行账户存储金额、支票或负债等进行交换。

(3) 可存储性。电子现金的存储是从银行账号中提取一定数量的现金，存入硬盘、IC 卡或者其他存储设备中，可存储性将允许用户在家庭、办公室对存储在上述设备中的电子现金进行存储和检索。

(4) 不可重复性。必须防止电子现金的复制和重复使用。因为买方可能用同一个电子现金在不同国家、地区的网上商店同时购买，这就造成电子现金的重复使用。一般电子现金系统会建立事后检测和惩罚机制。

### 4．电子现金的应用过程

Digicash 公司(www.digicash.com)是专门从事电子支付系统和电子现金开发的公司，其创始人 David Chaum 是该领域的先驱之一，被称为"电子现金之父"。其开发的 E-cash 系统是应用于 Internet 并且完全匿名的电子现金系统。

下面以 Digicash 公司开发的 E-cash 电子现金支付系统为例，说明电子现金的使用方法和过程。

E-cash 系统的参加者包括客户、商家和 E-cash 银行。客户和商家在某个 E-cash 银行开立账户，客户购买 E-cash 电子现金，并把它们存储在其计算机上的 E-cash 钱包中。E-cash 钱包存储并管理客户的电子现金，保存所有交易记录。

当客户将这些电子现金支付给商家时，商家就把这些电子现金传送到发行 E-cash 的银行核对确认。如果这些电子现金是有效的，它们将转入商家的账户。然后，商家发送客户所购物品或收据。通过类似过程，商家也可以完成向客户的支付，这可以用于退款情况。

在 Internet 上使用 E-cash 电子现金的支付过程如图 5-1 所示，图中数字序号表示交易发生的顺序。

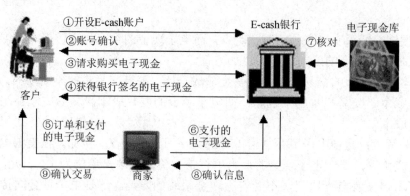

图 5-1　E-cash 电子现金的支付过程

E-cash 电子现金支付主要存在两个问题，一个是安全问题，由于电子现金存储在硬盘上，容易导致损毁和伪造，所以一般用于网上小额支付。

另一个是 E-cash 这种完全虚拟化的应用方案要求客户和商家必须在同一家 E-cash 银行开立账户。因为某个 E-cash 银行发行的 E-cash 货币未必能被另一家 E-cash 银行接受。"跨行支付"成了 E-cash 电子现金大范围应用要解决的首要问题之一。

不同类型的电子现金系统都有自己的协议，用于消费者、销售商和发行者之间交换支付信息。每个协议由后端服务器软件——电子现金支付系统，和客户端的"电子钱包"软件执行。

## 二、电子钱包

电子钱包是一套可以由持卡人用来进行网上支付和存储交易记录的软件系统，其功能包括以下几个方面。

(1) 管理电子证书：包括电子证书的申请、储存及删除等。

(2) 进行安全交易：进行 SET 交易时辨认商家身份并发送交易信息。

(3) 保存交易记录：保存每一笔交易记录以供日后查询。

(4) 加密传送和有效性验证：持卡人使用银行卡进行网上购物时，账户信息(如账号和到期日期)及支付指令可以通过电子钱包软件进行加密传送和有效性验证。

电子钱包的使用非常简单，客户只需在自己的计算机上预先安装由提供电子钱包服务的银行免费提供的客户端软件。

电子钱包中的银行卡和交易信息由持卡人自己设定口令进行保护。当持卡人使用浏览器购物需要付款时，电子钱包被自动启动，在持卡人输入的口令得到验证后，即可进入电子钱包界面。在电子钱包中进行网上交易的数据是加密后在 Internet 上传输的，只有提供电子钱包服务的银行卡处理器才可以打开交易数据。电子钱包内置了电子签名，银行卡处理器验证通过后，通知商家，完成交易。交易结束后，持卡人的屏幕上将显示所发出的订购请求和商家对订购的确认信息。

下面介绍使用 E-cash 系统购买 CD 的方法。

(1) 打开客户端的电子钱包(E-cash Purse)，检查账户上的电子现金数额($ 90.00)，如图 5-2 所示。

(2) 到允许接收电子现金(图右上角注释：we accept ecash )的网上商店购物，可使用 E-cash 支付(pay with ecash)此例中价格为 $ 14.95 的 CD，如图 5-3 所示。

图 5-2　步骤图(1)

图 5-3　步骤图(2)

(3) 出现 E-cash 支付确认界面(payment request)时，同意立即支付单击 Yes 按钮，如图 5-4 所示。

(4) 向网上商店账户"cdshop@isp.net"发送电子现金，如图 5-5 所示。

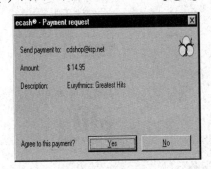

图 5-4　步骤图(3)

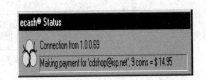

图 5-5　步骤图(4)

(5) 检查电子钱包中的电子现金数额，发现已经由 $ 90.00 减少为 $ 75.05，扣除了本次购买 CD 的交易金额 $ 14.95，如图 5-6 所示。

(6) 查看交易日志(Transaction log)，可以看到各种账目往来，如图 5-7 所示。

图 5-6　步骤图(5)

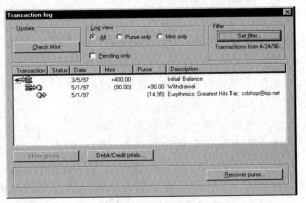

图 5-7　步骤图(6)

知识链接：电子支付

电子支付是指电子交易的当事人，包括客户、商家和金融机构，使用安全的电子手段通过网络进行的货币支付或资金流转。随着计算机技术的发展，电子支付工具越来越多。这些支付工具可以分为四大类。

(1) 电子货币类，如电子现金、电子钱包等。
(2) 电子信用卡类，包括智能卡、借记卡、电话卡等。
(3) 电子支票类，如电子支票、电子汇款、电子划款等。
(4) 第三方网上支付平台，如支付宝、财付通、快钱、汇付等。

它们各自都有自己的特点和运作模式，适用于不同的交易模式和过程。

电子商务支付系统(如图 5-8 所示)，由客户、商家、客户开户行(又称为发卡行)、商家开户行(又称为收单行)、支付网关、金融专网、CA 认证中心等七部分组成。除此之外，还包括支付中使用的支付工具以及遵循的支付协议，是参与各方与支付工具、支付协议的结合。

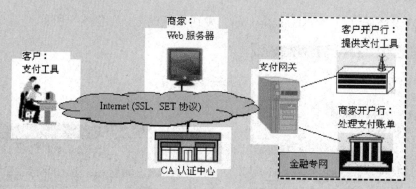

图 5-8　电子商务支付系统组成

客户用自己拥有的支付工具(如信用卡、电子钱包等)来发起支付，是支付体系运作的原因和起点。

商家则是拥有债权的商品交易的另一方，他可以根据客户发起的支付指令向金融系统请求获取货币给付。

客户开户行是指客户在其中开设账户的银行，客户开户行在提供支付工具的时候也同时提供了一种银行信用，即保证支付工具的兑付。在以银行卡为基础的支付体系中，客户开户行又被称为发卡行。

商家开户行是商家在其中开设账户的银行，其账户是整个支付过程中资金流向的地方。商家开户行又称为收单行。

支付网关是公用网和金融专网之间的接口，支付信息必须通过支付网关才能进入银行支付系统，进而完成支付的授权和获取。

金融专网则是银行内部及银行间进行通信的网络，具有较高的安全性，如中国国家现代化支付系统、人民银行电子联行系统、银行卡授权系统等。

CA 认证中心则负责为参与电子商务活动的各方发放数字证书，以确认各方的身份。

## 【任务实施】

在学习了认证技术相关准备知识后,结合你自己的理解,谈谈电子现金的工作原理。

要求:
(1) 将学生 4~6 人分成一个小组,组内分工要明确。
(2) 查阅电子现金相关知识的资料。
(3) 小组成员讨论交流各自学习成果,由组长进行汇总整合。
(4) 由小组指定代表进行任务汇报。

## 【任务小结】

由教师归纳总结任务中主要的思想、知识点等。

# 任务二 银 行 卡

## 【情境及任务描述】

当今的网购,银行卡被广泛用于电子支付中。那么,银行卡到底有哪几种支付类型呢?

## 【知识准备】

银行卡是信用卡、借记卡和其他专用卡的统称,是支付工具和支付凭证虚拟化的第一步。1915 年,信用卡就开始在美国使用。在经济生活中,银行卡已经成为除现金外应用最广泛的零售支付工具。将银行卡用在网上支付环境作为支付工具最易于被人们接受,因此,银行卡支付方案是使用最普遍、应用最成功的解决方案。

## 一、银行卡

### 1. 银行卡的概念

银行卡是指经批准由商业银行(含邮政金融机构)向社会发行的具有消费信用、转账结算、存取现金等全部或部分功能的信用支付工具。信用卡同时具备信贷与支付功能,按信用卡性质与功能区分,信用卡包括:借记卡(Debit Card)——先存款,后支用;贷记卡(Credit Card)——先消费,后还款;综合卡——结合两种功能的卡,偏重"借记"。

银行卡支付是电子支付中最常用的工具,在世界上得到了广泛应用,可采用刷卡记账、POS 结账、ATM 提取现金等方式进行支付。银行卡支付是当今网络最流行的支付方式。银行卡支付方案的基本特点是直接以银行卡作为支付工具,账户余额(或信用额度)作为支付对象。与其他电子支付系统一样，银行卡支付方案的核心在于解决网上支付带给客户和银行的安全问题。银行卡的最大优点是持卡人可以不用现金，凭卡购买商品和享受服务，其支付款项由发卡银行支付。银行卡支付通常涉及三方，即持卡人、商家和银行。支付过程包括清算和结算，前者指支付指令的传递，后者指与支付相关的资金转移。

2．银行卡的支付类型

目前，银行卡的支付主要有四种类型：无安全措施的银行卡支付、通过第三方代理人的银行卡支付、简单加密银行卡支付、SET协议银行卡支付。

1) 无安全措施的银行卡支付

买方通过网络从卖方订货，而信用卡信息通过电话、传真等方式或在互联网上传送，但无任何安全措施，卖方与银行之间使用各自现有的银行商家专用网授权来检查信用卡真伪。此方式支付流程如图5-9所示。

图5-9　无安全措施的银行卡支付流程

该支付方式由于卖方未得到买方签字，若买方拒付款或否认购买行为，卖方将承担一定风险；且信用卡信息在线传送，却无安全措施，买方(即持卡人)将承担信用卡信息在线传输过程中被盗取及卖方获取信息等风险。

2) 通过第三方代理人的银行卡支付

改善银行卡事务处理安全性的一个途径是：在买方和卖方之间启用第三方代理，目的是使卖方看不到买方银行卡信息，避免银行卡信息在网上多次传输而被窃取。

该支付方式的原理和过程是买方通过在线或离线方式，在第三方代理人(一般是指提供电子支付工具的银行或其他金融中介机构)处开设账户，代理人持有买方必要的银行卡信息，包括买方的银行卡账号和密码，买方在线向卖方订货后，同时将账号传给卖方。卖方将账号提供给代理人，验证账号是否正确、账户中是否有足够的支付金额等，第三方代理人将验证信息返回给卖方，卖方确定无误后接受订货。此方式支付流程如图5-10所示。

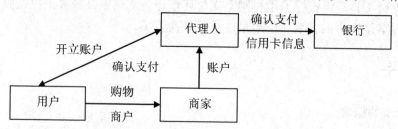

图5-10　通过第三方代理人的银行卡支付流程

这种支付方式的特点是：银行卡信息不在网上传递；通过E-mail来确认用户身份，防止伪造；商家自由度大，无风险；支付通过双方都信任的第三方代理人完成。

3) 简单加密银行卡支付

为解决网上传递银行卡信息易泄密问题，买方支付时，将银行卡信息采用SSL、SHTTP等协议加密后传给卖方，使卖方无法获取买方银行卡信息，称为简单加密。

首先，用户在银行开立一个银行卡账户，并获得银行账号。然后，用户向商家订货后，将银行卡信息加密后传给商家服务器。商家服务器验证收到信息的有效性和完整性后，将用户加密的银行卡信息传给业务服务器，商家服务器无法看到用户银行卡信息。业务服务器验证商家身份后，将用户加密的银行卡信息转移到安全的地方解密，并将用户银行卡信息通过安全专用网传到商家银行。商家银行验证用户银行卡信息的有效性后，将结果返回给业务服务器，业务服务器通知商家服务器交易完成或拒绝，并通知用户。此方式的支付流程如图 5-11 所示。

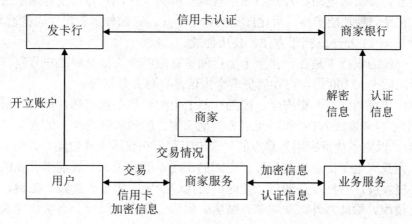

图 5-11　简单加密银行卡支付流程

在该方式中，SSL 对整个会话过程进行加密，防止和保护 Internet 其他用户获取银行卡账号等机密信息。而且，交易过程的每一步都需要交易双方以数字签名来确认身份。

4）SET 协议银行卡支付

SET 协议是以银行卡支付为基础的网上电子支付系统规范，提供了用户、商家和收单银行的认证，确保交易各方身份的合法性和交易的不可否认性；同时银行与商家之间是"背对背"的，商家只能得到用户的订购信息，而银行只能获得有关支付的信息，确保交易数据的安全、完整和可靠，因此它成为目前公认的信用卡/借记卡的网上交易的国际标准。此方式支付流程如图 5-12 所示。

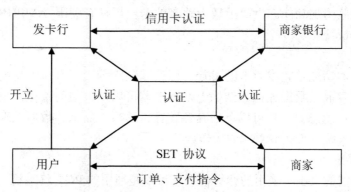

图 5-12　SET 协议银行卡支付流程

SET 协议采用数据加密、第三方认证、数字签名等多种技术解决银行卡支付的安全保障问题，保证了电子支付的机密性、数据完整性、身份合法性和不可否认性。

## 二、智能卡

### 1. 智能卡的概念

智能卡(Smart Card)，又名 IC 卡(Integrated Circuit Card)，是法国人 Roland Moreno 于 1970 年发明的，同年日本发明家 Kunitaka Arimura 取得首项智能卡的专利，距今已有 40 多年的历史。智能卡是将集成电路芯片固封在塑料基片中的卡片，在芯片里存储了大量关于使用者的信息。它是一种功能多样、用途广泛的电子卡片。它的外形和尺寸同普通名片差不多，一般厚度为 0.76～1.2mm，携带方便，使用便捷。

目前，一般的银行卡是在一张磁卡上存储了有限的个人信息和账户号码，而智能卡的信息存储量比磁卡大 100 倍，可存储更多个人信息、财务数据等。

智能卡比传统的银行卡更安全，因为智能卡上的信息是加密的，而且，借助于专用设备，如 IC 卡读写卡器或 ATM 机，可以方便地添加、删除和修改卡上信息。

1993 年，以电子货币应用为重点的"金卡工程"在我国正式启动。智能卡迅速在我国普及发展，为我国电子信息产业开辟了广阔的市场。随着国家对智能卡行业的支持和智能卡行业的迅速发展，智能卡在通信、交通、公用、企业、银行、学校、工商、税务和公安领域被广泛使用。除此之外，在旅游、酒店、娱乐、饮食、医疗、海关、建筑、科研、出版、博物馆、军事等领域都有一定应用。

目前，在我国很多城市实施的"城市一卡通"项目中，智能卡扮演着重要角色，老百姓利用它可不用带钱出行乘车、逛公园、进商场、看病买药等，实现了"一卡在手中，吃喝玩乐不用愁"的目标，智能卡已成为信息化建设进程中不可或缺的重要工具。

### 2. 智能卡的组成

智能卡已被引用到众多领域，尽管各种应用系统千差万别，但系统中除了智能卡这个核心外，还有卡座、读卡器、计算机、应用软件等。

1) 卡座

卡座是系统中最基本的部件，主要功能是提供对卡的机械支承和电气接触，对于特定场合还要增加一些附加功能。世界上较为著名的卡座厂家有美国 AMPHENOL、法国 FCI 和德国 ITT Cannon 等。

2) 读卡器

读卡器的基本功能是完成对卡的发行、修改和删除等读写操作，功能强的还可以进行数据处理、数据存储、数据加密。结构上，读卡器可以是单独的整体，也可以以部件形式嵌到其他系统中；功能上，它可以单独具备发行、读写、显示、数据处理等功能，也可以与计算机或其他系统联合完成对卡的操作。

3) 计算机系统

根据系统功能的大小，采用的计算机系统可以是通用的 PC、终端机，也可以是由单片机组成的专用系统。所要完成的操作包括对卡的读写控制、发行管理、通信等。

4) 应用软件

智能卡系统的硬件组成比较简单，关键在软件设计上，软件功能主要有：卡的读写控制、结果显示、数据管理、系统加密、系统通信等。应用软件的好坏对性能影响很大，甚至关系到系统成败。

**3．运用智能卡进行网上购物的过程**

(1) 用户向智能卡发行银行申请智能卡，申请时需要在银行开设账号，提供输入智能卡的个人信息。

(2) 用户登录到发行智能卡银行的 Web 站点，按照提示将智能卡插入读卡机，智能卡会自动告知银行有关用户的账号、密码及其他加密信息。用户通过个人账户购买电子现金，将电子现金下载存入智能卡中。

(3) 在网上交易中，用户可选择采用智能卡支付，将智能卡插入读卡机，通过计算机输入密码和网上商店的账号、支付金额，完成支付过程。

**4．智能卡收费系统**

Mondex 系统(http://www.Mondex.com)中所使用的支付工具 Mondex 卡采用 IC 卡技术，主要用于取代日常小额消费的现金支付。Mondex 卡支付系统目前在一些相对封闭的范围内得到广泛应用，如大学普遍使用的校园卡系统、城市的公交卡系统等。

下面以广泛使用的校园卡收费系统为例，介绍智能卡收费系统的组成及使用。

1) 系统概述

校园卡收费系统采用非接触式 IC 卡(即感应 IC 卡)，在校园(或企业)内部实现电子支付功能。其工作原理类似于 Mondex 卡。

该系统的总体设计思想是给使用者每人发一张非接触式 IC 卡作为电子钱包，可应用于内部食堂、活动中心、健身房、棋艺室、球室、商场等收费场所。

该系统的特点是：使用范围封闭，一般在学校、企业内部使用；必须通过收费终端设备才能进行支付。

2) 系统组成

收费系统由管理主机、非接触式 IC 卡、发卡机、收费机(又称消费终端)、网络通信卡、收费管理软件、通信软件等组成。校园卡收费系统框架如图 5-13 所示。

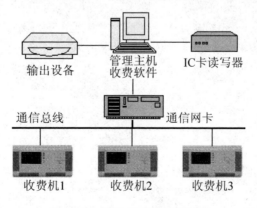

图 5-13　校园卡收费系统框架

3) 系统功能

智能卡的系统功能包括：发行、充值后的 IC 卡，成为单位内部的信用卡代替传统现金、票据、记账纸卡流通方式，使单位内部消费结算电子化，可用于购物、就餐、借阅图书、打长途电话、娱乐、健身、医疗等所有内部消费。

记录信息：当持卡人在收费机上读卡消费后，收费机中的存储器将记录个人信息、时间、消费金额、累积使用情况等流水账信息。

挂失信息：遗失 IC 卡后，持卡人可到中心主机挂失，对于网络型的系统挂失的信息实时下传至各消费终端，挂失解挂操作即时生效。冒用已挂失卡，收费机将提示相应警告信息。

数据结算：对采集回来的数据进行归类，形成每天的消费明细库，然后进行汇总，按日形成各消费站点及各收费机的总收入。归类、汇总后系统将数据进行各种稽核，生成各类统计报表，便于财务对各消费点的收入情况进行核算或监督。

统计报表：系统可对当前 1～6 个月、历史 2～48 个月的数据进行随时查询，打印所有人员/部门/个人/站点/机号/日期等详尽消费清单和相应报表。

4) 安全控制

系统发行、充值等任何操作都需读操作员卡，卡片密码合法后还需输入操作员密码，系统通过双重密码认证后可启动。系统操作员通过权限分级控制，有超级操作员级别可在系统中设一级、二级操作员等，防止系统非法授权使用。

收费机使用前必须对其初始化。初始化时，需设置收费机基本参数，包括不同身份的使用权限、范围、IC 卡最大存款额、最大消费额、最小余额限定、挂失黑名单卡、当前日期、时间、清除收费机的测试数据等。

**案例**

### 银联电子支付服务有限公司的银行卡支付系统

**一、公司简介**

银联电子支付服务有限公司(简称 ChinaPay)是中国银联控股的专业服务公司，拥有面向全国的统一支付网关，从事以 Internet 等新兴渠道为基础的电子支付、跨行转账业务及相应增值服务，适用于各种 B2C、C2C 及 B2B 的电子商务支付业务。为广大持卡人和各类电子商务公司提供安全、方便、快捷的银行卡支付、金融理财及资金结算服务。

银联电子支付的特点：可连接实现跨银行、跨地区、多卡种、多语言的实时在线支付；支持国内主要商业银行的银行卡；兼容已有网关银行技术标准，使无网关的银行改造简单；买卖双方都能查询交易明细；安全性高。ChinaPay 的银行卡支付系统主页如图 5-14 所示。

图 5-14　ChinaPay 网站主页

项目五 网络支付

二、支付过程
(1) 在网上商城选购商品后,点击"结账"按钮提交订单。
(2) 确认订单,选择 ChinaPay 支付方式,单击"提交订单"按钮。
(3) 选择持卡银行,点击"继续支付"按钮进入银行界面。
(4) 银行显示客户的订单号、订单金额、付款卡号,确认后,点击"提交"按钮。
(5) 若支付成功,则显示订单号和交易流水号,点击"返回商城"。
(6) 在商城上看到支付成功信息,则支付完成。

三、ChinaPay 的网络交易安全保障措施
持卡人的卡信息和网上支付密码在交易过程中不经过网上商户系统,直接通过 SSL 加密后递交支付网关;持卡人浏览器在递交银行卡信息时,卡信息必须用支付网关公钥加密,密码算法和支付网关公钥随支付页面动态下载;支付网关在交易组装和转发时,网上支付密码的转换必须在硬件加密机中进行;加密算法采用 1024 位非对称算法。

四、加入 ChinaPay 网上支付系统的方法
网上购物的客户需在加入银联电子支付系统的银行开立银行卡账户,并开通网上银行功能。

商户需做以下事情。
(1) 商户与 ChinaPay 签订《网上银行卡支付接入协议》,填写《商户加入上海统一支付网关登记表》,并支付相关费用。
(2) 商户向 ChinaPay 提交营业执照复印件及组织机构代码证复印件。
(3) 商户在其网站上更新购物页面和查询页面并获取商户端软件。
(4) 安装软件,与 ChinaPay 进行系统调试。调试完成后,即开通使用网上银行卡支付功能。

# 【任务实施】

在学习了银行卡相关准备知识后,结合自己的理解,谈谈银行卡有哪几种支付类型,各有什么特点。

要求:
(1) 将学生 4~6 人分成一个小组,组内分工要明确。
(2) 查阅认证技术相关知识的资料。
(3) 小组成员讨论交流各自学习成果,由组长进行汇总整合。
(4) 由小组指定代表进行任务汇报。

# 【任务小结】

由教师归纳总结任务中主要的思想、知识点等。

## 任务三 电子支票

### 【情境及任务描述】

假设读者是一家跨国公司的财务人员,对方要求贵公司与他们的公司要用电子支票进行结算,那么电子支票的运作流程是怎样的呢?

### 【知识准备】

#### 1. 电子支票的概念

传统支票是一种基于纸介质的支票,它作为一种传统的支付方式在企业与企业之间的交易中被广泛采用,通常适用于金额比较大的交易。使用时,客户填写支票,签字盖章后将支票交给收款人,收款人背书后提交给收款人银行,收款人银行和付款人银行通过票据清算中心进行资金清算。

电子支票(Electronic Checks)是纸质支票的电子版本,利用电子化形式将资金从一个账户转移到另一个账户的电子支付形式。它是客户向收款人签发的、无条件的数字化支付指令,它包括数据、收款人姓名、金额、签名、备注和背书。电子支票往往通过金融网传递,可用来支付各种账单、购物、转账等,也适用于任何可以使用纸质支票的场合,并受现行支票法的制约。

在安全控制方面,纸质支票通过使用签名(盖章)确认付款人、收款人身份;电子支票是使用付款人的私钥作为数字签名,使用数字证书确认付款人、收款人的身份、支付银行以及账户。

以 E-check(http://www.echeck.org)开发的电子支票为例,当用户想使用电子支票进行支付时,安装了电子支票系统的计算机会在屏幕中显示空白电子支票(如图 5-15 所示),它是需要用户填写收款人、付款日期、支付金额等信息的电子支票样本,付款人的数字签名显示为右下角的代码。

图 5-15 计算机屏幕所显示的空白电子支票

电子支票的数字化流转方式加快了支票解付速度，缩短了资金在途时间，降低了处理成本，克服了传统支票处理速度慢(一般一张支票的处理时间为 2～3 天)，在途资金占用量大，处理成本高等缺点。如新加坡每年要处理 8000 万张支票，每张支票的处理成本为 1.5 新加坡元，总处理成本相当于新加坡国民生产总值的 1%。

随着电子商务的迅猛发展，全球电子商务交易额出现了逐年递增的趋势。在通过电子商务所形成的资金流中，B2B 方式占 80%，且所占比例呈上升态势。出于 B2B 交易涉及金额较大，需要有一种新的支付模式与之相适应，因而电子支票就成为实现 B2B 网上支付的有效手段。目前，典型的支票系统有 FSTC(金融服务技术财团，1999 年由美国国防部、银行和技术销售商组成的旨在促进电子支票技术发展的机构)的电子支付系统、BIPS、E-check、NetBill、NetCheque 等。

在美国或加拿大，无论是公司还是个人使用支票都比较普遍；而在亚洲和欧洲，因为支票不是其主要支付工具，所以其电子支票的发展相对较缓慢。

**2．电子支票的支付过程**

电子支票的支付过程与传统支票十分相像，不同之处主要在于支付方式采用电子化手段。电子支票一般支付过程如下。

(1) 供应商向消费者提供发货单后，消费者可选择电子支票支付。

(2) 消费者将填写好的、带有本人数字签名并加密后的电子支票经由 Internet 以 E-mail 形式发送给供应商，同时给自己的开户行发送支付指令。

(3) 供应商在收到的支票上通过数字签名的方式加上背书后，发送到自己的银行账户(该银行可接受并处理电子支票业务)。

(4) 供应商银行与消费者银行间进行电子支票的清算，同时分别发送转移支付信息给各自的用户。

为加强交易的安全性，现在的电子支票系统往往加入了第三方提供的认证环节。同时，为适应现行支付系统及社会经济发展的不同阶段，电子支票并没有完全实现"电子化"，顾客利用有关软件对支票信息加密，发送给商家或企业，商家或企业再将这些信息发给提供电子支票服务的第三方(例如电子支票服务公司)。电子支票服务的第三方对信息解密后，再检查和认证电子支票账户的合法性，然后开出纸质支票(可通过电子支票打印机将电子支票打印成为纸质支票)，交存商家或企业开户银行。此时，电子支票已转换为普通支票，可以进入银行清算系统对支票进行一般处理；也可以将这种电子支票的支付过程看作是将电子支付信息转化为普通支票的支付过程。随着电子商务的深入发展，人们正在探索使用电子支票支付完全实现电子化和数字化。

目前，银行金融业在大量使用纸质支票和其他纸质票据的背景下，通常利用自动票据清分机对各种纸质金融票据和银行票据自动阅读、自动识别和自动清分。纸质票据经自动清分后，再经自动清算系统进行传输和各种处理，若是支票，则进入电子支票支付系统，使支票处理过程全部实现自动化和电子化。目前，电子支票支付系统是自动清算系统的一部分。

**3．欧洲支票和欧洲支票卡**

自 1968 年以来，德国信贷业推出了"欧洲支票"和"欧洲支票卡"，欧洲卡片市场发生重大变化。推出欧洲支票和欧洲支票卡是为了使银行私人客户的个人支票能更广泛地被接受。这只有在银行能保证个人支票的支付时才能实现。因为卡片能够提供持卡人的必需信息，因此有助于核查支票的合法性，从而保障开票行的支付。此后，卡片成为电子和其他系统组件的载体。20世纪70年代，德国银行开始更积极地推广信用卡和T&E卡(用于旅游和娱乐的卡)。

其中，借记卡的主体是欧洲支票卡，或简称EC卡。这些借记卡与德国信贷机构的个人客户的往来账户相连。德国的银行和储蓄银行纷纷将EC卡基础作为卡片开发和新服务的平台。这就使得EC卡成为第一个真正实现多功能多用途的卡。目前，欧洲支票卡带有8K或16K的微处理器芯片，是一种智能卡，具有多种功能，也可以选择多种增值服务。其中，它们主要有下列六种不同的功能。

(1) EC卡能够保证进行电子支付和网上支付。

(2) EC卡不仅能在德国应用，也能在欧洲的一些银行内应用。可以用于账户报表打印或授权使用其他自助终端等。

(3) EC卡可以在德国国内和国外的自动取款网络上使用。

(4) EC卡也可进入德国国内的EFTPOS网络，在德国称为电子现金。

(5) EC卡是国外EFTPOS应用的通行证。

(6) 在EC卡上也能增加电子钱包(Geldkarte)功能。

### 4．支票卡的智能化

欧洲支票卡正在向智能化方向发展。其主要原因有以下三个方面。

(1) 欧洲支票卡的安全问题。因为欧洲支票卡芯片能够用作一个CAM(Card Authentication Method)卡认证工具。众所周知，在当今世界尚无既可靠又经济的卡认证方法和工具，在德国只有EC卡和银行卡可以在自动现金售货机和销售终端上进行检验。欧洲支票卡上的芯片为安全的离线认证和进行PIN码的检验也提供了可能性，这些都是离线系统如电子钱包系统所必须具备的功能。欧洲支票卡芯片还可防止伪造和假冒。信息和价值的安全储存是开发电子钱包系统的先决条件和重要课题。

(2) 为降低成本，EC卡需智能化。银行信贷业在发生支付工具的盗用、诈骗案和伪造案时，因为信用流失使其以后遭受相当大的损失。在电子钱包系统中的EC卡芯片支持的离线系统结构有助于减少电信和现金处理的成本。EC卡能够为许多零售业主所接纳，这一点尤其重要。

(3) EC卡上的芯片为开发新服务提供了可能。新的服务有电子钱包。此外，还能考虑一些进一步开发，主要有离线系统、奖励积分程序和红利计划等。现已通过试用的有OSTBA的CeBIT博览会电子票证的应用，在大学里的身份识别应用，德莎(Lufthansa)航空公司积分奖励卡应用等。

在所有交易中(支票、现金转账、直接扣支等)，虽有超过85%的交易为现金交易，但交易额只占10%，因为大额交易多数是由EC卡完成。因此，不仅德国，许多欧洲国家都开发了电子钱包方案，以缩小EC卡支付系统间的差距并使小额支付合理化。

**案例**

FSTC 电子支票系统

**一、FSTC 简介**

FSTC 是金融服务技术联合会的英文缩写，成立于 1993 年，由美国的银行、研究机构和政府组织的 60 多个会员组成。

**二、FSTC 电子支票系统实现原理**

目前有多种电子支票系统，FSTC 电子支票系统支付过程如图 5-16 所示。

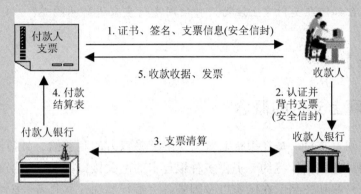

图 5-16　FSTC 电子支票系统的支付过程

(1) 付款人通过网络签发支票，并生成包括付款人数字证书、付款人数字签名、支票信息等组成的安全信封。

(2) 收款人收到支票后，对支票的签发人身份进行认证并背书(追加收款人数字签名)，附上收款人个人证书，形成安全信封后把支票发送给收款人银行。

(3) 收款人银行收到支票后，利用认证体系对支票的收款人、付款人身份及签名进行认证并进入清算体系，要求付款人银行清算。

(4) 电子支票经过清算后，资金由付款人银行账户转账到收款人银行账户。

## 【任务实施】

在学习了电子支票相关准备知识后，结合自己的理解，谈谈电子支票的运作流程。

要求：

(1) 将学生 4～6 人分成一个小组，组内分工要明确。

(2) 查阅电子支票技术相关知识的资料。

(3) 小组成员讨论和交流各自的学习成果，由组长进行汇总整合。

(4) 由小组指定代表进行任务汇报。

## 【任务小结】

由教师归纳总结任务中主要的思想、知识点等。

## 任务四　第三方网上支付

## 【情境及任务描述】

现阶段网络支付的业务越来越多，网络支付工具、支付平台也丰富多样。如云网支付、快钱、首信易支付、支付宝等。如果读者想进行网购，为了保证安全，准备用第三方网上支付的方式。那么如何在支付宝上注册，并使用支付宝来进行网购呢？

## 【知识准备】

### 一、第三方网上支付的概念

所谓第三方网上支付，是在银行监督下保障交易双方的利益的、具备一定信誉的独立机构，它与国内外各大银行签约、提供多种银行卡的网关接口，相当于买卖双方交易中的"中间人"。即一些和产品所在国家以及国外各大银行签约，并具备一定实力和信誉保障的第三方独立机构提供的交易支持平台。

在通过第三方支付平台的交易中，买方选购商品后，使用第三方平台提供的账户支付货款，由第三方通知卖家货款到达、进行发货；买方检验物品后，通知付款给卖家，第三方再将款项转至卖家账户。

### 二、第三方网上支付特点

(1) 第三方支付平台提供一系列应用接口程序，将多种银行卡支付方式整合到同一界面，负责交易结算中与银行的对接，使网上购物更快捷、更便利。消费者和商家不需在不同银行开设不同账户，这样能帮助消费者降低网上购物成本，帮助商家降低运营成本；还能帮助银行节省网关开发费用，并为银行带来一定的潜在利润。

(2) 与 SSL、SET 等支付协议比较，利用第三方支付平台进行支付操作更简单、易接受。SSL 是应用较广泛的安全协议，只需要验证商家身份。SET 是基于信用卡支付系统的发展较成熟的技术。但在 SET 中，各方身份都需通过 CA 认证，程序复杂，手续繁多，速度慢且实现成本高。有了第三方支付平台，商家和客户间的交涉由第三方完成，使网上交易变得更简单。

(3) 第三方支付平台本身依附于大型门户网站，且以与其合作的银行的信用作为信用依托，因此第三方支付平台能够较好突破网上交易中的信用问题，有利于推动电子商务的快速发展。

基于第三方支付的以上特点，理论上讲，第三方支付平台能杜绝电子交易中的欺诈行为。

## 三、第三方网上支付行业分类

(1) 以支付宝、财付通、盛付通为首的互联网型支付企业，以在线支付为主，捆绑大型电子商务网站，迅速做大做强。

(2) 以银联电子支付、快钱、汇付天下为首的金融型支付企业，侧重行业需求和开拓行业应用。

(3) 以非金融机构的第三方支付公司为信用中介，通过和国内外各大银行签约，具备很强的实力和信用保障，在银行监管下保证交易双方利益的独立机构，在消费者与银行间建立一个某种形式的数据交换和信息确认的支付流程。乐富支付向广大银行卡持卡人提供基于POS终端的线下实时支付服务，并向终端特约商户提供POS申请/审批、自动结账/对账、跨区域T+1清算、资金归集、多账户管理等综合服务。

## 四、第三方网上支付经营模式

### 1. 以首信易为代表的支付网关模式

第三方支付平台将多种银行卡支付方式整合到一个界面上，充当了电子商务交易各方与银行的接口，负责交易结算中与银行的对接，消费者通过第三方支付平台付款给商家，第三方支付为商家提供一个可以兼容多银行支付方式的接口平台。

### 2. 以支付宝为代表的信用中介模式

为增强线上交易双方的信任度，更好地保证资金和货物的流通，充当信用中介的第三方支付服务应运而生，实行"代收代付"和"信用担保"。交易双方达成交易意向后，买方须先将支付款存入其在支付平台上的账户内，待买家收货通知支付平台后，由支付平台将买方先前存入的款项从买家账户中划至卖家在支付平台上的账户。这种模式的实质是以支付公司作为信用中介，在买家确认收到商品前，代替买卖双方暂时保管货款。

## 五、第三方网上支付主流产品

国内第三方支付产品主要有PayPal(eBay公司产品)、支付宝(阿里巴巴旗下)、拉卡拉、财付通(腾讯公司、腾讯拍拍旗下)、盛付通(盛大旗下)、腾付通、通联支付、易宝支付(Yeepay)、中汇宝(ZHBPAY)、快钱(99bill)、国付宝(Gopay)、百付宝(百度C2C)、物流宝(网达网旗下)、网易宝(网易旗下)、网银在线(ChinaBank)、环迅支付IPS、汇付天下、汇聚支付(joinpay)。

其中用户数量最大的是PayPal和支付宝，前者主要在欧美国家流行，后者是阿里巴巴旗下的产品。拉卡拉则是中国最大线下便民金融服务提供商。另外中国银联旗下银联电子支付也开始涉足第三方支付，推出了银联商务提供的相应的金融服务。

## 六、第三方网上支付存在的问题

### 1. 风险问题

在电子支付流程中，资金都会在第三方支付服务商处滞留，即出现所谓的资金沉淀，如缺乏有效的流动性管理，则可能存在资金安全和支付的风险。同时，第三方支付机构开立支付结算账户，先代收买家的款项，然后付款给卖家，这实际已突破了现有的诸多特许经营的限制，它们可能为非法转移资金和套现提供便利，因此形成潜在的金融风险。

### 2. 电子支付经营资格的认证、保护和发展问题

第三方支付结算属于支付清算组织提供的非银行类金融业务，银行将以牌照的形式提高门槛。因此，对于那些从事金融业务的第三方支付公司来说，面临的挑战不仅仅是如何营利，更重要的是能否拿到将要发出的第三方支付业务牌照。

### 3. 业务革新问题

因为支付服务客观上提供了金融业务扩展和金融增值服务，其业务范围必须要明确并且要大胆推行革新。到目前为止，全球拥有手机的人多于拥有计算机的人，相对于单纯的网上支付，移动支付领域将有更大的作为。所以第三方支付能否趁此机遇改进其业务模式，将决定第三方支付能否最终走出困境，获得发展。

### 4. 恶性竞争问题

电子支付行业存在损害支付服务甚至给电子商务行业发展带来负面冲击的恶意竞争的问题。国内专业电子支付公司已逾40家，且多数支付公司与银行间采用纯技术网关接入服务，这种支付网关模式易造成市场严重同质化，也挑起支付公司间激烈的价格战，直接导致这一行业"利润削减快过市场增长"。在中国，惯用的价格营销策略让电子支付行业吞下了利润被摊薄的苦果。

### 5. 法律、法规支持问题

在保护电子商务交易的同时，从支付认证、支付标准和交易公开性的角度看，中国必须建立一些标准，为工商、税务和政府的行业管理做技术和政策的准备。如何规范电子支付业务、防范支付风险、保证资金安全、维护广大商户、用户在电子支付活动中的合法权益，成为影响中国电子支付产业健康发展的关键问题。《支付清算组织管理办法》和《电子支付指引(第二号)》法规的颁布，在一定程度上将解决该问题。

## 【任务实施】

### 支付宝注册

(1) 在 IE 地址栏中输入 http://www.alipay.com/，如图 5-17 所示，点击"注册"按钮进

入免费注册页面。

图 5-17　支付宝首页

(2) 按要求如实填写如图 5-18 所示注册页面中的相关信息。

图 5-18　支付宝注册页面

(3) 注册信息填写完整并确认后点击"下一步"按钮，进入验证账户提示页面，如图 5-19 所示。

图 5-19　支付宝验证账户提示页面

# 电子商务实务

(4) 按要求进入邮箱进行支付宝账户激活，激活后，提示账户激活成功。

(5) 按要求填写好真实信息后，点击"确定"按钮，如图 5-20 所示。

图 5-20　填写信息

(6) 至此，支付宝注册成功，如图 5-21 所示。注册成功后，就可以使用支付宝进行网上支付了。

图 5-21　支付宝注册成功页面

## 【任务小结】

由教师归纳总结任务中主要观点以及操作注意事项等。

## 任务五　网络银行

## 【情境及任务描述】

现阶段我国网上银行业务大致分为专业版和大众版两种。小明问学习电子商务专业的小红,招商银行"个人银行专业版"和"个人银行大众版"的区别是什么?

# 【知识准备】

信息技术尤其是网络技术的发展,在社会各行业导致了一场前所未有的管理模式与思想观念的变革。信息技术在银行管理及金融服务业中的扩散,促进了金融服务组织机构与服务提供形式的创新,网络银行就是这种创新的具体成果之一。1995年10月18日,美国诞生了全球第一家网络银行——安全第一网络银行(Security First Network Bank)。自此,众多商业银行开始结合网络开拓新的银行服务形式。在未来的金融服务中,网络银行及其虚拟金融服务将成为传统银行及金融服务业务的最为主要的挑战力量。

## 一、网络银行概述

### 1. 网络银行的概念

网络银行是指采用数字通信技术,以互联网为基础的交易平台和服务渠道,在线为公众提供办理结算、信贷服务的金融机构或虚拟网站。

网络银行包括三个要素:一是需要具备因特网或其他电子通信网络,如计算机网络、传真机、电话机或其他电子通信手段;二是基于电子通信的金融服务提供者,如提供电子金融服务的银行或证券服务机构;三是基于电子通信的金融服务消费者,如以电子通信形式消费的各类终端用户,或者基于虚拟网站的各种金融服务代理商等。

电子银行与网络银行的概念相似,电子银行是商业银行利用计算机技术和网络通信技术,通过自动化设备,以人工辅助或自动形式,向客户提供方便快捷的金融服务。呼叫中心(Call Center)、自动柜员机(ATM)、POS、无人银行等多种多样的金融服务形式都涵盖在电子银行范畴之内。比较而言,电子银行的概念是广义的,而网络银行的概念是狭义的,网络银行仅包括Internet上的电子银行服务。

### 2. 网络银行的基本形式

网络银行主要有两种形式:网络分支银行和纯网络银行。

1) 网络分支银行

网络分支银行是传统银行与网络信息技术相结合的结果。传统银行利用互联网作为新的服务手段,建立银行网站,提供在线服务。其网上站点,相当于它的一个分支银行或营业部,既为其他非网上分支机构提供辅助服务,如账务查询、划转等,又单独开展业务。网络分支银行如美国花旗银行、我国的招商银行、中国银行等。

现阶段,由于业务方式和侧重点不同,所以一些必须依赖于手工操作的业务还需传统的分支机构。

2) 纯网络银行

纯网络银行是一种完全依赖于Internet发展起来的全新电子银行。这类银行一般只有一个办公地址,既无分支机构,也无营业网点,几乎所有银行业务都依靠互联网进行。如美国的安全第一网络银行是有史以来首个无实体组织的虚拟银行。

电子商务实务

对于现金收付、贷款监督与调查、客户投诉与纠纷处理等人工处理的业务，纯网络银行一般采取两种办法来解决：一是委托代理机构，如邮政局、咨询公司、事务所等；二是通过 ATM、数据仓库与数据挖掘、合同风险明示等技术手段来解决。

## 二、网络银行的特点

### 1．打破传统银行的组织机构

对于传统银行来说，增设分支机构曾是聚集廉价存款，进行规模扩张的极具竞争力的手段。然而在网络经济时代，银行可以通过建立互联网站点的方式，很便捷地设立虚拟的营业网点。网络赋予中小银行和大银行相同的发展空间，网络银行依托无边无界的因特网，不用设任何分支机构就可将触角伸向世界的每个角落。

### 2．信用的重要性更突出

网络银行通过网络开展业务，客户面对的实体不再是有形银行，而是通过虚拟系统和账号密码进行业务操作，这不仅要有对银行本身的信任，还要加上对银行开放网络系统的信任。信息传递的安全性、系统的稳定性、对信息处理的准确性等都直接影响着银行的信用。因此，信用的重要性更加突出，评估银行信用的标准必然要发生改变，银行的技术系统的优劣将是评价信用的一个重要标准。

### 3．具有低廉的成本优势

网络银行省去了设置分支机构、购置固定资产的高昂费用，工作地点可以在非黄金地段的廉价房子里，可以雇用极少的职员，大大降低经营成本。尽管网络银行也不得不支付相当的费用做网络广告，但网络银行在经营成本上仍具优势。普通银行每年要把收益的 4.1% 用于无息支出项目，而网银可以把这项支出的占比降至 3% 以下。另外，网银的储户往往是结存额较高的储户，网银就可以把节省下来的费用部分返还储户。美国一家咨询公司提供的数字表明：花旗银行的储户必须在活期存款账户上有 6 万美元余额，才能获得 1% 的利息，而网络银行规定最低限额为 100 美元，存款利息为 4%。这种政策对客户具有强大的吸引力。

### 4．提供全天候服务

网络银行借助网络优势，利用网络化技术将其与客户连接起来，在有关安全设施的保护下，客户可随时随地在不同计算机终端上办理银行业务。其功能优势远远超过了电话银行，网络银行也无须自助银行和无人银行的固定场所。它是一种能在任何时间(Anytime)、任何地方(Anywhere)，以任何方式(Anyhow)提供金融服务的全天候银行。

### 5．银行经营的安全性、流动性的实现方式发生改变

库存现金向数字现金的转变使安全概念发生转变。由于网络货币的广泛使用，银行资金的安全已不再是传统的保险箱、保安人员所能保障的了。对银行资金最大的威胁是黑客的袭击，很可能不知不觉间资金就已丢失。因此，银行必须转变安全概念，从新的角度确保资金安全。网络货币的独特存取方式带来了流动性需求的改变。网络货币流动性强的特点取消了传统货币的货币划分方式，更不可避免地导致银行的流动性需求发生改变。

#### 6. 银行业务处理的集成

网上银行不是一个单独业务处理系统，本身不能独立处理银行业务，必须以已存在的业务处理系统为基础，所有的业务处理最终要由现有业务处理系统实现。但网银系统通过建立与传统业务处理系统间的接口，使分散的不同的业务系统有机地连接为一个整体。

网上银行系统的作用和意义已远远超出任何一个传统的业务系统。如果能够成功地建立网上银行系统，把客户终端、电话银行等手段结合起来，将在整个银行范围内形成一个统一的面向客户的综合服务体系。同时，为解决银行业务系统分散、业务做法不统一、系统平台不统一等问题，提供了一个较好的途径。

### 三、网络银行功能

#### 1. 公共信息的发布

网络银行通过因特网发布的公共信息，一般包括银行的历史背景、经营范围、机构设置、网点分布、业务品种、利率和外汇牌价、金融法规、经营状况以及国内外金融新闻等。通过公共信息的发布，网上银行向客户提供了有价值的金融信息，同时起到了广告宣传的作用；通过公共信息的发布，客户可以很方便地认识银行，了解银行的业务品种情况以及业务运行规则，为客户进一步办理各项业务提供了方便。

#### 2. 客户的咨询投诉

网络银行一般以 E-mail、BBS 为主要手段，向客户提供业务疑难咨询以及投诉服务，并以此为基础建立网上银行的市场动态分析反馈系统。通过收集、整理、归纳、分析客户的各式各样的问题和意见以及客户结构，及时地了解客户关注的焦点以及市场的需求走向，为决策层的判断提供依据，便于银行及时调整或设计新的经营方式和业务品种，更加体贴周到地为客户服务，并进一步扩大市场份额，获取更大的收益。

#### 3. 账户的查询功能

网络银行可以充分利用因特网面对面服务的特点，向企事业单位和个人客户提供其账户状态、账户余额、账户一段时间内的交易明细清单等事项的查询功能。同时，为企业集团提供所属单位的跨地区多账户的账务查询功能。这类服务的特点主要是客户通过查询来获得银行账户的信息，以及与银行业务有直接关系的金融信息，而不涉及客户的资金交易或账务变动。

#### 4. 申请和挂失

这项功能主要包括存款账户、信用卡的开户、电子现金、空白支票申领、企业财务报表、国际收支申报的报送、各种贷款、信用证开证的申请、预约服务的申请、账户的挂失、预约服务的撤销等。客户通过网络银行清楚地了解有关业务的章程条款，并直接在线填写、提交各种银行表格，简化了手续，方便了客户。

### 5. 网上支付功能

网上支付功能主要是指向客户提供互联网上的资金实时结算功能，它是保证电子商务正常开展的关键，也是网上银行的一个标志性功能。没有网上支付功能的银行站点，充其量只能算是一个金融信息网站或称作上网银行。具体包括以下功能。

(1) 内部转账功能。客户可以在自己名下的各个账户之间进行资金划转，一般表现为定期转活期、活期转定期、汇兑、外汇买卖等不同币种、不同期限资金之间的转换。其主要目的是方便客户对所属资金的灵活运用和进行账户管理。

(2) 转账和支付中介业务。客户可以根据自身需要，在网络银行办理网上转账、网上汇款等资金实时划转业务，该业务为网上各项交易的实现提供了支付平台。客户可以办理转账结算、缴纳公共收费(如煤、水、电、房、电话、收视费等)、工资发放、银证转账、证券资金清算等。这项业务也包括 B2C 商务模式下的购物、订票、证券买卖等零售交易，以及 B2B 商务模式下的网上采购等批发交易，真正体现了不同客户之间的资金收付划转等功能。

(3) 金融服务创新功能。基于网络多媒体信息传递的全面性、迅速性和互动性，网络银行可以针对不同客户的需求开辟更多便捷的智能化、个性化的服务，提供传统商业银行在当前业务模式下难以实现的功能。比如针对企业集团客户，提供通过网络银行查询各子公司的账户余额和交易信息的服务，并在签订多边协议的基础上实现集团内部的资金调度与划拨，提高集团整体的资金使用效益，为客户改善内部经营管理、财务管理提供有力的支持。

在提供金融信息咨询的基础上，以资金托管、账户托管为手段，为客户的资金使用安排提供周到的专业化的理财建议和顾问方案。采取信用证等业务的操作方式，为客户间业务交易提供信用支付的中介服务，从而在信用体制不尽完善合理的情况下，积极促进商务贸易的正常开展。建立健全企业和个人的信用等级评定制度，实现社会资源共享。根据存贷款的期限，向客户提前发送转存、还贷或归还信用卡透支金额等提示信息。

## 四、网络银行业务与服务

目前，网上银行可以提供的金融产品和服务内容主要有以下几类。

### 1. 网上公司银行业务

网上公司银行(客户终端)以方便、快捷、安全的方式帮助客户管理自己的账户。当前很多银行开始通过网络进行更深入的业务交易，如美国的第一田纳西银行、比利时第六大银行 CERA 银行、巴西的 BANCO DO BRASIL 银行，零售银行已经开始开发在线贷款审批、现金转账和支票支付等银行业务。

网络银行采用了先进的加密技术，有的已通过国际权威(CA)认证，客户在使用"网上支付"时，所有数据均经过加密后才在网上传输，因此是安全可靠的。网上"客户终端"系统在用户进入网上"客户终端"时设置了登录密码及附加密码，每次进入网上"客户终端"时系统会自动产生一个附加密码，供下次登录时使用，即用户每次进入网上"客户终端"的附加密码均不同。

另外，网上"客户终端"自动记载系统日志，用户的每一个操作都被系统记载，系统管理员可随时核查某时期的系统使用情况，便于发现系统异常，监督用户使用，保障系统安全。

网络银行一般可为客户提供如下的网上公司银行服务。

(1) 账务查询：包括账户余额明细和账户当天、历史交易明细查询，付款方信息查询(包括付方名称、交易日期、付方开户银行及专用 B2B 电子商务的附加号等)，以及协定存款的合同额度、起始日期、基本存款和协定存款的余额及滚动积数查询。

(2) 内部转账：用于在某家网络银行开户的本行账户之间的资金划拨。

(3) 对外支付：用于向在某网络银行或其他银行开户的其他公司付款。

(4) 活期与定期存款互转：将活期存款账户中暂时闲置的资金转为定期存款；将定期存款转为活期存款；对未办理存款证书的公司，可随时将定期存款转为活期存款，包括提前支取(部分、全部)、到期支取。

(5) 工资发放：用于向公司员工发放工资。

(6) 信用管理：查询在某网络银行内发生的信用情况，包括各币种、各信用类别的余额和交易笔数，授信总金额和当前余额、期限、起始日期，以及借款借据的当前状态和历史交易。

(7) 子公司账务查询和信用查询：集团公司/总公司可根据协议查看子公司的账务信息和信用情况，方便财务监控。

(8) 集团公司/总公司对子公司收付两条线的管理：对于实行资金集中管理的公司，集团公司/总公司可以根据协议实现分支机构贷款向总部迅速回笼和集中，也可以集中向各分支机构支付各种费用。

(9) 网上信用证：以交易双方在 B2B 电子商务交易平台上签订的有效电子合同为基础，提供网上申请开立国内信用证和网上查询打印信用证功能，同时向交易平台的管理者提供信用通知服务，使交易平台的管理者能够了解信用证结算的交易进程。

(10) 金融信息查询：提供实时证券行情、利率、汇率、国际金融信息等丰富的金融信息。

(11) 银行信息通知：银行通过"留言板"将信息通知特定客户，如定期存款到期通知、贷款到期通知、开办新业务通知、利率变动通知等。

(12) 客户查询服务：主要面向企业客户。客户注册后，可通过网上银行服务系统查询到本企业账户交易状况，该项服务特别适合集团客户申请使用。集团公司总部可通过网络银行查询下属各子公司的账户交易、余额和历史交易信息，及时了解和掌握总公司及下属各公司的财务和经营状况。

(13) 集团公司查询服务：是为集团客户提供的一个重要的服务手段之一。主要是利用先进的网络技术，为在银行开户的集团客户提供网上查询该集团及其各下属分支机构账户交易、余额和汇款信息的服务。具体服务内容一般包括如下几项。

① 余额查询服务：查询该集团操作员所管理的所有账户的前一日工作终了时的余额信息。

② 历史交易查询服务：选择所需查询的账号和起止日期，查询该账户的历史交易明细信息。

③ 汇款信息查询服务：选择所需查询的账号和起止日期，查询该账户的汇款明细信息。

④ 客户账户实时查询服务：公司客户可以通过网上银行服务系统，实时查询本公司所

有账户的当前余额及交易历史信息。

⑤ 国际结算业务网上查询服务：公司客户可以通过网上银行服务系统，在互联网上查询银行正在处理的国际结算业务情况，特别适合从事进出口业务的企业使用。

### 2. 公共信息业务

银行利用网络技术，可以快捷地为客户提供综合、统一、安全、实时的服务，所以，网络技术是银行业为客户提供服务的新手段。银行网上公共信息服务是指银行的广告、宣传资料、业务种类和特点、操作规程、最新通知、年报等综合信息。公共信息业务具体包括公用信息发布、银行业务介绍、存款利率发布、贷款利率发布、外汇牌价发布、外汇利率发布、外汇买卖牌价、分行或营业所分布情况、ATM 分布情况、银行特约商户、国债情况、最新经济快递、客户信箱服务。

### 3. 个人客户银行服务

网络银行最初以公司业务为主，然后逐渐向广大公众开放。因为随着网络的普及以及银行向零售业的渗透和转变，网上零售业务需求逐年增大，网上私人银行业务逐渐发展起来。私人银行客户服务的群体是个人。

广大公众只要在网络银行开立了普通存折或一卡通账户，即可通过因特网查询自己的账户余额、当天交易和历史交易、转账、缴费和修改密码、计算按揭贷款月供等私人业务。一般的私人网络查询服务无须另行申请，上网即可使用。较为专业的私人银行业务是建立在严格的客户身份认证基础上的。

客户首先在银行网站上申请数字证书，然后凭证书序列号、有效身份证件和一卡通到柜台办理身份验证及功能申请手续。网络银行对参与交易的客户发放数字证书，因为交易是需要验证数字证书的。具体业务有以下几项。

(1) 对私业务查询，包括金融卡私人理财业务、金融卡私人理财业务查询、查询账户基本信息、查询某存款子账户信息、查询所有存款子账户信息、查询贷款子账户利息、下载对账单等。

(2) 储蓄理财转账业务，包括活期转定期、活期转整整、活期转零整、活期转存本、活期转零整续存、定期转活期、活期转定期、零整转活期、存本转活期、活期还贷款等。

(3) 金融卡理财业务代收代缴业务，包括申办代缴各种费用和代缴各种费用等。

(4) 私人储蓄业务，包括私人储蓄、业务查询、查询存款账户信息、查询未登折信息、查询存款账户历史明细信息、查询贷款账户信息、修改账户密码、账户挂失与解除挂失等。

(5) 公积金贷款业务。

(6) 金融卡消费业务。

(7) 客户金融咨询服务。

(8) 客户意见反馈服务。

## 五、我国网络银行现存问题

### 1. 法律问题

目前网络银行采用的规则是协议，与客户在言明权利义务关系的基础上签订合同，出现问题则通过仲裁解决。但由于缺乏相关的法律，问题出现后涉及的责任认定、承担、仲裁结果的执行等复杂的法律关系是现在难以解决的。另外，新《合同法》中虽然承认了电子合同的法律效应，却没有解决数字签名的问题。这些无形中都增加了银行和客户在网上进行金融交易的麻烦和风险。

2．网络建设问题

接受网络银行服务的最基本要求是上网和拥有信用卡，这就大大缩小了国内网民的范围。由于网络限制，网络银行的结算速度有差异。招商银行基本可以达到实时，其速度最快；中国银行却要延迟一天到账。这样，某些业务可维持，但如网上订票等服务就大受影响。除此之外，网络拥挤、网上商家屈指可数、选择范围有限、广告展示不直观、信息不全面、送货渠道不畅等问题都影响网银服务的推广。

3．其他问题

如票据问题，网络银行代收款项后无法为客户提供发票或其他票据，此外还有观念问题等。这说明在国内推广网银还面临不少问题。

但是，随着电子商务的发展，网络银行的建设既是大势所趋，又是必然结果。网络银行的普及使国内商业银行网点众多的服务优势变成了成本增高的绝对劣势。面对全球信息化的挑战，我国商业银行应以怎样的速度，采用何种形式完成电子商务化来增强自身竞争力，是值得人们关注和进一步探讨的问题。

案例

### 招商银行网络银行

**一、招商银行网络银行简介**

招商银行是1987年4月8日成立的我国第一家完全由企业法人持股的股份制商业银行。其网络银行的建立和发展走过了如下的历程。

(1) 1997年4月在国内设立招商银行一网通网站(http://www.cmbchina.com)，建立网上银行"一网通"，并推出网上个人银行。

(2) 1997年9月推出招商银行网上证券行情系统。

(3) 1998年4月在国内推出网上企业银行，开通网上支付功能，主要提供企业对企业(B2B)的资金结算，由深圳先科音像城网站通过招商银行的网络银行功能完成了国内第一笔在线购物。

(4) 1998年5月又与首都电子商城、深圳天虹商城等商家合作，开通企业对个人(B2C)的网上支付业务。

(5) 1998年10月推出招商银行网上个人银行，中华慈善总会的网上募捐站点通过招商银行的"一网通"实现了国内第一笔在线捐款。

(6) 1999年6月招商银行推出网上商城，并实现网上支付在19个城市联网。

(7) 1999年7月推出完整的招商银行网上证券系统。

(8) 1999年8月推出网上企业银行。

(9) 1999年9月通过招商银行的"一网通"在搜狐网站上实现了国内第一笔在线拍卖，在南方航空公司网站上实现了第一笔在线订购机票。

(10) 1999年年底招商银行的网络银行已经实现了以"一网通"为品牌的金融网站,推出了包括本行介绍、个人银行、企业银行、网上支付、网上商城、网上证券、金融信息等金融服务产品。

(11) 2000年7月推出招商银行个人银行大众版、专业版,招商银行数字证书系统。

(12) 2000年8月推出网上企业银行30版。

招商银行开启了国内网银的新天地,网银也让招商银行一举打破物理网点不足的劣势,从偏居深圳蛇口一隅的小银行迅速上升为国内最优秀的股份制商业银行之一。到目前为止,招商银行已经建立了由网上企业银行、网上个人银行、网上证券、网上商城、网上支付组成的较为完善的网络银行服务体系。无论是在技术的领先程度还是在业务量方面均在国内同业处于领先地位。"一网通"(招商银行网上银行),现已成为中国金融业的知名品牌,被许多中国著名企业和电子商务网站列为首选或唯一的网上支付工具,并被中国互联网络大赛组委会评为"中国十大优秀网站(金融证券类)"。如图5-22所示列出了招商银行"一网通"的业务范围;图5-23列出了招商银行网上业务类型;图5-24列出了招商银行"一网通"的公司业务。

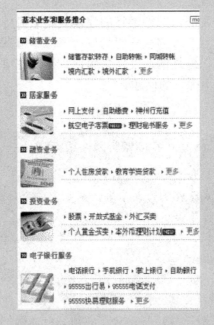

图 5-22　招商银行"一网通"的业务范围

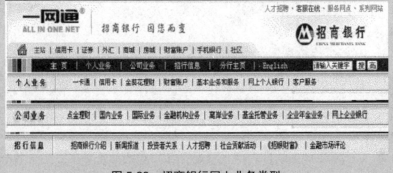

图 5-23　招商银行网上业务类型

项目五　网络支付

图 5-24　招商银行"一网通"的公司业务

## 二、招商银行网络银行的功能

招商银行网络银行的功能主要包括个人银行、企业银行、网上支付、网上商城和网上证券等。

**1. 个人银行**

招商银行推出的个人银行以方便、快捷、安全的方式处理客户个人账务，适用于个人和家庭。它有个人银行(大众版)和个人银行(专业版)两种产品。

1) 个人银行(大众版)

个人银行(大众版)指在招商银行开了普通存折或一卡通账户的客户，可直接通过网络进行查询账户余额、交易明细、转账、缴费、修改密码、计算按揭贷款月供等个人业务。系统功能包括：账务查询，即查询账户的当天交易和历史交易；转账，即"一卡通"内定活互转、"一卡通"和网上支付卡互转及"一卡通"与存折互转；挂失，即"一卡通"、存折遗失后，可暂作冻结处理，五日内须到开户行办理书面挂失手续；修改密码，即可进行账户查询密码和取款密码修改。

财务分析，即结合账户历史数据提供理财分析；网上缴费，用"一卡通"和存折缴手机费；网上支付卡申请，即客户申请"一卡通"网上支付卡，并即时开通；支付卡理财，可查询网上支付账户余额和历史交易、购物订单及具有转账和修改密码功能；按揭贷款月供计算，根据客户输入的贷款金额和年限自动计算每月月供金额。

个人银行(大众版)系统具有方便、安全等特点。所有招行客户自动享有此服务，无须办理申请手续，网站全天 24 小时提供服务；招行网站获得世界最权威的 VERISIGN 公司的安全认证，数据传输采用多重加密技术。客户使用时，所有数据均经过加密后传输，安全可靠；客户计算机上不存储个人账户信息和交易信息，防止窃取。

2) 个人银行(专业版)

个人银行(专业版)是建立在客户身份认证基础上的，为客户提供查询、转账、大额支付和汇款等服务。为确保安全，招行对参与交易的客户发放数字证书，交易时验证数字证书。系统功能包括：用户管理功能(增加用户、修改用户密码、查询日志)、一卡通管理功能(安装和删除一卡通)、数字证书管理功能(客户可以自己进行证书申请、证书下载、证书更新、证书查询、证书备份、证书恢复)、查询业务的功能(客户可以查询账户信息、当日账务信息、历史账务信息、网上支付记录、查询网上支付卡卡号)。

转账和汇款业务的功能，即客户可以进行定活互转、同城招行个人账户转账、同城招行单位账户转账、同城他行账户转账、异地招行系统内快速汇款、异地招行系统内普通汇款、异地他行普通汇款、支付卡转账、银证转账、一卡通缴费、转账汇款记录、收款方信息管理；挂失、修改密码业务功能，即客户可以挂失一卡通、修改一卡通查询及取款密码、修改网上支付卡密码；自助贷款业务的功能，即客户可以在网上申请贷款、债务转化、还款、查询贷款情况、查询贷款额度；网上支付功能，即用"一卡通"人民币活期账户支付网上购物、消费款项，支付限额可以自行设定；外汇买卖的功能，即可以显示外汇汇率行情，进行专户和交易查询，处理专户转账、委托和撤单。

个人银行(专业版)系统具有安全、灵活、方便、功能丰富的特点。在交易认证上它采用了完整的证书机制，符合国际标准；在网络通信上采用了招商银行自主开发的封闭通信协议，以避免被他人截获分析；在加密算法上达到了国际先进系统的强度，以防止被他人破译；在业务控制上采用了多项措施，以确保他人不能从业务环节进行渗透；在完善的安全机制之下，系统增加了如个人汇款、转账等对安全要求较高的新功能，使得对个人的理财服务更加完善。同时，系统还可自行设定支付限额，用户可以自主设定甚至取消支付限额，一方面使得用户对安全的控制更加个性化；另一方面方便了用户进行大额网上支付。用户软件可以随着整个系统的发展而自动升级，使得用户可以随时获得招商银行的最新服务。

**2. 企业银行**

"企业银行"服务是招商银行"一网通——网上银行"的重要组成部分，是指企事业单位客户通过招商银行提供的基于Internet网络或其他公用信息网的客户端软件，实现将需求指令自主提交到开户银行，从而实现支付、查询等业务需求的服务系统。它具有账务信息查询、内部转账、对外支付、发放工资、金融信息查询、银行信息通知、子公司账务查询、集团公司对子公司收付两条线的管理、协定存款查询、定活期存款互转、企业信用管理、网上信用证业务等功能。

- 账务信息查询：包括查询账户余额明细以及账户交易明细等信息。
- 内部转账：用于在招商银行开户的本单位账户之间的资金划拨。
- 对外支付：用于向在招行或其他行开户的其他企业付款。
- 发放工资：用于向本单位员工发放工资。
- 金融信息查询：提供实时证券行情、利率、汇率、国际金融信息等丰富多样的金融信息。
- 银行信息通知：银行通过"留言板"将信息通知特定客户，如定期存款到期通知、贷款到期通知、开办新业务通知、利率变动通知等。
- 公司账务查询：集团/公司能根据协议查看子公司的账务信息，方便财务监控。
- 集团/公司对子公司收付两条线的管理：对于实行资金集中式管理的公司，集团/

总公司可以根据协议将分支机构的货款向总部迅速回笼和集中,也可以集中向分支机构支付各种费用。
- 协定存款查询:与银行签订协定存款合同的客户,可查询到协定存款账户的余额和状态,并能查询到协定存款 A、B 账户的即时余额和积数。
- 定活期存款互转:将活期存款账户中暂时闲置的资金转为定期存款;对未办理存款证书的企业,可随时将定期存款转为活期存款,包括提前支取(部分或全部)、到期支取。
- 企业信用管理:查询在银行 AS/400 信贷管理系统内有记录的信用情况,包括各币种、各信用类别的余额和笔数,授信总金额和当前余额、期限、起始日期,以及借款借据的当前状态和历史交易,根据协议,集团/总公司可查询各地子公司在招商银行的信用情况。
- 网上信用证业务:网上信用证业务是指以交易双方在 B2B 电子商务网站上签订的有效电子合同为基础,由买方在网上银行申请开立信用证,银行凭与信用证相符的单据对卖方付款,付款以银行信用证为保证。招商银行网上信用证业务作为招行网上企业银行的一个子系统,向客户提供网上申请开立国内信用证和网上查询打印来证功能,实现了 B2B 电子商务在线结算支付,疏通了电子商务的瓶颈。目前开通招商银行系统内的信用证结算业务,即开证行、通知行、议付行均为招商银行的网点,适用于人民币业务。

企业银行具有以下特点。
- 跨越时空,省时省力:能使客户不再受由于银行上下班、地理环境等因素的限制,足不出户就可以随时享受招商银行的金融服务。招商银行系统内可实现实时达账。
- 账务查询方便快捷:只需轻弹键盘即可对账户余额、当天交易、历史交易了如指掌。
- 资金调拨及时灵活:可即时进行账户支付交易,交易发生日可以预设为未来的某一时间,收款方可以是在国内任何地方、任何银行开户的企业,并有脱机和批量处理功能。
- 金融资讯丰富多样:为客户提供最新的汇率、利率、股票价格和市场资讯,使客户随时掌握市场的变化,迅速做出投资决定,为客户把握商机创造条件。
- 资金管理运筹帷幄:更全面、集中地管理及监控所有集团公司的下属子公司的银行账户。
- 可靠的安全性:第一,传输的安全性,即在网上企业银行的客户端和银行服务器之间传输的所有数据都经过了两层加密。第一层加密采用标准部 SSL 协议,该协议能够有效地防破译、防篡改、防重发,是一种经过长期发展并被实践证明了的安全可靠的加密协议;第二层加密采用私有的加密协议,该协议不公开、不采用公开算法,并且有非常高的加密强度。这样通过两层加密就确保了网上企业银行的传输安全。第二,病毒防范的有效性,在可靠的数据传输安全机制的保障下,网上企业银行客户端和银行服务器之间传输的是有特定格式的数据而不是程序。网上企业银行服务器严格检查接收到的数据的格式是否合法,检验码是否正确。这些措施确保了任何病毒都不可能侵入网上企业银行系统。第三,交易的安全性,对于支付和发工资这类涉及现金交易的敏感业务,网上企业银行系统控制企业必须按照业务管理要求经过相应的经办和授权步骤,系统才会接收。另外,这类业务除需要满足相吻合的授权条件外,还必须使用变码印鉴对每一笔交易签上一串数字(变码)加押。

### 3. 网上支付

网上支付指向客户提供网上消费支付结算,真正实现了足不出户的网上购物。招商银行网站已通过国际权威(CA)认证,且采用了先进的加密技术,客户在使用网上支付时,所有数据均经过加密后才能在网上传输,因此是安全可靠的。凡招商银行"一卡通"客户均可享受该项服务。

网上支付具有以下特点。

- 安全:为确保网上交易的安全,招商银行采用了多种技术和业务措施防范风险。其中包括网上支付卡和"一卡通"实行账户分立、密码分设;网上传输的信息采用随机密码机制,每次传输都使用不同的密码文;支付信息直接发送银行;账户信息和交易信息不在客户的计算机上存储;以国际通行的 SSL 协议加强信息传输的安全性;每日消费设置限额;完善的事后追溯能力等。
- 便捷:招商银行提供了多种方便、快捷的服务途径。其中包括:网上支付系统全国联网,使得网上消费没有地域的限制;直接在浏览器上使用,无须安装附加软件;通用接口,方便商家联网;使用范围广,包括电脑、机顶盒或其他信息家电。

网上支付的功能申请有两条途径:一是通过网上申请,凡是"一卡通"的用户,通过网上支付卡申请即可申请开通网上支付功能;二是可以携带本人身份证和"一卡通"到招商银行营业点申请。

在进行网上消费前需将资金通过招商银行电话银行或网上"支付卡理财"自助转入网上支付专户,该专户在客户申请网上购物功能后,是该行自动在客户的活期人民币储蓄账户下设立的。客户可以随时通过支付卡理财查询专户中的余额。在任何提供招行网上支付服务的网上商户选购商品和服务时,当选购完商品和服务并确认后,用鼠标单击"一卡通付款"栏,客户就会自动被引导到该行的网站并进入支付程序。客户依次输入网上支付卡号及网上专用密码,就可以实现支付,这时客户终端显示操作结果。

### 4. 网上商城

招商银行推出的网上商城汇集全国各地知名网上商户,经营产品包括百货、家电、书籍、软件、音像制品及各种付费服务,是国内目前规模最大的网上商城。所有商品均可使用招商银行网上支付卡进行实时的网上支付,快速便捷。已建网上销售系统的商户可直接与当地招商银行联系签约,双方联网后即可开通;未建立网站的商户需要上网销售,则可以通过招商银行特别提供的网上销售平台服务来实现,省去了商户自行开发网上销售系统的费用。

招商银行网上销售平台具有操作方便、功能强大、成本低廉等特点。

- 通用:商户无须自己建立网站也可在网上商城进行网上销售,适合各类商品的销售。
- 操作方便:商户对其信息的维护和客户购物均通过浏览器进行操作,并有详细的提示,简单方便。
- 功能强大:对客户可按商户选择商品类别进行购物,可获得每种商品的详细说明、图例,可查询订单的处理情况,可对客户自己的资料进行维护;对商户可方便全面地进行商户信息维护和商品维护,提供安全快捷的购物结算支持,页面扩展使没有自己网站的商户也能按自己的意愿构造页面。
- 成本低廉：对没有自己网站的商户来说，只需一台计算机、一台调制解调器、一根电话线，进行拨号上网即可。

用户进入商城后，可按商户所在地、商户服务范围和商品的分类找到相关的商家，然后寻找所需要的商品。商品种类包括：计算机通信、花卉礼物、家用电器、生活百货、网上书店、网上付费、网上教育、网上购物、网上汇款、网上募捐、网上拍卖、网上订报、音像制品、医疗保健和其他类别。

要在商城中的商店购买商品，首先应当申请招行网上支付卡，将款项从"一卡通"活期账户转入网上支付卡，然后进入商店选定商品，将其放入购物车，再到收银台，选择招行网上支付卡并填上卡号和密码，即可付款购买商品。

5. 网上证券

网上证券实现了客户"一卡通"或活期存折账户与证券保证金账户二合一功能，"一卡通"和招商银行活期存折可直接进行深圳、上海股市的证券买卖，并享有实时及盘后行情查询、资金清算、信息查询等多项服务功能。招商银行"一网通——网上证券"系统，通过国际权威安全认证，存取方便，安全可靠。它具有实时及盘后行情查询、交易查询、委托、转账、智能配股信息、新股申购、修改密码、特别提示、指定交易等功能。

- 实时及盘后行情查询：包括自选股设置和查询、单只股票查询、批量查询和打印、走势查询、历史数据检索、股票排行榜、K线、移动平均线及成交量柱状图等。
- 交易查询：包括当天委托、资金股票、成交情况和历史交易。
- 委托：包括买入、卖出、撤单功能。
- 转账：提供"一卡通"或存折活期账户与证券专户之间的双向转账。
- 智能配股信息：系统将根据客户目前拥有的股票自动判断是否有配股权，并列示详细的配股情况。客户如果想配股，只需输入想配售的股数即可。
- 新股申购：包括新股信息、申购和配号查询。
- 修改密码：可以进行证券密码的修改。
- 特别提示：包括当日的公司公告、深沪交易所信息等。
- 指定交易：进行沪市交易的客户通过互联网指定交易。

网上证券具有安全可靠、存取方便、交易迅速、功能强大的特点。交易资金存放银行，安全可靠；网点365天服务，存取方便；互联网和电话双重委托，方便迅速；即时股市行情和技术分析，功能强大。

6. "一网通——金融信息"

"一网通——金融信息"提供利率、汇率、每日金融信息等各种金融信息，是客户理财的好帮手。

- 利率、汇率查询：用户可查询当天银行不同币种、不同存期的储蓄存款利率。对公存款利率，用户可查询人民币个人贷款利率，查询银行当日外汇汇率等。
- 每日金融信息：各类金融信息汇集，每日及时发布。

如图5-25所示"点金理财"服务就是招商银行"一网通"推出的针对企业客户的一款特色服务项目。

图 5-25 "点金理财"的服务功能

该项服务包括 3 大系列、8 项套餐、28 项服务方案,可以为不同企业提供个性化的定制服务。

其中,3 大系列包括公司银行业务、国际业务和同业银行业务产品,将产品的诉求对象延伸至所有的对公客户层次,同时密切本外币、境内外联动,促进全球金融开发,让客户充分享受全面的银行业务服务。

8 项套餐指资蛛网、收账易、融资全、财路广、投资畅、安全锁、信息港和 E 站通等,针对客户不同业务需求提供 28 项解决方案,让客户充分享受增值、个性化银行业务组合服务。

# 【任务实施】

在学习了相关准备知识后,结合自己的操作和理解,谈谈招商银行"个人银行(专业版)"和"个人银行(大众版)"的区别是什么。

要求:

(1) 将学生 4~6 人分成一个小组,组内分工要明确。
(2) 查阅安全技术协议相关知识的资料。
(3) 小组成员讨论和交流各自的学习成果,由组长进行汇总整合。
(4) 由小组指定代表进行任务汇报。

# 【任务小结】

由教师归纳总结任务中主要知识点等。

# 【技能检测】

1. 什么是电子支付?它有什么特点?
2. 请简要叙述电子现金的实质。
3. 银行卡支付的流程和特点是什么?
4. 电子支票的特点是什么?
5. 我国网银支付面临着什么问题?

## 【实训任务】

  Mondex 卡是 1990 年推出的电子钱包系统，于 1996 年在香港试验，到 1997 年春，香港的持卡人已有 45000 人，有约 400 家商户支持这个系统。但是超过 65%的 Mondex 卡持卡人的购物额都在 100 美元以下，购物超过 1000 美元用 Mondex 卡付款的人很少。问题：什么是智能卡？电子支付方式有哪些(至少三种)？Mondex 卡付款属于哪种方式？试分析 Mondex 卡在试验中没有取得巨大成功的原因。

# 项目六　网络商品配送

## 【知识与技能目标】

- 了解物流的含义，掌握物流的基本功能要素。
- 掌握电子商务物流的特点，掌握电子商务物流的模式。
- 掌握网络商品配送的特点，掌握商品包装的方法和选择物流方式。

## 任务一　认 识 物 流

### 【情境及任务描述】

2013年5月28日，阿里巴巴集团、银泰集团联合复星集团、富春集团、顺丰集团、三通一达(申通、圆通、中通、韵达)，以及相关金融机构共同宣布，"中国智能物流骨干网"(简称CSN)项目正式启动，合作各方共同组建的"菜鸟网络科技有限公司"正式成立。"菜鸟"小名字大志向，其目标是通过5~8年的努力打造一个开放的社会化物流大平台，在全国任意一个地区做到24小时送达。

### 【知识准备】

#### 一、物流的概念

对于"物流"的概念，"二战"期间，美国从军事需要出发，在对军火进行战时供应中，首先采用了"物流管理"(Logistics Management)这一名词，并对军火的运输、补给、屯驻等进行全面管理。"二战"后，物流管理被美国人用到企业管理中，称作"企业物流"(Business Logistics)，是指对企业的供销、运输、存储等活动进行综合管理。日本于20世纪60年代引进"物流"概念，并将其解释为"物的流通"。

定义一：中华人民共和国国家标准《物流术语》中将物流定义为，"物品从供应地向接收地的实体流动过程。根据实际需要，将运输、储存、搬运、包装、流通加工、配送、信息处理等基本功能实施有机结合。"

定义二：日本通商产业省运输综合研究所《物流手册》中认为，"物流是将货物由供应者向需求者的物理移动，它由一系列创造时间价值和空间价值的经济活动组成，包括运输、保管、配送、包装、装卸、流通加工及物流信息处理等多项基本活动。"

定义三：美国物流协会认为，"物流是为了符合顾客的需要所发生的从生产地到销售地的物质、服务以及信息的流动过程，以及为使保管能有效、低成本进行而从事的计划、实施和控制行为。"物流管理是供应链管理的一部分，它对来源地与消费地之间的货物、服务及相关信息正向和反向有效率、有效益的流动与储存,进行计划、执行与控制,以满足顾客要求。

定义四:日本学者林周二认为,"物流是克服时间和空间间隔,联结供给主体和需求主体,包括废弃和还原在内的一切资材的物理性移动的经济活动。具体说有运输、保管、包装、搬运等物资流通活动及与之相关的信息活动。"

定义五:联合国物流委员会1999年对物流做了新的界定,它指出:"物流是为了满足消费者需要而进行的从起点到终点的原材料、中间过程库存、最终产品和相关信息有效流动和存储计划、实现和控制管理的过程。"

因此,物流是指为了满足客户的需要,以最低的成本通过运输、保管、配送等方式,实现原材料、半成品、成品及相关信息由商品的产地到商品的消费地所进行的计划、实施和管理的全过程。物流一般由对商品的运输、仓储、包装、搬运装卸、流通加工,以及相关的物流信息等环节构成,并对各个环节进行综合和复合化后所形成的最优系统。对物流的管理就是如何按时、按质、按量,并且以系统最低的成本费用把所需的材料、货物运到生产和流通领域中任何一个所需要的地方,以满足人们对货物在空间和时间上的需求。

## 二、物流的起源及发展

如果从物体的流动来理解,物流是一种古老又平常的现象。自从人类社会有了商品交换,就有了物流活动(如运输、仓储、装卸搬运等)。将物流作为一门科学,却仅有几十年的历史,因此说物流是一门新学科。

物流作为一门科学的诞生是社会生产力发展的结果。在长期的社会发展过程中,不少学者们经过长期的理论酝酿,逐渐认识到在生产活动中,过去被人们看成生产过程、生产工艺的组成领域里,详细分析起来有一种活动是没有直接参与实际生产制造过程的,而是与工艺有关但却另有特性,那就是物流。生产活动如果进行专业的细分,又可分成两个组成部分:一部分是生产工艺活动;另一部分是物流活动。通过对物流这一概念的起源和发展进行探索,我们可以认识到物流的发展历程。

### 1. 传统物流(Physical Distribution)

物流的概念是随着交易对象和环境变化而发展的,因此需要从历史的角度来考察。物流在英语中最初为Physical Distribution(传统意义上的物流)。Distribution一词最早出现在美国。1921年阿奇·萧在《市场流通中的若干问题》(Some Problem in Market Distribution)一书中提出物流是与创造需求不同的一个问题,并提到物资经过时间或空间的转移,会产生附加价值。Market Distribution指的是商流;时间和空间的转移指的是销售过程的物流。

在第一次世界大战的1918年,英国犹尼里佛的利费哈姆勋爵成立了即时送货股份有限公司。其公司宗旨是在全国范围内把商品及时送到批发商、零售商以及用户的手中,这一举动被一些物流学者誉为有关物流活动的早期文献记载。

20世纪30年代初,在一部关于市场营销的基础教科书中,开始涉及物流运输、物资储存等业务的实物供应(Physical Supply)这一名词,该书将市场营销定义为影响产品所有权转移和产品的实物流通活动。这里,所有权转移是指商流,实物流通是指物流。

1935年,美国销售协会最早对物流进行了定义:物流(Physical Distribution)是包含于销售中的物质资料和服务,以及从生产地到消费地点流动过程中伴随的种种活动。

上述历史被物流界较普遍地认为是物流的早期阶段。

日本在 1964 年开始使用物流这一概念。在使用物流这个述语以前,日本把与商品实体有关的各项业务统称为流通技术。1956 年,日本生产本部派出流通技术专门考察团,由早稻田大学教授宇野正雄等一行 7 人去美国考察,弄清楚了日本以往叫作流通技术的内容,相当于美国叫作 Physical Distribution(实物分配)的内容,从此便把流通技术按照美国的简称,叫作 P·D。P·D 这个术语得到了广泛的使用。

1964 年,日本池田内阁中五年计划制定小组平原谈到 P·D 这一术语时说:"比起来,叫作'P·D'不如叫作'物的流通'更好。"1965 年,日本在政府文件中正式采用物的流通这个术语,简称为物流。

1981 年,日本综合研究所编著的《物流手册》中对物流的表述是:"物质资料从供给者向需要者的物理性移动,是创造时间性、场所性价值的经济活动。"从物流的范畴来看,包括:包装、装卸、保管、库存管理、流通加工、运输、配送等诸种活动。

我国开始使用物流一词始于 1979 年(有人认为,孙中山主张贸畅其流,可以说是我国物流思想的起源)。1979 年 6 月,我国物资工作者代表团赴日本参加第三届国际物流会议,回国后在考察报告中第一次引用和使用物流这一术语。但当时有一段小的曲折,当时商业部提出建立物流中心的问题,曾有人认为物流一词来自日本,有崇洋之嫌,于是改为建立储运中心。其实,储存和运输虽是物流的主体,但物流通更广的外延。而且物流是日本引用的汉语,物流作为实物流通的简称,提法既科学合理,又确切易懂,不久仍恢复称为物流中心。1988 年台湾也开始使用物流这一概念。1989 年 4 月,第八届国际物流会议在北京召开,物流一词的使用日益普遍。

**2. 现代物流(Logistics)**

在第二次世界大战期间,美国对军火等进行的战时供应中,首先采取了后勤管理(Logistics Management)这一名词,对军火的运输、补给、屯驻等进行全面管理。从此,后勤逐渐形成了单独的学科,并不断发展为后勤工程(Logistics Engineering)、后勤管理(Logistics Management)和后勤分配(Logistics of Distribution)。后勤管理的方法后被引入商业部门,被人称之为商业后勤(Business Logistics)。定义为包括原材料的流通、产品分配、运输、购买与库存控制、储存、用户服务等业务活动,其领域统括原材料物流、生产物流和销售物流。

在 20 世纪 50 年代到 70 年代期间,人们研究的对象主要是狭义的物流,是与商品销售有关的物流活动,是流通过程中的商品实体运动。因此通常采用的仍是 Physical Distribution 一词。

1986 年,美国物流管理协会(N.C.P.D.M;National Council of Physical Distribution Management)改名为 C.L.M 即 The Council of Logistics Management。将 Physical Distribution 改为 Logistics,其理由是因为 Physical Distribution 的领域较狭窄,Logistics 的概念则较宽广、连贯、整体。改名后的美国物流协会(C.L.M)对 Logistics 所做的定义是:以适合于顾客的要求为目的,对原材料、在制品、制成品与其关联的信息,从产业地点到消费地点之间的流通与保管,为求有效率且最大地对费用的相对效果而进行计划、执行和控制。

## 3. Logistics 与 Physical Distribution 的区别

Logistics 与 Physical Distribution 的不同，在于 Logistics 已突破了商品流通的范围，把物流活动扩大到生产领域。物流已不仅仅从产品出厂开始，而是包括从原材料采购、加工生产到产品销售、售后服务，直到废旧物品回收等整个物理性的流通过程。这是因为随着生产的发展，社会分工越来越细，大型的制造商往往把成品零部件的生产任务，包给其他专业性制造商，自己只是把这些零部件进行组装，而这些专业性制造商可能位于世界上劳动力比较便宜的地方。在这种情况下，物流不但与流通系统维持密切的关系，同时与生产系统也产生了密切的关系。这样，将物流、商流和生产三个方面结合在一起，就能产生更高的效率和效益。近年来，日、美的进口批发及连锁零售业等，运用这种观念积累了不少成功的经验。

由此可以看出，当前提到的 Logistics 的特点是：①其外延大于狭义的物流(即销售物流)，因为它把起点扩大到了生产领域；②其外延小于广义的物流(Business Logistics)，因为它不包括原材料物流；③其外延与供应链的外延相一致，因此有人称它为供应链物流。

Logistics 一词的出现，是世界经济和科学技术发展的必然结果。当前物流业正在向全球化、信息化、一体化发展。一个国家的市场开放与发展必将要求物流的开放与发展。随着世界商品市场的形成，从各个市场到最终市场的物流日趋全球化；信息技术的发展，使信息系统得以贯穿于不同的企业之间，使物流的功能发生了质变，大大提高了物流效率，同时也为物流一体化创造了条件；一体化意味着需求、配送和库存管理的一体化。所有这些已成为国际物流业发展方向。

可以说，进入 20 世纪 80 年代以后，传统物流已向现代物流转变。现代物流是物质资料从供给者到需求者的物理性运动，但不是物和流的简单组合，而是经济、政治、社会和实物运动的统一。它的主要作用是通过时间创造价值，弥补时间差创造价值，延长时间差创造价值。现代物流包括信息业、配送业、多式联运业和商品交易业。现代物流水平是一个国家综合国力的标志。日本物流业每增长 2.6%，会使国民经济增长率 1%。

## 三、物流的职能要素

物流的基本职能从总体上说是从事商品实体运动的，是与商品使用价值运动有关的。因此，建立和健全必要的储存、运输基础设施，是发挥物流职能的前提条件。在此基础上，物流总体功能得以通过商品运输、保管、包装、配送、流通加工及与此有密切关联的物流情报职能的发挥体现出来。

### 1. 运输职能

由于商品产地与销地之间存在着空间的背离。有的商品是甲地生产，乙地消费；有的商品是乙地生产，甲地消费；有的商品是国外生产，国内消费；有的商品是城市生产，农村消费；有的商品是农村生产，城市消费。所以要使消费者或用户买到所需商品，必须使商品从产地到达销地，这一职能只有通过商品运输才能发挥。因此，物流的运输职能创造着物流的空间效用，它是物流的核心。不少人说物流就是商品运输，也正是从运输的核心地位角度来分析问题的。

## 2. 保管职能

商品生产与商品消费存在着时间上的不均衡。农副土特产品大多是季节性生产，常年消费；日用工业品大多是集中生产，分散消费，这就使商品流通的连续进行存在着时间上的矛盾。要克服这个矛盾，必须依靠商业储存来发挥作用。通过商业储存，才能保证商品流通连续均衡地顺畅进行，才能使商品连续充足地提供给市场。所以说，保管职能创造着物流的时间效用，是物流的支柱。虽然，商品储存在商品流通过程中处于一种或长或短的相对停滞状态，但这种停滞状态是由产品的产销方式和产销时间决定的，它是商品流通的物质保证，是商品流通所必需的。正如马克思在分析商品流通与商品储存关系时指出的："商品停滞要看作商品出售的必要条件。"并断言：①"没有商品储备，就没有商品流通。"②"在商品储存中还必须对商品进行主动养护，防止商品在储存期间遭受各种损失。"

## 3. 包装职能

要能使商品实体在物流中通过运输、储存环节，顺利地到达消费者手中，必须保证商品的使用价值完好无损。因此，商品包装职能十分必要。合适的商品包装，可以维护商品的内在质量和外观质量，使商品在一定条件下不至因外在因素影响而被破坏或散失，保障物流活动的顺利进行。包装职能是运输、储存职能发挥的条件。

## 4. 流通加工职能

由于商品产销方式的不同，生产性消费一般要求大包装、单花色、大统货、单规格、散装件，而个人生活消费则需要商品小包装、多花色、分规格、组合件等，这就需要在流通中进行必要的流通加工，才能适应商品销售的需要。流通加工是在商品从生产者向消费者运动的过程中，为了促进销售维护商品质量和实现物流效率，而对商品进行的再加工。流通加工的内容，包括装袋、分装、贴标签、配货、数量检查、挑选、混装、刷标记、剪断、组装和再加工改制等。流通加工职能的发挥，有利于缩短商品的生产时间，满足消费者的多样化需求，克服生产单一性与需求多样化的矛盾，提高商品的适销率。

## 5. 配送的职能

配送是指按用户的订货要求，在物流中心进行分货、配货工作，并将配好的货物送交收货人。配送在整个物流过程中，其重要性应与运输、保管、流通加工等并列，而形成物流的基本职能之一。它与运输职能的区别在于，在商品由其生产地通过地区流通中心发送给用户的过程中，由生产地至配送中心之间的商品空间转移，称为"运输"，而从分配中心到用户之间的商品空间转移则称为"配送"。而它又不同于一般的流通加工职能，采取配送方式，通过增大订货经济批量来达到经济地进货，又通过将用户所需的各种商品配备好，集中起来向用户发货，以及将多个用户的小批量商品集中一起进行一次发货等方式，尤其适应当前各地出现的新的商业经营形式——连锁商店的兴起，提高了物流的经济效益。

## 6. 信息职能

如果把一个企业的物流活动看作是一个系统的话，那么这个系统中就包括两个子系统：一个是作业子系统，包括上述运输、保管、包装、流通加工、配送等具体的作业功能；另一个则是信息子系统，信息子系统是作业子系统的神经系统。企业物流活动状况要及时收集，商流和物流之间要经常互通信息，各种物流职能要相互衔接，这些都要靠物流信息职能来完成。物流信息职能是由于物流管理活动的需要而产生的，其功能是保证作业子系统的各种职能协调一致地发挥作用，创造协调效用。

## 【任务实施】

在学习了物流的相关知识后，结合你自己的理解，谈谈你所了解的物流。
要求：
(1) 将学生 4~6 人分成一个小组，组内分工要明确。
(2) 查阅物流相关知识的资料。
(3) 小组成员讨论交流各自学习成果，由组长进行汇总整合。
(4) 由小组指定代表进行任务汇报。

## 【任务小结】

由教师归纳总结任务中主要的思想、知识点等。

# 任务二　认识电子商务物流

## 【情境及任务描述】

淘宝新手开网店选择快递很重要，选择了一个好的快递公司，对网店生意和信誉是有很大帮助的，网上购物讲的是速度和安全，买家能快速地收到货就很高兴，这样卖家好评也多，老客户也越来越多，生意也会越来越好！那么，网店如何进行仓储管理、打包发货、选择物流方式呢？

## 【知识准备】

### 一、电子商务物流的含义

电子商务物流又称网上物流，就是基于互联网技术，旨在创造性的推动物流行业发展的新商业模式。通过互联网，物流公司能够被更大范围内的货主客户主动找到，能够在全国乃至世界范围内拓展业务；贸易公司和工厂能够更加快捷地找到性价比最适合的物流公司。网上物流致力于把世界范围内最大数量的有物流需求的货主企业和提供物流服务的物流公司都吸引到一起，提供中立、诚信、自由的网上物流交易市场，帮助物流供需双方高效达成交易。目前已经有越来越多的客户通过网上物流交易市场找到了客户，找到了合作伙伴或海外代理。网上物流提供的最大价值，就是提供更多的机会。

## 二、电子商务物流的特点

电子商务时代的来临,给全球物流带来了新的发展,使物流具备了一系列新特点。

1. 信息化

电子商务时代,物流信息化是电子商务的必然要求。物流信息化表现为物流信息的商品化、物流信息收集的数据库化和代码化、物流信息处理的电子化和计算机化、物流信息传递的标准化和实时化、物流信息存储的数字化等。因此,条码技术(Bar Code)、数据库技术(Database)、电子订货系统(Electronic Ordering System,EOS)、电子数据交换(Electronic DataInter change,EDI)、快速反应(Quick Response,QR)及有效的客户反映(Effective Customer Response,ECR)、企业资源计划(Enterprise Resource Planning,ERP)等技术与观念在我国的物流中将会得到普遍的应用。信息化是一切的基础,没有物流的信息化,任何先进的技术设备都不可能应用于物流领域,信息技术及计算机技术在物流中的应用将会彻底改变世界物流的面貌。

2. 自动化

自动化的基础是信息化,自动化的核心是机电一体化,自动化的外在表现是无人化,自动化的效果是省力化,另外还可以扩大物流作业能力、提高劳动生产率、减少物流作业的差错等。物流自动化的设施非常多,如条码/语音/射频自动识别系统、自动分拣系统、自动存取系统、自动导向车、货物自动跟踪系统等。这些设施在发达国家已普遍用于物流作业流程中,而在我国由于物流业起步晚,发展水平低,自动化技术的普及还需要相当长的时间。

3. 网络化

物流领域网络化的基础也是信息化,这里指的网络化有两层含义:一是物流配送系统的计算机通信网络,包括物流配送中心与供应商或制造商的联系要通过计算机网络,另外与下游顾客之间的联系也要通过计算机网络通信,比如物流配送中心向供应商提出订单这个过程,就可以使用计算机通信方式,借助于增值网(Value Added Network,VAN)上的电子订货系统(EOS)和电子数据交换技术(EDI)来自动实现,物流配送中心通过计算机网络收集下游客户的订货的过程也可以自动完成;二是组织的网络化,即所谓的企业内部网(Intranet)。比如,我国台湾的计算机业在 20 世纪 90 年代创造出了"全球运筹式产销模式",这种模式的基本点是按照客户订单组织生产,生产采取分散形式,即将全世界的计算机资源都利用起来,采取外包的形式将一台计算机的所有零部件、元器件、芯片外包给世界各地的制造商去生产,然后通过全球的物流网络将这些零部件、元器件和芯片发往同一个物流配送中心进行组装,由该物流配送中心将组装的计算机迅速发给订户。这一过程需要有高效的物流网络支持,当然物流网络的基础是信息、计算机网络。

物流的网络化是物流信息化的必然,是电子商务下物流活动的主要特征之一。当今世界 Internet 等全球网络资源的可用性及网络技术的普及为物流的网络化提供了良好的外部环境,物流网络化不可阻挡。

## 4. 智能化

智能化是物流自动化、信息化的一种高层次应用，物流作业过程需要大量的运筹和决策，如库存水平的确定、运输(搬运)路径的选择、自动导向车的运行轨迹和作业控制、自动分拣机的运行、物流配送中心经营管理的决策支持等问题都需要借助于大量的知识才能解决。在物流自动化的进程中，物流智能化是不可回避的技术难题。好在专家系统、机器人等相关技术在国际上已经有比较成熟的研究成果。为了提高物流现代化的水平，物流的智能化已成为电子商务下物流发展的一个新趋势。

## 5. 柔性化

柔性化本来是为实现"以顾客为中心"的理念而在生产领域提出的，但要真正做到柔性化，即真正能根据消费者需求的变化来灵活调节生产工艺，没有配套的柔性化的物流系统是不可能达到目的的。20 世纪 90 年代，国际生产领域纷纷推出弹性制造系统(Flexible Manufacturing System，FMS)、计算机集成制造系统(Computer Integrated Manufacturing System，CIMS)、制造资源系统 (Manufacturing Requirement Planning，MRP)、企业资源计划(ERP)以及供应链管理的概念和技术，这些概念和技术的实质是要将生产、流通进行集成，根据需求端的需求组织生产，安排物流活动。因此，柔性化的物流正是适应生产、流通与消费的需求而发展起来的一种新型物流模式。这就要求物流配送中心要根据消费需求"多品种、小批量、多批次、短周期"的特色，灵活组织和实施物流作业。

另外，物流设施、商品包装的标准化，物流的社会化、共同化也都是电子商务下物流模式的新特点。

## 三、电子商务物流模式

电子商务物流模式主要指以市场为导向、以满足顾客要求为宗旨、获取系统总效益最优化地适应现代社会经济发展的模式。

### 1. 自营物流

企业自身经营物流，称为自营物流。自营物流是在电子商务刚刚萌芽的时期，那时的电子商务企业规模不大，从事电子商务的企业多选用自营物流的方式。企业自营物流模式意味着电子商务企业自行组建物流配送系统，经营管理企业的整个物流运作过程。在这种方式下，企业也会向仓储企业购买仓储服务，向运输企业购买运输服务，但是这些服务都只限于一次或一系列分散的物流功能，而且是临时性的纯市场交易的服务，物流公司并不按照企业独特的业务流程提供独特的服务，即物流服务与企业价值链的松散的联系。如果企业有很高的顾客服务需求标准，物流成本占总成本的比重较大，而企业自身的物流管理能力较强时，企业一般不应采用外购物流，而应采用自营方式。由于我国物流公司大多是由传统的储运公司转变而来的，还不能满足电子商务的物流需求，因此，很多企业借助于他们开展电子商务的经验也开展物流业务，即电子商务企业自身经营物流。目前，在我国，采取自营模式的电子商务企业主要有两类：一类是资金实力雄厚且业务规模较大电子商务公司，电子商务在我国兴起的时候，国内第三方物流的服务水平远不能满足电子商务公司的要求；第二类是传统的大型制造企业或批发企业经营的电子商务网站，由于其自身在长期的传统商务中已经建立起初具规模的营销网络和物流配送体系,在开展电子商务时只需将其加以改进、完善,可满足电子商务条件下对物流配送的要求。选用自营物流,可以使企业对物流环节有较强的控制能力,易于与其他环节密切配合,全力专门地服务于本企业的运营管理,使企业的供应链更好地保持协调、简洁与稳定。此外,自营物流能够保证供货的准确和及时,保证顾客服务的质量,维护了企业和顾客间的长期关系。但自营物流所需的投入非常大,建成后对规模的要求很高,大规模才能降低成本,否则将会长期处于不盈利的境地。而且投资成本较大、时间较长,对于企业柔性有不利影响。另外,自建庞大的物流体系,需要占用大量的流动资金。更重要的是,自营物流需要较强的物流管理能力,建成之后需要工作人员具有专业化的物流管理能力。

### 2. 物流联盟

物流联盟是制造业、销售企业、物流企业基于正式的相互协议而建立的一种物流合作关系,参加联盟的企业汇集、交换或统一物流资源以谋取共同利益;同时,合作企业仍保持各自的独立性。物流联盟为了达到比单独从事物流活动取得更好的效果,在企业间形成了相互信任、共担风险、共享收益的物流伙伴关系。企业间不完全采取导致自身利益最大化的行为,也不完全采取导致共同利益最大化的行为,只是在物流方面通过契约形成优势互补、要素双向或多向流动的中间组织。联盟是动态的,只要合同结束,双方又变成追求自身利益最大化的单独个体。选择物流联盟伙伴时,要注意物流服务提供商的种类及其经营策略。一般可以根据物流企业服务的范围大小和物流功能的整合程度这两个标准,确定物流企业的类型。物流服务的范围主要是指业务服务区域的广度、运送方式的多样性、保管和流通加工等附加服务的广度。物流功能的整合程度是指企业自身所拥有的提供物流服务所必要的物流功能的多少,必要的物流功能是指包括基本的运输功能在内的经营管理、集配、配送、流通加工、信息、企划、战术、战略等各种功能。一般来说,组成物流联盟的企业之间具有很强的依赖性,物流联盟的各个组成企业明确自身在整个物流联盟中的优势及担当的角色,内部的对抗和冲突减少,分工明晰,使供应商把注意力集中在提供客户指定的服务上,最终提高了企业的竞争能力和竞争效率,满足企业跨地区、全方位物流服务的要求。

### 3. 第三方物流

第三方物流(Third Party Logistics,3PL 或 TPL)是指独立于买卖之外的专业化物流公司,长期以合同或契约的形式承接供应链上相邻组织委托的部分或全部物流功能,因地制宜地为特定企业提供个性化的全方位物流解决方案,实现特定企业的产品或劳务快捷地向市场移动,在信息共享的基础上,实现优势互补,从而降低物流成本,提高经济效益。它是由相对"第一方"发货人和"第二方"收货人而言的第三方专业企业来承担企业物流活动的一种物流形态。第三方物流公司通过与第一方或第二方的合作来提供其专业化的物流服务,它不拥有商品,不参与商品买卖,而是为顾客提供以合同约束、以结盟为基础的、系列化、个性化、信息化的物流代理服务。服务内容包括设计物流系统、EDI 能力、报表管理、货物集运、选择承运人、货代人、海关代理、信息管理、仓储、咨询、运费支付和谈判等。第三方物流企业一般都是具有一定规模的物流设施设备(库房、站台、车辆等)及专业经验、技能的批发、储运或其他物流业务经营企业。第三方物流是物流专业化的重要形式,它的发展程序体现了一个国家物流产业发展的整体水平。第三方物流是一个新兴的领域，企业采用第三方物流模式对于提高企业经营效率具有重要作用。首先，企业将自己的非核心业务外包给从事该业务的专业公司去做；其次，第三方物流企业作为专门从事物流工作的企业，有丰富的专门从事物流运作的专家，有利于确保企业的专业化生产，降低费用，提高企业的物流水平。目前，第三方物流的发展十分迅速，有几方面是值得我们关注的：第一，物流业务的范围不断扩大。一方面，商业机构和各大公司面对日趋激烈的竞争，不得不将主要精力放在核心业务，将运输、仓储等相关业务环节交由更专业的物流企业进行操作，以求节约和高效；另一方面，物流企业为提高服务质量，也在不断拓宽业务范围，提供配套服务。第二，很多成功的物流企业根据第一方、第二方的谈判条款，分析比较自理的操作成本和代理费用，灵活运用自理和代理两种方式，提供客户定制的物流服务。第三，物流产业的发展潜力巨大，具有广阔的发展前景。

### 4. 第四方物流

第四方物流主要是指由咨询公司提供的物流咨询服务，但咨询公司并不就等于第四方物流公司。目前，第四方物流在中国还停留在仅是"概念化"的第四方物流公司，南方的一些物流公司、咨询公司甚至软件公司纷纷宣称自己的公司就是从事"第四方物流"服务的公司。这些公司将没有车队、没有仓库当成一种时髦；号称拥有信息技术，其实却缺乏供应链设计能力；只是将第四方物流当作一种商业炒作模式。第四方物流公司应物流公司的要求为其提供物流系统的分析和诊断，或提供物流系统优化和设计方案等。所以第四方物流公司以其知识、智力、信息和经验为资本，为物流客户提供一整套的物流系统咨询服务。它从事物流咨询服务就必须具备良好的物流行业背景和相关经验，但并不需要从事具体的物流活动，更不用建设物流基础设施，只是对于整个供应链提供整合方案。第四方物流的关键在于为顾客提供最佳的增值服务，即迅速、高效、低成本和个性化服务等。

第四方物流有众多的优势：第一，它对整个供应链及物流系统进行整合规划。第三方物流的优势在于运输、储存、包装、装卸、配送、流通加工等实际的物流业务操作能力，在综合技能、集成技术、战略规划、区域及全球拓展能力等方面存在明显的局限性，特别是缺乏对整个供应链及物流系统进行整合规划的能力。而第四方物流的核心竞争力就在于对整个供应链及物流系统进行整合规划的能力，也是降低客户企业物流成本的根本所在。第二，它具有对供应链服务商进行资源整合的优势。第四方物流作为有领导力量的物流服务提供商，可以通过其影响整个供应链的能力，整合最优秀的第三方物流服务商、管理咨询服务商、信息技术服务商和电子商务服务商等，为客户企业提供个性化、多样化的供应链解决方案，为其创造超额价值。第三，它具有信息及服务网络优势。第四方物流公司的运作主要依靠信息与网络，其强大的信息技术支持能力和广泛的服务网络覆盖支持能力是客户企业开拓国内外市场、降低物流成本所极为看重的，也是取得客户的信赖，获得大额长期订单的优势所在。第四，具有人才优势。第四方物流公司拥有大量高素质国际化的物流和供应链管理专业人才和团队，可以为客户企业提供全面的卓越的供应链管理与运作，提供个性化、多样化的供应链解决方案，在解决物流实际业务的同时实施与公司战略相适应的物流发展战略。

发展第四方物流可以减少物流资本投入、降低资金占用。通过第四方物流，企业可以大大减少在物流设施(如仓库、配送中心、车队、物流服务网点等)方面的资本投入，降低资金占用，提高资金周转速度，减少投资风险。降低库存管理及仓储成本。第四方物流公司通过其卓越的供应链管理和运作能力可以实现供应链"零库存"的目标，为供应链上的所有企业降低仓储成本。同时，第四方物流大大提高了客户企业的库存管理水平，从而降低库存管理成本。发展第四方物流还可以改善物流服务质量，提升企业形象电子商务物流业的发展趋势。

## 四、仓储管理

在企业物流中，仓储管理是一个基本的环节，是指对仓库及其库存物品的管理，仓储系统是企业物流系统中不可缺少的子系统。在电子商务的运营中，需要了解货物的入库管理、装箱打包、物流配送等环节。

### 1. 检验商品

当供货商将商品运抵仓库时、担任收获工作的人员必须严格认真地检查，看商品外包装是否完好，若出现破损或临近失效期等情况，要拒收此类货物，并及时上报相关主管部门。

确定商品外包装完好后，再依照订货单和送货单来核对商品的品名、登记、规格、数量、单价等，确认无误后方可入库，如图 6-1 所示。

### 2. 编写货号

每一款商品都有一个商品编号，目的是方便进行内部管理，便于找货、盘货，最简单的编号方法是：商品属性+序列数，如图 6-2 所示。

图 6-1 检验商品的注意点

图 6-2 商品属性+序列数

(1) 将商品区分一下类别。
(2) 把每一类别的名称，对应写出其汉语拼音，确定商品属性的缩写字母。
(3) 每一类的数字编号可以是多位数，视商品数量而定。

### 3. 入库登记

商品验收无误并编写货号以后，即可登记入库，此时要详细记录商品名称、数量、规格、入库时间、凭证号码、送货单位和验收情况等，做到账、货、标牌相符。

按照不同的商品属性、材质、规格、功能、型号和颜色等进行分类，然后分别放入货架，如表 6-1 所示。

表 6-1  商品分类

| 序号 | 小图 | 款号 | 尺码 | 颜色 | 数量 | 参考单价 | 备注1 | 备注2 |
|---|---|---|---|---|---|---|---|---|
| 1 |  | 6925 | M/160 | 橙黄色 | 234 | 120 | 春亚纺，80%鸭绒长款 | 红色为主，尺码从155~170基本齐全 |
|  |  |  | M/160 | 经典红 | 200 |  |  |  |
| 2 |  | M623 | XL/170 | 深藏青 | 125 | 160 | 棉锦，80%鸭绒有毛条、有领袖口罗纹，超长款 | 尺码从155~170基本齐全 |
|  |  |  | XL/170 | 红色 | 67 |  |  |  |
| 3 |  | 6930 | S/155 | 经典红 | 120 | 160 | 春亚纺，80%鸭绒有毛领，长款 | 红色为主，尺码从155~170基本齐全 |
|  |  |  | S/155 | 紫色 | 120 |  |  |  |
| 4 |  | 6953 | L/165 | 魅惑紫 | 420 | 140 | 春亚纺，80%鸭绒毛条、正面绣花超长款 | 尺码从155~170基本齐全 |
|  |  |  | L/165 | 墨水蓝 | 320 |  |  |  |
| 5 |  | 6923 | M/160 | 深藏蓝 | 400 | 120 | 春亚纺，80%鸭绒有毛条，长款 | 尺码从155~170基本齐全 |
|  |  |  | L/165 | 经典红 | 240 |  |  |  |

## 五、货物打包

### 1. 分类包装

将不同货物进行分类包装，不仅可以显示物流工作的合理性，还能起到保护物品的作用。

只要尺寸合适的话，纸箱几乎可以作为所有商品的外包装，购买成本是包装材料里较高的，但其防护作用也比较好。

有些商品可以使用快递公司提供的一次性塑料快递袋来包装，例如不怕挤压的服装、床上用品、毛绒玩具、暖宝宝、靠垫等。

一些重量不轻，而且对防震要求又很高的商品，最好是采用木板条装订的箱子来包装，例如针式打印机、电视机、跑步机等。

还有一种特殊的商品需要采用特殊的包装，例如在网上销售油画、水粉画一类的书画作品一般都很少会装裱后再寄出，因为装裱的玻璃画框在运输途中更容易被损坏，所以，最好是采用建材店里出售的 PVC 管材来包装此类商品，因为管材的圆筒外形和 PVC 的硬度可以保证画卷不会被折压，如图 6-3 所示。

### 2. 隔离防震

在纸箱和货物之间的空间放置一些填充物，目的是给货物多一层保护，不让货物在里面左摇右晃，可以减少在物流过程中货物的损坏，增加物流配送的安全性。在选择填充物时考虑的原则如下：

图 6-3　商品的包装

(1) 纸箱的尺寸应该比货物的外形尺寸略大,留有足够的空间来放置填充物。

(2) 填充物的选择标准是体积大、重量轻,如报纸团、海绵、白色硬泡沫、气泡膜、珍珠棉都是很好的填充材料。

### 3．打包要点

打包要点主要有四点,如图 6-4 所示。

图 6-4　打包要点

## 六、物流配送

网络零售中的物流配送,往往由专业的第三方物流公司来完成。物流公司有三种选择:邮局、快递公司、货运公司。

### 1．邮局配送

邮局配送最大的优点是网点覆盖全国,甚至很多偏远的地区和农村。邮局的邮寄方式非常多样,支持平信、挂号信、包裹、EMS 等。但是邮局配送中平邮包裹的到货周期较长,因此不能满足电子商务配送的要求。

### 2．快递发货

快递周边城市今发明至国内偏远地区 2~3 天。同时快递公司还提供门对门发货送货服务,在线查询物流进程等服务,因此受到电商从业者的普遍欢迎。

## 3. 快递收费标准和发货流程

部分快递收费标准及发货流程如表 6-2、图 6-5 所示。

表 6-2 快递收费标准

| 默认快递 | 地 区 | 首 重 | 续重(不足1千克，按1千克收取) | 备 注 | 到达时间 |
|---|---|---|---|---|---|
| 韵达快递 | 武汉市 | 1 千克内 5 元 | 1 元/千克 | 例：1.3 千克即 5+1=6 元 | 湖北省内 1～2 天送达 其他城市 3～5 天送达 快递送货上门 请确定快递网点能否到达 |
| | 湖北省 | 1 千克内 6 元 | 6 元/千克 | 例：1.3 千克即 6+6=12 元 | |
| | 北京、上海、天津、湖南、江西、江苏、浙江、山东、河南、广东、安徽 | 1 千克内 10 元 | 5 元/千克 | 例：1.3 千克即 10+5=15 元 | |
| 天天 | 福建、山西、重庆、河北、广西、四川、陕西、贵州、云南、辽宁、吉林、黑龙江 | 1 千克内 10 元 | 6 元/千克 | 例：1.3 千克即 10+6=16 元 | |
| 申通 | 青海、甘肃 | 1 千克内 12 元 | 12 元/千克 | 例：1.3 千克即 12+12=24 元 | |
| EMS | 宁夏、海南、西藏、新疆、内蒙古 | 1 千克内 15 元 | 15 元/千克 | 例：1.3 千克即 15+15=30 元 | 到货时间 4～7 天 EMS 送货上门 |
| | 湖北、北京、上海、天津、湖南、江西、江苏、浙江、山东、河南、广东、安徽、福建、山西、重庆、河北、广西、四川、陕西、贵州、云南、辽宁、吉林、黑龙江、青海、甘肃 | 1 千克内 15 元 | 10 元/千克 | 例：1.3 千克即 15+10=25 元 | |
| 物流 | 多件较重商品推荐，速度会比较慢，按地区不同，5～10 天到，到时物流站点会电话通知您，需要自提 | | | | |
| | 如需开发票收 5%的税费 | | | | |

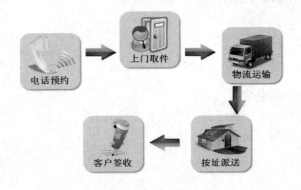

图 6-5 发货流程

#### 4. 货运公司发货

1) 货运公司的计费方式

"体积重量"的标准公式如图 6-6 所示。

图 6-6　体积重量的标准公式

货物的实际重量与体积重量做比较,"择大录取"作为计费重量。

2) 委托货运公司发货的注意事项

(1) 确保货物包装结实耐压,做好保护措施,箱子外面要有必要的文字或图片的警示,外箱上最好有明显标志。

(2) 收货时外箱有破损,要当场把箱子打开检查内部情况,要是货物损坏的话,要请工作人员详细记录情况,然后把详细情况告诉发货人,由发货人向当地的货运公司提出索赔。外箱完好,内部有损坏,那货运公司是不赔的。

(3) 通常在货运站提货,要和买家提前沟通好提货的手续问题,以免留下中评或差评的隐患。

## 【任务实施】

请同学们去某快递公司(申通快递)网站查询物流配送的计费标准和当地的物流公司的联系方式。

## 【任务小结】

由教师归纳总结任务中主要的思想、知识点等。

## 【技能检测】

1. 物流包含哪些功能要素。
2. 什么是电子商务物流?电子商务物流有哪些特点?
3. 电子商务物流有哪些组织模式?

## 【实训任务】

请你选择一款商品,选择包装物和填充物,进行包装练习。

# 项目七　网络客户服务

## 【知识与技能目标】

- 全面了解的产品知识及产品价值，了解网络商务的服务流程、工作流程；掌握在网络客服实际工作中要用到的一些基本客服沟通及接待技巧；熟悉有效订单的转化，了解售后的流程及工具，领悟客户关系管理的实质与方式。
- 能掌握网络客服的一些技巧，比如网络客服沟通、接待技巧，尤其是提高订单有效转化率的技能。
- 掌握客户关系管理的技巧。

## 任务一　售前准备

### 【情境及任务描述】

假设你准备去麦包包飞扬空间担任网络客服，在售前应该了解哪些知识才能胜任这份工作呢？

### 【知识准备】

网络客服，是基于互联网的一种客户服务工作，是网购发展到一定程度下细分出来的一个工种。

网络客服在售前应全面了解其销售的品牌价值及产品知识，熟悉服务流程、组织结构及工作流程。

### 一、品牌价值培训

#### 1. 品牌定位

品牌定位是企业在市场定位和产品定位的基础上，对特定品牌在文化取向及个性差异上的商业性决策，它是建立一个与目标市场有关的品牌形象的过程和结果。即指为某个特定品牌确定一个适当的市场位置，使商品在消费者的心中占领一个特殊的位置。品牌定位最深层面是能在消费者心智中代表什么，即强势品牌烙印。

未来属于品牌，尤其是属于全球性的品牌。世界上最富有的国家的经济是建立在品牌之上的，而非建立在商品之上，消费者的内心谈到品牌有三个层次。

第一个层次，得到一个笼统印象，比如说麦当劳，看到它一个 M，开始想到一个品牌的笼统印象。

第二个想到什么样的性能。

第三个层次才是它的潜意识，这个潜意识并不是所有人都能够说出来的。

而从专业的术语来说树立品牌的过程就如下。

(1) 如何理解品牌的价值？

(2) 某品牌在消费者心目当中的定位究竟如何？

(3) 与消费者沟通最好的办法是什么？

(4) 怎样打动消费者？

#### 2．品牌文化

品牌文化指通过赋予品牌深刻而丰富的文化内涵，建立鲜明的品牌定位，并充分利用各种强有效的内外部传播途径形成消费者对品牌在精神上的高度认同，创造品牌信仰，最终形成强烈的品牌忠诚。拥有品牌忠诚就可以赢得顾客忠诚，赢得稳定的市场，大大增强企业的竞争能力，为品牌战略的成功实施提供强有力的保障。

品牌文化是品牌在经营中逐步形成的文化积淀，代表了企业和消费者的利益认知、情感归属，是品牌与传统文化以及企业个性形象的总和。与企业文化的内部凝聚作用不同，品牌文化突出了企业外在的宣传、整合优势，将企业品牌理念有效地传递给消费者，进而占领消费者的心智。品牌文化是凝结在品牌上的企业精华。形象地说，就是把品牌人格化后，它所持有的主流观点。它是一种能反映消费者对其在精神上产生认同、共鸣，并使之持久信仰该品牌的理念追求，能形成强烈的品牌忠诚度的文化。通俗一点地说，如同民间神话人物的雕塑，实体商品相比于雕塑本身，而品牌文化相比于神话故事中那些被人津津乐道的性格。

通过品牌文化来加强品牌力，不仅能更好地实现企业促销的商业目的，还能有效承载企业的社会功能。品牌文化的塑造还有助于培养品牌忠诚群，是重要的品牌壁垒。如西门子这一品牌涉及家电、电力、医疗器械、通信等众多行业，但大众认为西门子代表着德国一丝不苟的民族传统，因为西门子始终坚持一种可靠、严谨的品牌文化。这培养了一个庞大的品牌忠诚群。

#### 3．品牌价值

品牌价值是品牌管理要素中最为核心的部分，也是品牌区别于同类竞争品牌的重要标志。品牌价值是指品牌在需求者心目中的综合形象——属性、品质、档次(品位)、文化、个性等，代表着该品牌可以为需求者带来的价值。

功能、质量完全相同或者相当接近的商品，其有形价值是相近的，而一旦贴上品牌标签，则商品价格就完全不同，这一部分的差额收益，就是品牌的作用所致的附加值。无形价值包括：精神上的愉悦感和满足感、品牌所带来的高质量服务、对品牌的信任使消费变得省时省力等。

## 二、产品知识培训

#### 1．产品知识范畴

商品特性是销售人员必须掌握的基本知识，因为了解商品特性是成功销售的基础，也是打动顾客和体现专业性最重要的一个努力方向。

了解产品才能更好地介绍和推销产品，顾客对商品是否接受很大程度上取决于销售人员介绍的水平。

**2．规格型号**

规格是指产品的物理形状，一般包括体积、长度、形状、重量等。在标准化生产的今天，通常一种产品采用一种规格衡量标准，主要是为了区分类似产品，一般品种的规格都是从小到大有序地排列。

不同类型的商品会采用不同的方式来区分规格，如按大小区分、按重量区分、按容量区分、按长度区分等。网络客服要学会用归纳总结的方法，最快地掌握商品资料，用专业的回答来服务于顾客。

1）以大小来区分

鞋子、内衣、戒指、服装等商品都是按尺码区分规格的商品。

鞋子按脚的长短来确定尺码，一般女鞋的35、36、37码属于常见尺码，38、39码属于偏大的码数；男鞋40~42属于常见的尺码，超出这个范围的尺码属于偏小或者偏大，人的脚有胖瘦之别，所以鞋型会有宽窄之分。通常，我们拳头的大小跟心脏大小相似，拳头的周长与脚的长度也很接近。还有很多人分不清24码和38码实际也是不同标码的换算，这点要注意。

内衣是以下胸围和罩杯大小区分规格，例如70A、70B、80B、80C等，这里70、80是指下胸围，A、B、C是指罩杯型号。

戒指指圈的大小称为"手寸"，以"号"来表示，是根据戒指的直径和周长来确定的。手寸号有美式和港式之分，它们对应的直径和周长各不相同，目前国内多采用港式。

服装相对较复杂，因为目前服装市场大约有4种尺码型号的标识法。

第一种是按照传统的 XS、S、M、L、XL、XXL 来区分，上述尺码依次代表加小号、小号、中号、大号、加大号、加加大号。一般来讲，设计师会根据服装穿着的目标人群进行分析，找出其中最常见的体型来确定M(中号)的尺码大小，即所谓的均码，在这个基础上再缩放成其他的尺码。

第二种是用身高加胸围的形式来区分，比如 160/80A、165/85A、170/85A 等，斜线前面的数字代表"号"，是指服装的长短或人的身高；斜线后面的数字代表"型"，是指人的胸围或腰围；英文字母是体型代号，指人的体形特征，A型表示一般体型，B型表示微胖体型，C型表示胖体型。

第三种是使用欧式型号，女式上装用数字34~44之间的双数来表示，男式上装用数字44~56的双数来表示，数字越小尺码越小，数字越大则尺码也越大。下装是由腰围尺寸来标注，计量单位是英寸，女裤从25~32号，男裤从28~40号。

第四种是采用北美型号，这一种相对来说比较少见，用0~11的数字表示。"1"号代表适合身高150cm的人穿用，"2"号代表适合身高155cm的人穿用，以此类推，每个型号之间身高差距是5cm。此外还用字母来表示胸围与腰围的差值范围，如"Y"表示胸围与腰围相差16cm，"YA"表示两者相差14cm，"A"表示两者相差12cm，"AB"表示两者相差10cm，"B"表示两者相差8cm，"BE"表示两者相差4cm，"E"表示两者相差无几。例如，标有"B6"字样衣服，表示可供身高175cm，胸围与腰围相差8cm的人穿用。

服装的版型在宽窄上可以按宽松、合身、修身、紧身来分，在长度上可以按超短、短款、常规、中长、长款来分。

2) 以重量来区分

固体的食品、茶叶、彩妆类商品都是用重量单位克、公斤来区分规格，在商品的外包装上，区分规格的重量单位"克"经常用英文字母"g"来表示，单位"公斤"用英文字母"kg"表示。比如：100g 牛肉干、150g 茶叶、10kg 大米、10g 的粉饼、30g 的散粉、3g 装的口红等。

3) 按容量来区分规格

液体的饮料、油、护肤类商品都是用容量单位升、毫升表示，外包装上的"mL"表示容量单位为"毫升"，"L"表示容量单位为"升"。例如：500mL 的矿泉水、2L 的花生油、100mL 的爽肤水、30mL 的香水等。

4) 按长度来区分规格

鱼竿、管材、布料、花边等商品是采用长度单位米、厘米来区分规格的，长度单位"米"、"厘米"在外包装上通常是以"m"、"cm"表示，一般长度越长价格越贵。

除此以外，商品的规格区分还有其他的计量单位。比如：地板按平方米计算价格、木料按立方米计算价格、灯泡按瓦数计算价格、计算机按配置计算价格，更多的商品是按件数、个数为规格计算价格，甚至有的同款商品不同颜色因为热销程度不同价格也有所不同。

从事一类商品的销售，首先就是要了解此类商品的计量单位和规格区分方式，这是了解商品的第一步，也是成为销售高手所必须具备的最基础的商品常识。

### 3．功效功用

商品的品牌、型号、材质、规格、功能、功效、包装、价格等商品基本信息，以及生产加工工艺、产品优势等有利于销售的商品信息，都是消费者最想了解的内容，因此，要非常了解，推荐商品的时候才能如数家珍。

### 4．材质面料

材质面料能让消费者了解产品的成分，有利于他们选择合适的产品，作为销售人员，掌握这些知识可以更好地为顾客推荐产品。

如果是销售服装的话，最好亲手去摸一摸面料的质感，有了亲身体会，向顾客介绍时才会更有心得。

了解各种面料的成分、配比以及洗涤方法，在销售时可以显得更加专业、可信。

将产品的优势转化为顾客的利益，并准确地传达出来，可以有效打动消费者，顺利促成交易。如超软鞋底的特性展示，更能打动消费者。

销售人员还必须准确表达出产品的颜色。

### 5．配套产品——熟悉搭配产品的功用

了解配套产品的特性特点(如图 7-1 所示)，或是提供搭配建议(如图 7-2 所示)能有效地对顾客做关联推荐。

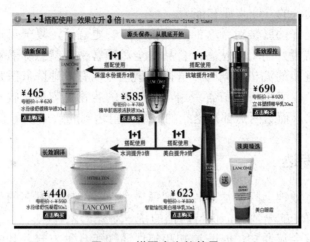

图 7-1　搭配产生的效果

图 7-2　单品搭配建议

### 6．风格潮流

在时尚和流行等消费者关注的方面也可以给出建议。

### 7．特性特点

对商品特性的了解和运用可分为三个阶段来逐步提升，在这三个阶段里，每进步到下一个阶段，销售业绩也跟着上一个台阶。

要了解商品的材质构成、大小规格、适用范围等，知道了这些商品特性才能回答顾客的简单提问，至少能回答顾客衣服的面料是什么、食品使用了哪些基本的原材料、该商品适合什么人或什么情况下使用等。

通常，商品的特点在一定程度上代表了与同类商品相比较的优势，比如：棉质的面料更透气和吸汗，使用不含添加剂的食品更安全，商品可以两用或多用，感觉很独特、很有个性、是限量版、送礼非常有新意等。

如果商品的优势不能有效地转化为顾客的利益，那么，在销售时顾客就不会被轻易地打动，因为顾客购买商品是为了满足自己的某一个需求，而直接看到顾客真实的需求是一个销售高手所应该具备的专业素质和能力。

例如，透气和吸汗的服装对顾客的利益就是穿着更舒适，夏天可以避免大汗淋漓的狼狈和尴尬，可以保持更好的工作状态；食品安全对顾客来说就意味着对身体健康的保障，满足人们对长寿和健康的渴望，同时，身体健康也可以有效地降低医疗费用，好好地享受人生；商品的用途广泛表示可以节省费用，有新意的礼物更容易让收礼的人得到意外的惊喜，留下深刻的印象，而这两点都是送礼的人最希望达到的效果。

## 三、促销活动传达

促销活动需要有效地上行下达，传递到每一个在一线接待顾客的员工，才能够尽量保证活动期间接待和解释的一致性，保持店铺的统一对外形象。

活动通知一般有会议通知、旺旺通知和邮件通知等几种方式，其中，以会议通知最为常用，因为会议是面对面的一种交流方式，如果有疑问可以马上解答，以保证信息的准确传递。

养成良好的工作习惯能够有效地提高工作效率，避免出错，会议上接收到的关于促销活动的相关信息，要制作成促销活动执行手册，以免在后期的工作中出现遗漏和偏差。

## 四、服务流程培训

### 1. 网络交易流程

作为网络销售客服，了解网络交易流程可以在将来为顾客提供操作指导。比如淘宝客服，就必须熟悉淘宝的交易流程，如图 7-3 所示。

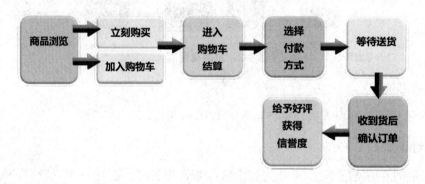

图 7-3　淘宝网交易流程

### 2. 购买流程

(1) 登录该网站，选择要购买的商品。
(2) 点击"立刻购买"或"加入购物车"按钮。
(3) 正确选择详细的收货地址。
(4) 填写购买数量、购物留言等信息。
(5) 完整填写订单后，点击"确认无误，购买"按钮。

## 3. 支付流程

(1) 选择一种支付方式。
(2) 输入第三方支付平台账户的支付密码。
(3) 点击"确认无误,付款"按钮。

## 4. 签收流程

(1) 卖家发货后,请注意查收货物,收到货物后,点击"确认收货"按钮。
(2) 输入支付宝账户的支付密码,点击"确定"按钮付款给卖家。
(3) 跳出提示框确认是否真的收到货物,收到货请点击"确定"按钮并付款给卖家。
(4) 支付顺利完成,卖家已收到货款。
(5) 支付完毕就可以给卖家评价了。

## 5. 评价流程

(1) 填写评价内容。
(2) 评价店铺动态评分。
(3) 点击"确认提交"按钮。

## 6. 退款流程

退款流程如图 7-4 所示。

图 7-4　退款流程

## 7. 退(换)货流程

退(换)货流程如图 7-5 所示。

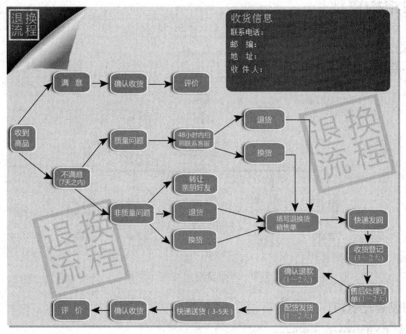

图 7-5　退换货流程

#### 8. 新建订单流程

1) 什么时候需要新建订单

(1) 当顾客没有拍下商品，只提供了收货地址的时候。(注意：淘宝上不能直接索要顾客的电话、地址及有关信息，店家也不能提供地址、电话以及货到付款等信息给顾客。

(2) 当顾客拍下多件商品，但是有些商品有货，有些商品缺货，这时，就需要拆单发货，有货的先发，没货的新建一个订单等到货后再发。

(3) 给顾客补发礼品。

2) 新建订单流程

新建订单流程如图 7-6 所示。

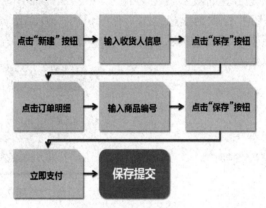

图 7-6　新建订单流程

## 五、组织结构培训

### 1. 单渠道组织结构

单渠道组织结构如图 7-7 所示。

图 7-7　单渠道组织结构示意图

### 2. 部门设置及职能

部门设置及职能如图 7-8 所示。

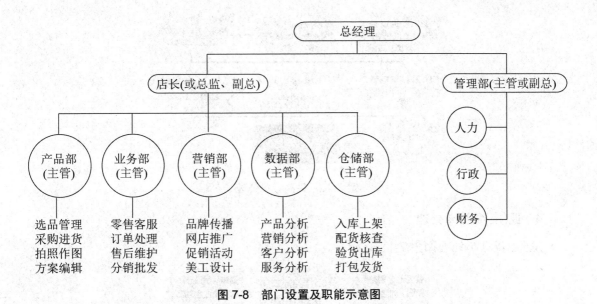

图 7-8 部门设置及职能示意图

## 六、工作流程培训

### 1. 订单处理所需的岗位人员

处理一个订单所需要的岗位人员通常有：店长、制单员、校验员、客服、采购(产品经理)、打包员、审单员、库管(仓库管理员)、称重员、财务和配货员。

### 2. 标准订单处理

标准订单处理方法如图 7-9 所示。

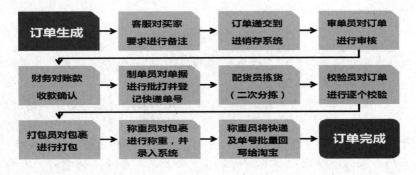

图 7-9 标准订单处理方法

### 3. 采购订单处理

采购订单处理如图 7-10 所示。

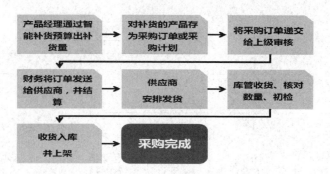

图 7-10 采购订单处理

4. 退(换)货订单处理

退(换)货订单处理如图 7-11 所示。

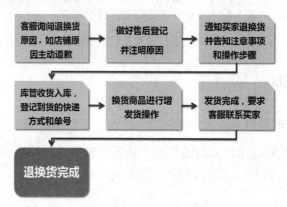

图 7-11 退(换)货订单处理

**案例**

### 麦包包的品牌价值

品牌定位：飞扬空间箱包旗舰店主要针对 80 后、90 后的消费人群，其风格极具青春活力个性的理念，是时尚潮女的必备之选。

品牌概述：飞扬空间其风格多彩，活力十足。正如品牌创立之初诠释的"个性、青春、时尚、活力"理念。

品牌概念：飞扬空间，国内情侣箱包的首例，时尚简约的造型设计和清爽的色彩搭配，展示了舞动着的青春，给青春一个飞扬的季节，给爱情一个唯美的空间。飞扬空间，让青涩年华定格在淡淡的梦幻之中。

品牌风格：上班、约会、聚会、疯狂、放松。

品牌文化：

品牌理念：飞扬空间，我的风格我做主！

品牌个性：个性、自由、活力、时尚。

品牌精神：展现自我，独特风格。

品牌使命：成就女性无拘束自由派。

品牌愿景：最受消费群体的追捧和喜爱。

## 【任务实施】

在学习了相关准备知识后，结合自己的见闻，谈谈作为准备去麦包包飞扬空间做网络客服，需要准备什么知识。

(1) 将学生 4~6 人分成一个小组，组内分工要明确。
(2) 查阅相关知识的资料。
(3) 小组成员讨论交流各自学习成果，由组长进行汇总整合。
(4) 由小组指定代表进行任务汇报。

## 【任务小结】

由教师归纳总结任务中主要的思想、知识点等。

# 任务二　售 中 沟 通

## 【情境及任务描述】

假设你是某品牌网店的客服人员，网店新来了一名顾客，你实体店的姐妹发了一张她今天下午来店的场景图片给你，如图 7-12 所示，你觉得她的兴趣应该在哪儿？

图 7-12　场景图片

## 【知识准备】

### 一、进门问好

**1. 进门问好——迎客的艺术**

迎，就是迎接客户。良好的第一印象是成功沟通的基础。无论是售前还是售后服务，迎的失败，都会直接影响结果。迎的失败直接影响沟通和服务的效果。有就卖，没有就拒绝的客服，绝对浪费 CALL IN 客户资源。热情迎客是一个客服的基本要求，要做到能挖掘买家的潜在需求，按客户咨询的产品方向进行推荐，哪怕客户问的商品没有，也要留住他多看其他产品，才有可能达成交易。

### 2. 旺旺签名使用技巧

旺旺签名不能过于生硬，旺旺签名首先是体现店铺促销活动，其次可以是一些名言或者品牌文化等。个性签名可以选择固定展示一条，也可以设置多条签名，每隔 5~20 分钟滚动更换一次，这样展示的信息更多。但是，系统最多只允许设置 5 条个性签名来进行滚动展示。

## 二、接待咨询

### 1. 注意做好旺旺设置

在使用旺旺工作以前，先学会设置旺旺，一切以工作方便为主，会影响工作的提示音、上下线浮出提示、闪屏振动等尽可能取消。

### 2. 快捷短语使用技巧

要充分利用阿里旺旺的快捷短语功能，即使在繁忙的时候也能够游刃有余地接待多位顾客，节约宝贵的时间，大大地提高工作效率。

根据自身情况将一些常见问答设置成快捷短语，比如最近在做促销活动，一些热销商品询问的人比较多，而且很多问题是相同的，那么就可以把这个问题的答案设置为快捷短语，有人询问时只要轻轻一点就可以直接发过去，省事又省时，不仅能体现出认真的工作态度，还能在一定程度上体现出规范化和专业化的商家形象。

一个成熟的店铺及其客服人员除了有一套标准的接待流程外，还会预先准备一个常见问答，把一些顾客经常会关注的问题以文档的形式作为操作手册下发到每个在线客服的手上，使客服人员尽快进入工作状态。遇到问题时也不慌张，可以根据常见问答的内容来回复顾客，以保证店铺内所有在线接待人员对同一问题的答复口径保持一致。

### 3. 自动回复使用技巧

当咨询量特别多或者暂时离开的时候，也可以采用自动回复的方式，要注意如何留住客户的技巧，即告知优惠信息。如有的网店提倡自助下单会有额外礼物，这样不需太多咨询的客户会直接下单购买。

要合理运用旺旺的一些新功能，客服使用工作台模式是最方便的，同时为了更及时地回复客户，可以选用接入人数比较多的情况下，按预先设定自动回复给客户。

### 4. 要注意网络交易安全

通过旺旺沟通要注意安全性，不要随便接收和打开客户发来的链接、文件，链接前是绿色小钩的才是安全的网站，而图片的展示可以要求客户使用旺旺的截图功能。

### 5. 旺旺表情使用技巧

在线沟通看不到表情，听不到声音，所以应该选择合适的、有正面积极意义的旺旺表情来为沟通增色。常见表情如图7-13所示。

图7-13 常见表情

### 6. 注意事项

(1) 回复及时会给客户留下好印象(黄金6秒)。
(2) 用词简单生硬会影响客户体验(加语气词)。
(3) 一切都是为了让客户留得更久(先交朋友)。
(4) 千万要注意网络交易安全(专业的形象)。
(5) 建议搭配恰当的旺旺表情(亲和力加分)。

## 三、推荐产品

### 1. 让客户听你说

说，并不只是机械报说明书，而是通过之前的"问"和"察"。在大体了解客户喜好、需求后，有针对性地进行产品推荐。站在客户角度分析自己要推荐产品的优势，有理有节地说服客户，必要时可使用拆分法。同样的产品说法却不同，这说明有三个可能：一是客户问的产品没有货；二是客户问的产品售后问题多；三是自己要推荐的产品利润更高或者库存更多。

关联销售一定要考虑它的共性，按客户提问或者已选择的方向去推荐，适时地给一些推荐，并给出利益点，帮助提升客单价。

### 2. 利用工具

熟练地使用常用功能和小工具，不仅可以提高工作效率，还可以减少交流的障碍，使沟通变得更为顺畅。

1) 常用功能

(1) 点击"记录"，可以随时查看与该名顾客最近的聊天记录、查看保存在本台计算机上的历史聊天记录以及保存在旺旺服务器上的在线聊天记录，还可以设置聊天记录的保存天数和开始在旺旺服务器上保存记录的时间等。

(2) 点击"文件"可以给对方发送在线或者离线文件，一些促销通知、相关数据说明、订单修改意见等消息可以使用这种方式发送给顾客，使交流和沟通更加顺畅。

(3) 有时候顾客会提出视频看货的要求，或者是觉得自己打字速度不够快，因而要求使用语音交流，这时，只要点击"影音"就可以为顾客提供这种服务。但使用语音或者视频的方式接待顾客，最大的缺点是接待量小，因为不管是语音还是视频，都只能同时与一个人进行在线交流。

(4) 点击"发送短信"，输入对方的手机号码和需要发送的信息内容，阿里旺旺就会将这条信息以短信的方式发送到对方的手机上，信息下面是设置的发送人名字，通常都会默认使用自己淘宝ID。但是，使用这个功能的前提是要预先给移动旺旺充值，因为发送一条短信会产生一毛钱的费用,是从预付费里面直接扣除的。

(5) 添加聊天对象为自己的旺旺好友,以便于将来联系时可以随时找到他,如果收到某个账号的垃圾信息可以在这里直接进行举报,或者将发送信息的账号加入黑名单,这样今后就不会再收到此账号的旺旺消息了。

2) 便利小工具

有时顾客需要询问和核实商品的一些局部细节,如果用语言和文字都很难表述清楚该问题和所指部位时,使用截图功能是一种很好的辅助交流方式,使双方的问与答都更有针对性、更明确,也更不容易错位。

推荐一些还未来得及上架的新款或者库存商品给顾客时,将该商品的款式图片用贴图的方式展示给顾客看,可以更加直观地描述商品的性状,使交流变得更加高效。

记事本和计算器原本就是放在工作台上的常用工具,方便随时取用,阿里旺旺的对话框里也有这两件工具。在与顾客交流的时候,可以用记事本随时记录下接待情况和交流要点,顾客一次性购买多件商品或者需要计算会员优惠折扣时,旺旺上的虚拟计算器会是一个很好的助手。

有时候为了更直接地说明问题或者需要具体指明商品的细部时,邀请对方一起涂鸦是一种可行的方法,将需要说明的位置直接标注出来,或者将修改情况圈出来,这样可以让对方更容易理解到自己的意思。同时,还可以在一定程度上减少沟通不畅带来的顾客不满和纠纷隐患。

3. 注意事项

1) 明确优势

这里的优势有:货源优势、质量优势和价格优势。

2) 参考数据

作为网络客服要学会参考店内销售走势和库存备货情况。

3) 推荐原则

要喊出买家利益,要让买卖双方获得双赢。

4. 问出客户的心声

问,有助于做好"察"。在一定程度上,"问"是为"察"服务的。通过提问进一步了解客户的真正意图,还有可能激发客户潜在需求,以便取得更佳处理方案。没有建立在沟通基础上的推荐,是低效、盲目的推荐,成功的可能性低而且造成资源浪费。要学会通过提问来了解客户的情况,找到真正适合他的购物习惯和需要的产品,这样推荐的成功率才会更高。

提问分封闭式问题和开放式问题两种,前者的优势是节约时间,后者的优势是可以引导客户说出更多真实的想法。

推荐产品时要注意:盲目推荐产品没有效果(三分听七分问);提问是为了挖掘需求(语气切忌生硬);精准地推荐客户所需(熟悉产品特性);推荐时站在对方角度(明确客户利益);有优惠活动及时告知(体现诚信态度)。

## 四、处理异议

### 1. 及时回应和解释

应,是一个回应的过程。如果"说"是进攻的话,那么"应"就是防守,以促进购买或解决问题为第一目的。

如果客户要求折扣等敏感问题,可以用店铺的规定来应对,必要时再送些额外的小赠品,适当示弱也能取得客户谅解。

数字的拆分法,是最好用的提升单价的沟通方法,通过心理暗示让客户自己认同是最佳方案。

### 2. 异议的处理技巧

应对不同类型的客户处理的方法不同,在处理异议时有如下步骤。
(1) 停顿:让客户感觉你在理性地考虑问题。
(2) 重述:重述客户的异议。
(3) 确认:确认客户提出的异议。
(4) 处理:用多种方法处理异议。
(5) 满意:最后确认客户满意。
提醒:说赢客户不等于成交。
(1) 抵抗越大,反弹越强。
(2) 顺应客户,米开朗琪罗的启示。
(3) 要赢得胜利,小处不妨忍让。
(4) 要让客户有面子。

### 3. 注意事项

(1) 不要如泥牛入海或者永远自动回复。
(2) 不要极不耐烦或者喜欢用反问句式。
(3) 不要用感叹号或刺目颜色字体。
(4) 不要过分程式化,这样会让人感觉冷漠敷衍。
(5) 不要总是在绕圈子甚至答非所问。
(6) 处理议价:一要态度亲切、解释得体;二要用语规范、掌握技巧。

## 五、促成交易

### 1. 了解客户心理

察,有助于了解客户性格,说客户爱听的话;也有助于判断客户真正意图并圆满解决售后问题,挖掘客户潜在需求,激发购买意向。

需求是一个五层次的树状结构,目标和愿望决定客户的问题和挑战,客户有了问题和挑战就要寻找解决的方案,解决方案包含需要采购的产品和服务以及对产品和服务的要求,这几个要素合在一起就是需求。

客户要买的产品和采购指标是表面需求,客户遇到的问题才是深层次的潜在需求。如果问题不严重或不急迫,客户是不会花钱的,因此潜在的需求是客户的燃眉之急,任何采购背后都有客户的燃眉之急,这是销售的核心出发点。潜在需求产生并且决定表面需求,而且决策层的客户更关心现在需求,要能够引导客户的采购指标并说服客户采购。

客户的心理不外乎以下五种。

(1) 算计:希望优惠、占便宜。

(2) 攀比:期待被重视、尊重。

(3) 恐惧:不安全感、担心吃亏。

(4) 好奇:想了解更多情况。

(5) 自尊:爱听顺言、称赞。

随意扩大效果,客户可能险些离去。及时挽救,表达自身专业身份,以专业术语引起客户兴趣。用专业的知识打消客户疑惑,并适时推荐客户心理上能够接受的附加产品。当客户消除警惕心的时候,再一次以闲聊的方式,突显自己的专业身份,以主动的优惠促进客户马上下单。最后以免费的咨询作为附加服务,为客户下一次交易打下基础。

### 2. 多方位了解客户

在阿里旺旺的名片功能里可以查询到比较详细的会员信息,除了能看到该会员作为卖家获得的评价数量和好评率以外,也能看到其作为买家获得的评价数和好评率,可以很方便地查到该会员近期登录淘宝网和阿里旺旺的情况。

可以从"信用"里查到该会员较为全面的信用情况,从"活跃"查看该会员最近什么时候登录过淘宝网和阿里旺旺,有时候顾客没能及时确认收货及评价是因为近期因故没有上网,而并非有意拖延,适时了解他们的活跃情况可以有效地避免误会。

从"编辑资料"入口进入,可以轻松了解会员的详细资料并编辑备注,后面会专门用一个小节的篇幅来介绍如何编辑联系人信息。

从旺旺名片里还能看到该会员的收藏情况,从这些信息里能够了解到他的兴趣点在哪一方面,收藏了什么商品和店铺,喜欢谁的博客等。

### 3. 了解客户潜台词

要通过观察真正了解客户的潜台词,比如:"再看一下有什么可以一起买的。"可能意思是一样付邮费多买应该可以打折或免邮吧?可这个款式我已经有很多了呢!言下之意恐怕是我知道这款适合我,但我想尝试不同的风格。"好的,我再看一下,然后联系你。"意味着我在别家看到同样的东西了,说不定比你更便宜。我想要更好的款式,价钱不是问题。价钱真的无所谓吗?应该是如果既能便宜又好当然就更合心意啦!你发错货给我带来的麻烦不是钱能解决的,估计就是你除了补偿以外,当然还要有真诚地道歉哦!

### 4. 注意事项

(1) 认真体察客户是为了更好地做销售。

(2) 将心比心,正确了解客户的潜台词。

(3) 可以用更多其他方式了解体察客户。

(4) 对客户的了解不一定要都让他知道。

(5) 分析客户的最终目的还是为了促成交易。

## 六、确认订单

### 1. 减少差错率

确认是非常重要的,又是人们常忽略的,很多出现问题的产品就是由于没有多确认一下。客户有特殊要求的时候,只要能办到,就应该积极帮助。确认顾客付款以后,要用阿里旺旺与顾客核实购物清单与收货地址,如果顾客有特殊要求或者需要修改地址,要及时标注在备忘录里。同时不要忘记确认一下该客户是不是只拍了这一个商品,很多客户是有分开拍商品的习惯。

### 2. 注意交易安全

如果客户要求改地址,请一定要求用拍下的账户对话,尤其是一些容易混淆的假账号,要看一下之前你们的聊天记录是否正常。

## 七、礼貌告别

不要忘记交易成功后要礼貌告别。

### 1. 良好的收尾

收,是整个沟通的收尾。销售中应该提示客户决定购买;交流中应该提醒客户告一段落,售后处理暗示客户确定处理方案。

礼貌地告别,对于已经购物的顾客,可以预祝合作愉快,请他耐心等待收货,如有问题可以随时联系;对于没有立即成交的顾客,可以祝愿对方购物愉快,并诚恳地表达为他提供服务很高兴的心情,如有必要,可以加对方为旺旺好友,以便将来进行客户管理和跟进。告之快递马上就要来了,是最有效地促使客户成交并及时付款的方法。

### 2. 添加好友

编辑联系人信息有两个入口:鼠标指针停留在联系人名字上,点击右键从"查看/编辑联系人信息"进入或者从旺旺名片上的"编辑资料"进入设置状态。在这个设置页面上,除了可以修改该好友的所属分组以外,还可以为他编辑一个昵称,例如加入他的姓名、购买的商品、型号等,作为一个微型备注,下次再联系时,可以在最短的时间里提醒店家顾客的基本情况,尽快进入下一步的有效沟通。

在这个编辑页面上还可以看到该会员对外公开的个性展示、联系方式、工作信息等,也可以利用"备注"功能做一些简单的接待记录和工作笔记,为后续的接待工作提供一些便利。

### 3. 注意事项

(1) 用语礼貌、亲切大度会留下好印象。
(2) 将有意向的客户先加为好友以备跟进。
(3) 将不同客户进行分组和重要级别设置。

(4) 留出考虑空间，紧迫盯人会适得其反。

(5) 告别前适度努力，为下次交易留机会。

## 八、下单发货

### 1. 再次确认

把订单传到库房前要注意再次审单和确认。

### 2. 注意事项

销售人员要认真按照系统的程序操作：核对订单→添加备注→系统审单→最终下单。

**案例**

**李子的故事**

有一天，一位老太太离开家门，拎着篮子去楼下的菜市场买水果。她来到第一个小贩的水果摊前问道："这李子怎么样？"

"我的李子又大又甜，特别好吃。"小贩回答。

老太太摇了摇头没有买。

她向另外一个小贩走去问道："你的李子好吃吗？"

"我这里是李子专卖，各种各样的李子都有。你要什么样的李子？"

"我要买酸一点的。"

"我这篮李子酸得咬一口就流口水，你要多少？"

"来一斤吧。"

老太太买完李子继续在市场中逛，又看到一个小贩的摊上也有李子，又大又圆非常抢眼，便问水果摊小贩："你的李子多少钱一斤？"

"你好，你问哪种李子？"

"我要酸一点的。"

"别人买李子都要又大又甜的，你为什么要酸的李子呢？"

"我儿媳妇要生孩子了，想吃酸的。"

"老太太，你对儿媳妇真体贴，她想吃酸的说明她一定能给生个大胖孙子。你要多少？"

"我再来一斤。"老太太被小贩说得很高兴，便又买了一斤。

小贩一边称李子一边又问："你知道孕妇最需要什么营养吗？"

"不知道。"

"孕妇特别需要补充维生素。你知道哪种水果含维生素最多吗？"

"不清楚。"

"猕猴桃含有多种维生素，特别适合孕妇。你要给你儿媳妇天天吃猕猴桃，她一高兴，说不定能一下给你生出一对双胞胎。"

"是吗？好啊，那我再来一斤猕猴桃。"

"你人真好，谁摊上你这样的婆婆，一定有福气。"小贩开始给婆婆称猕猴桃，嘴里也不闲着："我每天都来在这儿摆摊，水果都是当天从批发市场挑选新鲜的批发来的。你儿媳妇要是吃好了，你再来。"

"行。"老太太被小贩说得高兴，提了水果边付账边应承着。

## 【任务实施】

在学习了相关准备知识后，结合自己的理解，谈谈面对任务中的那个摩登女郎，你认为她的兴趣和利益在哪儿？

要求：
(1) 将学生 4~6 人分成一个小组，组内分工要明确。
(2) 查阅相关知识的资料。
(3) 小组成员讨论交流各自学习成果，由组长进行汇总整合。
(4) 由小组指定代表进行任务汇报。

## 【任务小结】

由教师归纳总结任务中主要的思想、知识点等。

# 任务三　售后管理

## 【情境及任务描述】

小兰在网上买了一套化妆品，可是不太适合她，皮肤过敏厉害，她强烈要求退货，作为网络客服，你应该怎么处理呢？

## 【知识准备】

### 一、售后服务

**1. 售后服务概念**

售后服务，就是在商品出售以后网络客服所提供的各种服务活动。从推销工作来看，售后服务本身同时也是一种促销手段。在追踪跟进阶段，网络客服人员要采取各种形式的配合步骤，通过售后服务来提高企业的信誉，扩大产品的市场占有率，提高推销工作的效率及效益。

**2. 网络客服提供的售后服务的主要内容**

(1) 根据客户要求，进行有关使用等方面的技术指导。
(2) 保证维修零配件的供应。

(3) 负责维修服务。

(4) 为客户提供定期电话回访。

(5) 对产品实行"三包"，即包修、包换、包退(现在许多人认为产品售后服务就是"三包"，这是一种狭义的理解)。

(6) 处理客户的不满和投诉意见，解答客户的咨询。同时用各种方式征集客户对产品质量的意见，并根据情况及时改进。

## 二、正确处理投诉

### 1. 正确处理投诉的原则

(1) 要先处理情感，后处理事件。
(2) 耐心地倾听顾客的抱怨，分析顾客抱怨的原因。
(3) 想方设法地平息顾客的抱怨。
(4) 要站在顾客的立场上来将心比心。
(5) 迅速采取行动。

### 2. 如何进行积极的投诉处理

1) 投诉中需要的观念
(1) 客户是必须享受服务的。
(2) 客户一定会抱怨。
(3) 处理投诉的关键在于沟通。
(4) 换位思考。
(5) 心态及态度很重要。如图 7-14 所示为客服各种不应该的行为。

图 7-14　各种不应该的行为

不错，顾客不完全是对的，但这也是一个事实：客户就是客户。这句话简单地说明了解决问题远比争论谁对谁错更重要。当有客户被激怒时，如果你能心平气和地解决问题，就会缓解紧张气氛，每个人都会觉得好受多了，而你也将节省时间。所以，应该明白虽然顾客不完全对，但是顾客终归是顾客。

对付一个怒气冲天的人,请心平气和地解决问题,不要与他的情绪共舞或是责怪任何人。

2) 讲究七个"一点"

(1) 耐心多一点。
(2) 态度好一点。
(3) 动作快一点。
(4) 语言得体一点。
(5) 补偿多一点。
(6) 层次高一点。
(7) 办法多一点。

3) 投诉处理的步骤

(1) 控制个人情绪。当顾客进行投诉时,往往心情不好,失去理智,顾客的语言或者行为会让员工感受到被攻击、不耐烦,从而被惹火或难过,容易产生冲动,失去理性,这样就使得事态发展更加复杂,导致企业服务和信誉严重受损。可参考帮助平复情绪的一些小技巧:深呼吸,平复情绪。要注意呼气时千万不要大声叹气,避免给顾客不耐烦的感觉。集中在寻找解决问题的方法,保持笑容及放慢说话速度。

(2) 聆听顾客说话。为了管理好顾客的情绪,你首先要意识到这些情绪是什么,他们为什么投诉。细心地聆听顾客愤怒的言辞,让顾客进行宣泄,辅以语言上的缓冲,为发生的事情致歉,声明你想要提供帮助,表示出与顾客合作的态度。这既让顾客将愤怒一吐为快,使愤怒的程度有所减轻,也为自己稍后提出的解决方案做好准备。

(3) 建立双赢共鸣。对顾客的不满深表理解,这是化解怨气的有力武器。当顾客投诉时,他最希望自己的意见受到对方的尊重,自己能被别人理解。建立与顾客的共鸣就是要促使双方交流表达,达到双赢效果。在投诉处理中,有时一句体贴、温暖的对白,往往能起到化干戈为玉帛的作用。与顾客产生共鸣的原则是真诚地理解顾客,而非同情。只有站在顾客的角度,想顾客之所想,急顾客之所急,才能与顾客形成共鸣。要站在顾客的立场上想问题,学会换位思考:如果我是顾客,碰到这种情况,我会怎样呢?

实现顾客共鸣的技巧有:第一,重复内容,用自己的话重述顾客难过的原因,描述时并稍微夸大顾客的感受;第二,做出响应,把你从顾客所感受到的情绪说出来,模拟顾客的境地,换位思考,想象一下,供货商以相同或类似的方式对待他们的顾客(我们)时,我们会做出怎样的反应。共鸣表达的最大挑战,是使顾客听起来感到真诚,表现出对顾客观点的理解,听起来才具感染力。

(4) 及时表示歉意。当问题发生时,很容易逃避责任,说这是别人的错。即使知道是公司内谁的错,也不责备公司员工,这种做法只会使人对公司留下不好的印象,其实也就是对前线员工留下坏印象。

当不是自己的错,自然不愿意致歉。为使顾客的情绪更加平静,即使顾客是错的,但致歉总是对的,这是为顾客情绪上所受的伤害表示歉意。道歉要有诚意,要发自内心地向顾客表示歉意,不能口是心非、皮笑肉不笑,否则就会让顾客觉得是心不在焉地敷衍,感到更加不满。在道歉时,最惯常的说法是"很抱歉,但是……",这个"但是"否定了前面说过的话,使道歉的效果大打折扣。最常见的例子是,一家餐厅员工说:"很抱歉,但是我们太忙了!"此时,客人不会在乎"太忙",反而认为这是在推卸责任。为情况道歉,而不是去责备谁。即使在问题的对与错还不是很明确，需要进一步认定责任承担者时，也要首先向顾客表示歉意，但要注意，不要让顾客误以为公司已完全承认是自己的错误，其实只是为情况而致歉。例如可以用这样的对白："让您感到不方便，不好意思！"或者"给您添了麻烦，非常抱歉！"等。

这样有助于平息顾客的愤怒，又没有承担可导致顾客误解的具体责任。如果是顾客出了错时，也不能去责备。

虽然无法保证顾客在使用产品的过程中百分之百满意，但必须保证当顾客因不满而找上门时，在态度上总是能够百分百地让顾客满意！

(5) 提出解决方案。在积极地聆听、产生共鸣和向顾客致歉之后，双方的情绪得到了平息，现在是时候把重点从互动转到解决问题上去了。平息顾客的不满与投诉，问题不在于谁对谁错，而在于双方如何沟通处理，解决顾客的问题。

对于顾客投诉，要迅速做出应对，要针对顾客所投诉的问题，提出应急方案；同时，要提出杜绝类似事件的发生的办法，或类似事件发生的处理方案，而不仅仅是解决了目前客户的投诉就草草了事。

应该迅速就目前的具体问题向顾客说明各种可行的解决办法，或者询问对方的想法及对问题解决的意见，为具体方案进行协商；然后确认方案，总结将要采取的各种行动，并重复顾客关切的问题，确认顾客已经理解，并向顾客承诺不会再有类似事件发生。

在检查顾客投诉的过程中，负责投诉处理的同事要记录好投诉过程的每一个细节，把顾客投诉的意见、处理过程及方法都在处理记录表上进行记录，深入分析顾客的想法，这样顾客也会有较为慎重的态度。而每一次的顾客投诉记录，企业都会存盘，以便日后查看，并定期检讨产生投诉意见的原因，从而加以修改。为了防止此类事件的发生，研究是否需要进行改革，对服务程序或步骤要做哪些必要的改变，以提出预见性的解决方案。

顾客进行投诉是希望能继续光顾，同时是对企业服务不满信息的反馈，无疑也给企业提供了一次认识自身服务的不足和改善服务质量的机会。所以，员工要真诚地对顾客表示感谢。因此，员工可以写一封致谢信，感谢顾客所指出的问题，并为防止以后类似事件的发生，企业所做出的努力和改进的办法向顾客说明，真诚地欢迎顾客再次光临或惠顾。

4) 处理投诉的基本方法

(1) 要用心聆听。

(2) 要表示道歉。

(3) 要仔细询问，可以重复客户的话语。

(4) 要记录问题(设计投诉处理卡)。

设计投诉处理卡：包括记录投诉事实、投诉要求、投诉人的姓名和联系方式。记录中可以逐项填写：发生了什么事情？事情是何时发生的？有关的商品是什么？价格是多少？当时的业务员是谁？客户真正不满的原因何在？客户希望以何种方式解决？客户是否通情达理？这位客户是否为企业的老主顾？

**知识链接：IBM 公司客户服务部为投诉顾客写回函的格式**

尊敬的××先生/女士：
　　十分感谢您的来信，让我们能有令您满意的机会。
　　您的抱怨对我们来说是份礼物，也是改进的机会。

您说得一点没错。您的笔记本电脑应当正常运作,但目前并非如此。

本人真诚地向您道歉,抱歉使您遭受不便。同时,我向您保证,我们会以最快的速度改正这一问题。

我们的专业技术人员××将与您联系,以便安排上门收取您的电脑,他在取件时会送上另一部笔记本电脑供您使用,直到我们修好您的电脑为止。

我本人将负责此事处理全过程,有任何问题请随时致电给我。

再一次感谢您!

(5) 要迅速回应、解决问题(如何写投诉回函)。

(6) 要礼貌地结束。

5) 处理投诉过程中的大忌

(1) 缺少专业知识。

(2) 怠慢客户。

(3) 缺乏耐心,急于打发客户。

(4) 允诺客户自己做不到的事。

(5) 急于为自己开脱。

(6) 可以一次解决的问题反而造成客户升级投诉。

下面列出了投诉禁止法则:立刻与客户讲道理;急于得出结论;一味地道歉;告诉客户:"这是常有的事";言行不一、缺乏诚意;吹毛求疵,责难客户。

**知识链接:处理投诉时的禁语**

公司的规定就是这样的!
你看不懂中文(英文)吗?
改天再和你联络(通知你)!
这种问题我们见得多了!
这种问题连小孩子都会!
你要知道,一分钱,一分货!
绝对不可能发生这种事!
你要去问别人,这不是我们的事!
我不知道,不清楚!

6) 几种难以应付的投诉客户

(1) 以感情用事诉说者。这类客户的特征是情绪激动,或哭或闹。建议处理方式为:一是保持镇定,适当让客户发泄;二是表示理解,尽力安抚,告诉客户一定会有解决方案;三是注意语气,谦和但有原则。

(2) 滥用正义感者。这类客户的特征是语调激昂,认为自己在为民族产业尽力。建议处理方式为:一是肯定用户,并对其反映问题表示感谢;二是告知本企业的发展离不开广大企业用户的爱护与支持。

(3) 固执己见者。这类客户的特征是坚持自己的意见,不听劝。建议处理为:一是先表示理解客户,力劝客户站在互相理解的角度解决问题;二是耐心劝说,根据产品的特性解释所提供的处理方案。

(4) 有备而来者。这类客户的特征是一定要达到目的，了解消费者权益保护法，甚至会记录处理人谈话内容或录音。建议处理方法为：一是处理人一定要清楚公司的服务政策及消费者权益保护法的有关规定；二是要充分运用政策及技巧，语调充满自信；三是明确希望解决用户问题的诚意。

(5) 有社会背景，宣传能力强者。这类客户通常是某重要行业领导、电视台、报社记者、律师，不满足要求会实施曝光。建议处理方法为：一是要谨言慎行，尽量避免使用文字；二是当客户要求无法满足时，及时上报有关部门研究；三是一定要迅速、高效地解决此类问题。

## 【任务实施】

在学习了相关准备知识后，结合自己的理解，谈谈作为接待小兰的网络客服应该怎么做才比较合适。

要求：
(1) 将学生4～6人分成一个小组，组内分工要明确。
(2) 查阅网络客服售后相关知识的资料。
(3) 小组成员讨论交流各自学习成果，由组长进行汇总整合。
(4) 由小组指定代表进行任务汇报。

## 【任务小结】

由教师归纳总结任务中主要的思想、知识点等。

# 任务四　客户关系管理

## 【情境及任务描述】

假设你一直联系一个国际大客户，又到了订货的时间了。可是对方客户一点消息都没有，你应该怎么做呢？

## 【知识准备】

### 一、客户关系管理的概念

客户关系管理(Customer Relationship Management, CRM)就是通过有效的管理制度和技术工具，不断加强与客户交流，不断了解客户需求，不断挖掘客户价值的过程。

客户关系管理类似人们谈恋爱的时候对男友(女友)的管理：

女友长时间不搭理自己的时候，你怎么做？你为什么要在生日的时候送给她礼物呢？你怎么知道她喜欢这样的礼物的？不管什么节日,你总是送同样的东西,她还会高兴吗？……

## 二、客户关系管理的内容

### 1. 网络售前服务

网络售前服务是指企业在产品销售之前，针对消费者的购物需求，通过网络向消费者开展诸如产品介绍、产品推荐、购物说明、协助决策等消费者教育与信息提供等活动。企业网络营销售前服务的主要任务是向潜在的用户提供全面的信息服务。

### 2. 网络售中服务

网络售中服务主要是指销售过程中的服务。这类服务是指在交易过程中，企业为了保证商品交换活动顺利实现，而向用户提供的一系列服务活动，如简单方便的商品查询、体贴周到的导购咨询、简便高效的商品订购、安全快捷的货款支付、迅速高效的货物配送等服务等。

### 3. 网络售后服务

网络售后服务就是为了使用户需求得到更好的满足，企业借助因特网直接沟通的功能，以便捷的方式满足用户在产品消费过程中所派生的各种需求。

网络售后服务有两类，一类是基本的网上产品消费支持和技术服务，包括帮助用户安装调试产品，排除技术故障，提供技术支持等服务；另一类是企业为满足用户的附加需求而提供的各种附加产品的服务，如免费维修、定期保养、寄发产品改进或升级信息、接受顾客对产品或服务的信息反馈等。

## 三、客户关系管理系统的组成

### 1. 客户信息管理

1) 客户资料库管理

客户资料库管理包括新增、修改及删除客户资料。客户资料划分为基本信息、联系信息、财务信息、关系评估信息等，便于企业对客户进行分析。客户能够与多个联系人相关联，能够定义联系人的上下级关系。

2) 联系人管理

联系人管理包括记录联系客户的基本信息、兴趣爱好、家庭情况、背景等，从而便于展开重点公关活动。

3) 客户分组

客户分组管理包括对客户进行分组，以便于管理和组织特定的客户活动。

### 2. 销售管理

1) 机会管理

机会管理是发掘新客户或者新商机的业务管理。可新建销售机会，并关联到新的潜在客户或者旧的购买客户。通过选择已定义好的销售流程，执行机会的流程管理，设定机会的来源重要性等，记录与客户的交互活动以提高成交的可能性；通过了解客户计划及需求、预算、存在的竞争等因素对成功率进行分析评估；通过"机会阶段晋升管理"跟踪销售人员促进客户流程流向签单的整个销售过程；对于关闭的商机，能够分析成功与失败的原因，逐步提高签约的成功率。

2) 订单处理和跟踪

这个过程包括录入订单；通过查询库存，了解订单的执行可行性，确认订单的执行；跟踪订单的收款和发货情况。

3) 销售流程自定义

销售流程自定义是指支持多种销售流程的自定义，每一流程能够设定多个流程阶段，定义好的流程将被销售机会的过程管理使用。

### 3. 市场管理

1) 营销战役管理

营销战役管理包括拟订营销战役活动计划，说明活动的目标，对任务活动进行分解，制定执行步骤，委派执行人；执行人按照计划执行，并根据实际任务情况、执行情况更新任务状态；战役负责人跟踪执行情况，并根据实际情况调整计划。

2) 合作与竞争

对市场竞争对手、竞争产品进行优势、劣势分析，并制定应对策略；对合作伙伴及合作情况进行记录。

### 4. 服务管理

1) 客户咨询管理

客户咨询管理包括对客户售前、售后咨询的记录和跟踪，记录与咨询相关的产品服务类别，以便于分析；对于售前咨询，可导入销售商机进行分析。

2) 反馈、投诉管理

反馈、投诉管理包括记录客户反馈，并反映给相关责任部门或人员，对处理情况及结果进行记录跟踪；记录客户投诉内容，对处理情况进行跟踪，了解客户最终对解决情况的满意程度，确保投诉得到妥善处理。对于客户投诉或反馈的产品问题及意见，提交给产品开发部门加以改善。

3) 服务请求管理

服务请求管理包括对客户提出的维修、退换、安装的服务请求进行记录和跟踪，制定服务活动计划，并进行派工处理，对处理结果及客户的满意程度进行记录。

### 5. 其他基础数据管理

1) 产品管理

产品管理包括建立产品或服务项目资料库，并进行归类管理。

2) 库存管理

库存管理用于记录产品的库存情况，实现出库、入库、调拨、盘点等库存业务操作，并能够提供各种业务及分析报表。

2) 人员组织管理

人员组织管理包括定义公司的组织架构及人员情况。

3) 用户、组管理

用户、组管理包括管理系统用户，并能够对用户或组进行权限分配。

4) 权限管理

权限管理包括定义权限及角色，对系统用户或组进行权限分配。

### 6．系统管理

客户关系管理系统提供强大完善的权限设置功能，能够将权限级别具体定义到每个业务实体的每一项操作上，并能够通过灵活的配置适应各种权限分配需求。

1) 角色定义

角色定义能够将权限项组合，形成某一业务角色所具备的所有权限集合，然后再将这些权限集合统一分配给用户或组。

2) 权限分配

权限分配包括将权限分配给个人、组，并能实现组的嵌套集成。

## 四、客户关系管理之客户分组

### 1．客户分组——VIP 客户管理

VIP 顾客为 1 年内订购次数在 3 次以上，销售数量在 10 件以上，销售金额在 1 万元以上的忠实顾客。客户关系管理之客户分组如图 7-15 所示。

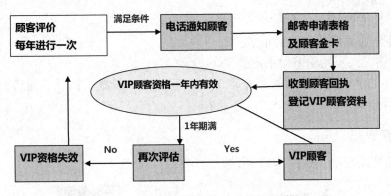

图 7-15　客户关系管理之客户分组示意图

### 2．客户分组——VIP 客户群

建立 VIP 客户的阿里旺旺群，安排专人维护，保持好群内活跃度。

### 3．客户分组——设置标签

根据客户特点设置专门的标签，如图 7-16 所示。

图 7-16　客户分组——设置标签页面

#### 4. 客户分组——客户发掘

在客户评价部分寻找评价很高、评价写得很长、愿意分享的客户,与他们沟通,并升级会员资格。

## 五、客户关系管理之客户关怀

### 1. 提醒与祝福

首先要记注:客户关系管理的核心是关怀,主要包括以下内容。

(1) 客户生日关怀。
(2) 购买 7 天后关怀。
(3) 购买 28 天后关怀。
(4) 会员卡到期提醒。
(5) 不同类别(如肤质、年龄)的关怀。
(6) 特殊情况:不同季节对不同肤质。

其次关怀的手段要丰富。可以采取旺旺、旺旺群、帮派、社区、微售、微博、博客、短信、邮件等方式。

### 2. 建立帮派

建立店铺帮派互动,如图 7-17 所示。

图 7-17　"范范团"建立店铺帮派

## 3. 微博互动

建立微博互动，如图 7-18 所示。

图 7-18　建立新浪微博互动

## 4. 淘江湖

维护好淘江湖，关注 VIP 客户的江湖，如图 7-19 所示。

图 7-19　淘江湖的页面

# 六、客户关系管理之精准营销

## 1. 客户关系管理动作的执行

客户关系管理动作的执行通常有电话、短信、DM、合作推广、邮件营销等方式。接下来通过最典型的邮件营销介绍客户关系管理的执行。

成本最低、监测效果最好、信息包含量最大的是邮件营销。因为只花 2 分钱就可以维系住一个客户。

## 2. 要做些什么，怎么做

邮件发送，其实只是冰山一角。邮件发送在客户关系管理之精准营销中的情况如图 7-20 所示。

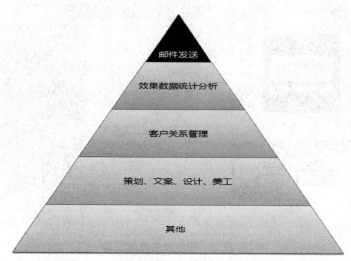

图 7-20　客户关系管理之精准营销示意图

把邮件发送这个动作定义成邮件营销的全部是错误的。呈现在用户面前哪怕只有三秒钟的时间，也需要花费 3 天甚至更多时间来准备，一旦突破了这要命的三秒，客户就可以敞开心扉地面对店家了。

## 3. 具体做法

从山顶开始说起：邮件营销牵涉到类型、频次、发送时间、发送量以及找一个好的邮件供应商。下面分别来介绍。

## 4. 类型

邮件营销类型包括营销邮件和客户维护邮件。营销邮件分为各种活动类型及固定商品，客户维护邮件分为对客户各种祝贺，如图 7-21 所示。

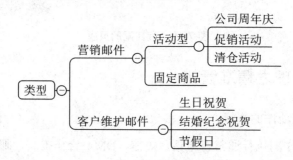

图 7-21　邮件营销类型

## 5. 频次

发邮件频次如图 7-22 所示。

图 7-22　发邮件的频次

发邮件频次可以为 40 天内一共 10 封，平均 4 天一封，中间穿插活动的邮件。还可以包含促销、新品通知等表示对老顾客的关怀。

### 6. 发送时间及发送量

发送的量一般不要太大，否则容易进入垃圾邮件箱，时间最好是凌晨发送，保证早上可以打开邮箱。

### 7. 找一个好的邮件供应商

(1) 最大限度地保证不被进入垃圾邮件。
(2) 服务器稳定，不会被记录成垃圾邮件服务器。
(3) 好的发送系统一般有详尽的数据统计。
(4) 方便进行二次开发。

### 8. 数据发送的统计

首先，来看看总的发送效果如何，如图 7-23 所示。

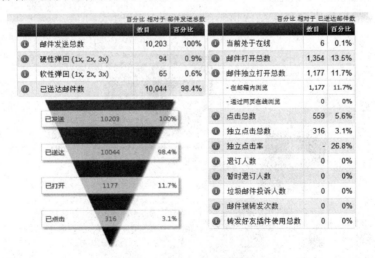

图 7-23　邮件的发送效果

再来看看谁打开了这个邮件，如图 7-24 所示。

图 7-24　查看邮件接收者

看完这些数据，可以得出以下结论。

(1) 可以知道是谁点击了哪些链接，可以知道哪些商品是用户更感兴趣的。

(2) 可以知道这次邮件营销有没有达到目标。

(3) 通过点击数的显示，知道哪些人对此次的邮件更感兴趣，这些感兴趣的人，就可能成为客户了。

(4) 可以从几次的邮件发送中，知道某个用户对哪个分类或者品牌感兴趣，以后，就可有针对性地发送邮件。

(5) 通过效果对比，可以分析每次的不足，以便改进。

(6) 通过在邮件里面嵌入固定的代码，可以精确分析每次邮件发送所带来的成单用户有多少。

**9. 邮件设计**

设计邮件时要注意以下几点。

(1) 整体风格与色彩要和主站保持一致，如图 7-25 所示。

图 7-25　邮件设计的整体风格与色彩特点

(2) 最优宽度是 600～650px，高度最好是两屏，如图 7-26 所示。

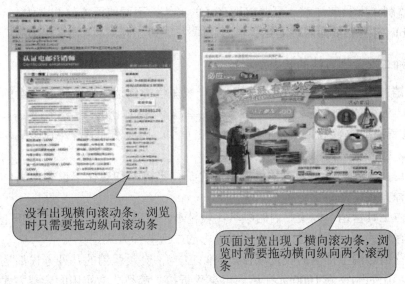

图 7-26　邮件最优宽度展示

(3) 创意与图形要清晰明快，一目了然，将想表达的东西快速表达清楚，如图 7-27 所示。

图 7-27　创意设计展示

(4) 规避垃圾邮件。不要大面积的图片，以免被当作垃圾邮件，容易被定义为垃圾邮件的几点：如大面积刺激色、红色、橙色；没有文本内容，只有图片；全文本等。另外，尽量不要使用网易的邮箱，在用户注册时就要规避。

(5) 邮件心得。发送的时候，可以做 A/B testing；要有退订，否则会触犯法律；多个邮箱测试，否则出现有的邮箱显示正确的情况；图片上加上 a，当图片不能显示的时候，可以告诉用户这个区域是做什么的；使用变量，在邮件的标题和内容中出现客户的名称，如"×××× 你好"。

(6) 你的商业区和第一视点要统一。

(7) 具体制作人员应注意：不要出现奇怪的形状；不要使用冷门的字体；不要用 CSS，直接使用 table 定位加页面内联 CSS。

### 10. 各种二次营销方法的长处及不足

短信营销：成本较低，且准确度较高，一般短信的到达概率及顾客查看的比率在营销方法中偏高，但整体的转化率偏低，具体转化率需看活动力度。

EDM 营销：成本较低，因为可以直接点击页面，因此活动转化率比较高，但是顾客查看概率不高，且需要提前准备网页设计。

电话回访：顾客感受度最好的营销方式之一，准确率和转化率也非常高，平均成本也是最高的一种方式。

淘宝站内工具营销：淘宝站内的顾客比较精准，可以通过群发消息、建旺旺群等方式，在后台设置客户关怀，这些是平时就可以进行的二次营销方式。

站内信营销是淘宝推出的收费项目，类似 EDM；会员营销的几种方式都是会员在站内可以看到的，比如购物满 1000 元在店内可享受折扣，都是非常实用的营销方式。

实物礼品赠送：顾客最喜欢的莫过于实物礼品了，可以作为小惊喜出现在顾客的包裹中，但是礼品的选择是有技巧的，例如食品常用的礼品就是将要上市的小包零食，可以用于测试市场，也可以提前吊顾客胃口，对二次销售帮助很大，需要注意的是礼品的选择和成本控制。

## 【任务实施】

在学习了相关准备知识后，结合自己的理解，谈谈作为联系网络客服面对国际大客户时，应该怎么做。

要求：

(1) 将学生 4~6 人分成一个小组，组内分工要明确。

(2) 查阅网络客户管理相关知识的资料。

(3) 小组成员讨论交流各自学习成果，由组长进行整合汇总。

(4) 由小组指定代表进行任务汇报。

## 【任务小结】

由教师归纳总结任务中主要的思想、知识点等。

## 【技能检测】

客户关系管理的内涵是什么？

## 【实训任务】

1. 选定某个企业品牌，填写品牌说明书。

要求：

(1) 将学生 4~6 人分成一个小组，组内分工要明确。

(2) 查阅品牌相关知识的资料。

(3) 根据品牌定位、内涵、风格等，填写品牌说明书。

(4) 由小组指定代表进行任务汇报。

2. 以某件产品为例，请学生仔细观看产品外观及包装，说出产品名称。逐一说出产品特性、特点、用途、使用方法等。

要求：

(1) 分组进行，组内明确分工。

(2) 以小组为单位，指定代表来回答问题。

3. 为以下的对话贴上客户心情贴纸。

(1) 您可能没有听明白，我再跟您说一遍。

(2) 也许我说得不够清楚，请允许我再解释一遍。

(3) 现在咨询的客户较多，抱歉，让您久等了。

(4) 我们今天会给您发货的，正常情况明天您就能收到了哦。

4. 各组分别选择一种异议，并处理这种异议。牢记处理异议的步骤、技巧和注意事项。

要求：

(1) 将学生 4~6 人分成一个小组，组内分工要明确。

(2) 根据异议的种类确定这种类型客户的特点，并选择应对方法。

(3) 设置小情景剧来体现你的应对方法。

(4) 由小组成员分工一起进行任务汇报表演。

# 项目八 移动商务

## 【知识与技能目标】

- 掌握移动商务的特点和应用范围。
- 掌握移动商务在娱乐、支付和获取及时信息中的应用方法。

## 【情境及任务描述】

### 任务 移动商务实务

朋友们聚会聊天,谈到当今社会,移动商务已经渗透到人们的生活中来。手机成为我国网民的首要上网终端。请问你的看法是怎样的?

## 【知识准备】

中国互联网络发展状况统计报告表明,截至 2013 年 12 月,中国手机网民规模达到 5 亿,年增长率为 19.1%,继续保持上网第一大终端的地位。网民中使用手机上网的人群比例由 2012 年年底的 74.5%提升至 81.0%,远高于其他设备上网的网民比例,手机依然是中国网民增长的主要驱动力。而截至 2013 年 12 月,我国手机端在线收看或下载视频的用户数为 2.47 亿,与 2012 年年底相比增长了 1.12 亿,增长率高达 83.8%,在全世界手机类应用用户规模增长幅度统计中排名第一。

近年来,宽带和无线网络的日益普及,无线通信设备与 Internet 的融合,催生了移动互联技术,使移动商务和移动经济迅速发展。它深刻地改变了人们的生活、娱乐和交易方式。移动商务成为电子商务新的应用领域。

## 一、移动商务概述

### 1. 移动商务的基本概念

图 8-1 所示为企业结构性转变演进图,可以看出计算机网络技术所导致的企业结构性变化。最初的系统集成和商务再造,主要是企业内部计算机网络化和业务重组。而后的电子交易到电子商务再到移动商务的转变,给企业带来更全面的冲击。

电子交易是通过 Internet 进行商品及服务的简单的买、卖过程。电子商务比电子交易的内涵更宽泛一些,它是指能使一个企业提供电子交易的所有技术应用和商务过程。除了电子交易外,电子商务还包括形成当今商业交易核心动力的企业前台、后台应用程序。从最宽泛的意义上讲，电子商务是重新定义旧商业模式的全方位战略，依托于技术，实现客户价值最大化和企业利润的最大化。

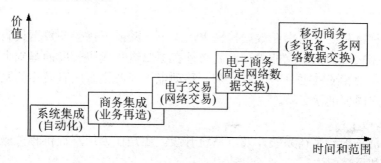

图 8-1 企业结构性转变演进图

然而，大部分电子交易和电子商务的设想和开发都是为使用有线设备的固定客户考虑的。随着无线数据网络的诞生和被广泛应用，固定电子商务向移动商务迈进。

移动商务是指什么呢？目前，对于移动商务的概念并没有统一的界定。但综合人们从不同角度的理解，可以总结如下：移动电子商务就是利用手机、个人数字助理(Personal Digital Assistant，PDA)及掌上电脑等无线终端进行 B2B、B2C 或 C2C 活动的电子商务形式。简单而言，移动商务=移动+电子商务。其中，"移动"为手段，"电子商务"为目的。它将互联网、移动通信技术、短距离通信技术及其他信息处理技术完美结合，使人们可以在任何时间、任何地点进行各种商贸活动，实现随时随地、线上线下交易、在线电子支付以及各种交易活动、商务活动和相关的综合服务活动等。

移动商务的运行需要构建在由计算机网络与 Internet、电信服务、传统电子商务系统共同支撑的应用系统之上。

中国移动通信产业的发展为移动商务提供了良好的通信基础设施平台和技术手段，同时集语音、图片、文字等为一体的 3G 乃至 4G 服务的发展，进一步促进移动通信产业链资源的丰富和整合，催生出各种可行的移动商务新模式。

2013 年 7 月，CNNIC 发布的中国互联网络发展状况统计报告显示，截至 2013 年 6 月底，我国手机网民规模达 4.64 亿，网民中使用手机上网的人群所占比例提升至 78.5%，相比 2012 年年底提升了 4.0 个百分点，而通过台式电脑上网的网民相比 2012 年年底下降了 1.1 个百分点。手机作为第一上网终端的地位稳固，移动终端构成了移动商务巨大的潜在市场。全球著名的市调公司美国 Frost&Sullivan 的报告显示，未来移动商务市场将主要集中在以下领域：自动支付系统，包括自动售货机、停车场计时器、自动售票机等；半自动支付系统，包括商店的收银柜机、出租车计费器等；移动 Internet 接入支付系统，包括商业的 WAP 站点等；手机代替信用卡类支付以及私人之间账务结算。在以上这些支付形式中，其中通过手机支付的占整个移动商务的 39%，私人之间的 P2P 支付占 34%。

**2. 移动商务应满足的要求**

移动商务应满足以下几个方面的要求。

1) 安全性

安全性是移动电子商务需要满足的最基本要求，这源于移动通信的本质。从理论上说，任何人在通过无线网络传输信息时，其他人都有可能对其进行截取。虽然移动通信已经在

# 电子商务实务

信息传送的过程中加入了多种加密技术,但移动商业和移动银行系统需要更高级别的安全保障。

2) 冗余度

冗余度又称富裕度,是指在数据传输中,由于衰减或干扰会使数据代码发生突变,此时就要提高数据代码的抗干扰能力,这就必须在原二进制代码长度的基础上增加几位二进制代码的长度,使相应数据具有一定冗余。移动电子商务系统应有较高的冗余度,以保证成千上万的用户同步进行交易。

3) 及时性

移动电子商务无论是在系统开发、系统升级,还是在为用户提供相关服务时,都应有良好的及时性和反馈能力。

4) 灵活性

移动电子商务系统需要有良好的兼容性和开放性,所提供的服务也应具有较好的灵活性,能为用户提供各种个性化的服务。

5) 具有公认标准和处理突发事件的能力

移动电子商务系统在开发过程中应遵循相关的公认标准,并且具备处理突发事件的能力。

### 3. 移动商务的特点

与传统电子商务相比,移动商务具有明显的特色和优势,主要表现在以下三个方面。

1) 不受时空限制

移动商务真正消除了距离和地域的限制,摆脱了有线网络对工作地点的约束,能够真正做到随时随地开展电子商务活动。

2) 安全性得到了提高

移动商务比 Internet 上的电子商务更具安全性。手机所用的 SIM 卡可以唯一确定一个用户的身份,因而更容易实现安全认证。

3) 信息的获取更及时

在移动商务中,移动用户实现信息的随时随地访问本身就意味着信息获取的及时性。但需要强调的是,同传统的电子商务系统相比,用户终端本身就可以作为用户身份的代表。因此,商务信息可以直接发送给用户终端,这进一步增强了移动用户获取信息的及时性。

4) 为用户提供更加个性化的服务

目前,移动通信成为企业管理和营销的强有力辅助工具。移动电子商务灵活、简单、方便的特点,使其完全根据客户的个性化需求和喜好定制,设备的选择以及提供服务与信息的方式完全由用户自己控制。通过移动电子商务,用户可随时随地获取所需的服务、应用、信息和娱乐。

### 4. 移动商务存在的问题

移动商务作为一种新兴的商务形态,由于无线技术发展水平的限制,目前仍然存在许多需要马上解决的问题。

1) 移动终端无法满足商务需求

移动终端在移动商务中占有重要的地位,但是目前所有的移动终端设备都存在存储空间的局限，无法处理大的文件，即使出现了 4GB 存储空间的手机，但距离普及性的应用尚存在距离；此外，狭小的显示屏和烦琐的数据输入方法依然是限制移动 Internet 易用性和功能性的主要障碍。

2) 无线传输带宽无法满足商务需求

无论是中国移动的 GPRS 还是中国联通的 CDMA 1X，所提供的速率对于大规模的商用都尚有一定的距离。例如 GPRS 理论承诺 171Kbps 的带宽，但从移动的 GPRS 测试中达到 40Kbps 已是十分可观。传输速率直接影响着办公及业务处理的效率，所以要说服行业客户接受移动商务应用的解决方案并非是一件容易的事情。

当然，随着 3G 网络在商用方面的迅速增加将部分解决这一问题。其 2Mbps 的传输率可以满足许多商务活动的需求。

3) 与企业 Intranet 系统的连接

一般来讲，企业后台数据库系统是企业从事电子商务的重要资源，与 Internet 实现了有机的结合。但是，实施移动商务，企业面临两种选择，要么重新上一个支持无线应用的数据库，要么利用原有的数据库。前者无疑会提高企业的建设成本；后者则使得企业数据库供应商面临开放数据库核心技术的问题。

4) 移动安全性问题

在传统的电子商务活动中，安全问题是人们考虑的重要问题。在移动商务中，当使用移动通信设备进行数据共享并不断增加其功能，这个问题会更加突出，因为现在所有的移动终端几乎都没有安全机制。

当然，除了以上提到的问题外，移动商务还面临其他问题的挑战，如移动网络的覆盖范围、体系整体的稳定性保障等问题。

## 二、移动商务体系结构

图 8-2 所示是移动商务的体系结构对移动商务应用系统的抽象描述。

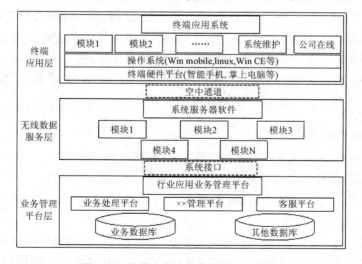

图 8-2 移动商务应用系统的体系结构

从图 8-2 中可以发现，移动商务应用系统分四层：终端应用层、无线数据服务层、业务管理平台层以及无线通道层。

终端应用层一般包括三个子层：行业应用功能模块(应用软件)，一般支持流行的 B-S 结构和 C-S 结构访问方式；移动终端操作系统；移动终端硬件平台。从体系结构看，终端应用层基本就是一台浓缩了的计算机。

空中通道，主要指当前中国移动的 GPRS 网络和中国联通的 CDMA 1X 网络的分组域。从全球 3G 的三大主流标准来看，GPRS 的演进趋势是 WCDMA，需要进一步分组化，增强 GGSN 与 SGSN 的对分组业务的承载能力；而 CDMA 1X 到 CDMA 2000 的演进趋势则有两条路径可选，即 EV-DV 与 EV-DO，至于如何选择，国内主流运营商态度尚未明确。但目前来看，1X 的分组技术对数据支持能力更强一些。

无线数据服务层是支持无线终端对后台业务管理平台的数据库系统的代理访问，它相对独立于无线终端应用层，各个服务模块提供标准的功能调用接口，可以将终端对数据的操作标准化，保证数据的安全，同时便于自身的功能升级。

业务管理平台层，是行业应用中根据业务管理的需要建设的后台指挥管理平台(一般带有自己的数据库系统)，如城管监察系统与移动终端间的在线互动管理平台。

## 三、移动商务实现技术

Internet、移动通信技术和其他技术的完美结合开创了移动商务，目前，实现移动商务主要有以下几种技术。

### 1．无线应用协议

WAP(Wireless Application Protocol)是开展移动电子商务的核心技术之一。WAP 最早是由摩托罗拉、诺基亚、爱立信和无线星球公司倡导和开发的。它的提出和发展是基于在移动中接入 Internet 的需要。通过 WAP，移动终端可以随时随地、方便快捷地接入 Internet，访问和获取以统一的内容格式表示的 Internet 或企业内部网信息和各种服务，收发电子邮件，真正实现不受时间和地域限制的移动电子商务。

WAP 提供了一套开放、统一的技术平台和开发运行环境，能够支持当前最流行的嵌入式操作系统。WAP 可以支持目前使用的绝大多数无线设备。在传输网络上，WAP 也可以支持目前的各种移动网络，如 GSM、CDMA、TDMA 和 3G 等。目前，许多电信公司已经推出了多种 WAP 产品，包括 WAP 网关、应用开发工具和 WAP 手机，向用户提供网上资讯、机票订购、移动银行、游戏、购物等移动商务服务。

### 2．通用分组无线业务

GPRS(General Packet Radio Service)，是欧洲电信标准化组织在 GSM 系统的基础上制定的一套移动数据通信技术标准。它是由第二代通信技术向第三代通信技术过渡的技术，常被称为 2.5 代产品，是一种基于 GSM 的移动分组数据业务，能提供比 GSM 更高的数据传输速率。

GPRS 突破了 GSM 网只能提供电路交换的思维定式，将分组交换模式引入到了 GSM 网络中，从而提高了资源的利用率。GPRS 能快速建立连接，适用于频繁传送小数据量业务或非频繁传送大数据量业务。

### 3. 移动IP技术

移动IP(Mobile IP)是由互联网工程任务组于1996年制定的一项开放标准。设计目标是使移动用户在移动自己位置的同时无须中断正在进行的网络通信，即使计算机在互联网及局域网中不受任何限制地实现即时漫游。

移动IP技术通过在网络层改变IP协议，从而实现移动计算机在Internet中的无缝漫游。移动IP有四个关键技术：代理搜索，是计算节点用来判断自己是否处于漫游状态的技术；转交地址，是移动节点到外网时从外代理处得到的临时地址；登录，是移动节点到达外网时进行一系列认证、注册，建立隧道的过程；隧道，是代理与外代理之间临时建立的双向数据通道。移动IP技术在一定程度上能够很好地支持移动电子商务的应用。

### 4. 蓝牙技术

"蓝牙"(Blue Tooth)这个名称来自10世纪的一位丹麦国王——Harald Blatand的一个称号，他当年统一并控制了丹麦和挪威。Blatand在英文里可以被解释为Blue Tooth。借用这一名称是取其统一含义，表明了运用无线技术可以实现通信产业和计算机产业统一的特殊能力。

蓝牙技术是由爱立信、IBM、诺基亚、英特尔和东芝共同推出的一项短距离无线连接标准。其开发的初衷是希望作为电缆的替代品与移动手机、耳机以及便携式计算机进行连接，实现数字设备间的无线互联，以便确保移动电话、计算机、PDA、便携式电脑、打印机及其他计算机设备在短距离内无须线缆即可进行通信，这样简化了设备与互联网之间的通信，使得数据传输更为迅速高效。蓝牙作为一种低成本、低功率、小范围的无线通信技术，通过在设备之间提供标准化的无线通信，蓝牙技术形成了一个近距离的个人无线局域网(PAN)。例如，使用移动电话在自动售货机处进行支付，这是实现无线电子钱包的一项关键技术。蓝牙支持64kbps实时语音传输和数据传输，传输距离为10～100m，其组网原则采用主从网络结构。

### 5. 移动定位系统技术

移动电子商务的主要应用领域之一就是基于位置的业务，如它能够向旅游者和外出办公的公司员工提供当地新闻、天气及旅馆等信息。该技术为本地旅游业、零售业、娱乐业和餐饮业的发展带来巨大商机。

### 6. 第三代(3G)移动通信系统

3G技术是一种支持高速数据传输的蜂窝移动通信技术。3G网络是由卫星移动通信网和地面移动通信网组成，支持高速移动环境，提供语音、数据和多媒体等多种业务的先进移动通信网。这进一步促进了全方位的移动电子商务得以实现和广泛地开展，如实时视频播放。

3G无线技术的优势如下。

(1) 以无线分组交换取代线路交换。3G系统像Internet一样将数据存储在一个个独立的数据分组中，每个分组包括不同路由的目的地址和序列号，在目的地址可以重新组成一条完整的信息。

(2) 永远在线的连接。手机可以与网络始终保持连接，但只有在需要时才进行信息分组交换。这种永远在线的特征适用于间断的数据传输,并且可以缩短建立新连接所需要的时间。

(3) 按需分配带宽。数据容量能够在客户之间灵活分配,这样可以使频率资源和网络设施得到更好的利用。

## 四、移动商务应用

目前,移动商务应用主要集中在以下三个方面。

### 1. 用于公共信息发布

公共信息包括如时事新闻、天气预报、股票行情、彩票信息、交通路况等。

### 2. 信息的个人定制接收

信息的个人定制接收包括如服务账单、电话号码簿、旅游交通信息、特定产品信息等。

### 3. 交易业务

交易业务包括电子购物、游戏、证券交易、无线支付、在线竞拍、客户管理等。

下面通过几个具体案例可以说明移动商务应用现状。

1) 多功能移动门户 —— AOL Anywhere

门户主要指获取 Internet 内容和服务的接入点,如人们常见的搜狐、新浪和企业网站等。移动门户是根据客户移动特性设计的一条与客户的沟通渠道,它为网上交易、通信、信息内容及提供软件应用的远端或无线接口等服务提供了一个实现环境。移动门户完全可与固定的 Internet 网站相提并论,同样也为获取信息内容和进行基础交易提供接口。

美国在线/时代华纳(AOL)是 Internet 领域经营最成功的公司之一,随着移动商务的兴起,AOL 的服务领域扩大到无线网络环境,并提出"美国在线无处不在"(AOL Anywhere)的口号,并将其作为一项战略来实施,以保证客户可以通过手机、掌中宝或任何其他的移动设备来享受美国在线的服务。

AOL Anywhere 向广大客户提供移动应用服务,使美国在线的业务在不同移动设备,包括各种便携设备、移动通信装置、手机及电视上都能实现全球通用。客户也不必为记住众多网站身份认证密码、好友名单担忧,也不必学会使用复杂技术实现不同平台间的身份认证。AOL Anywhere 提供的服务不仅使用简单、全球通用,而且无论客户是否处于移动状态都能为他们带来无线上网漫游的体验。

AOL Anywhere 针对不同的细分市场提供不同产品系列。例如,美国在线生产的移动通信装置的主要功能有:电子邮件和即时消息。该移动通信装置是在移动双向寻呼机研究过程中为客户定制的产品,它使用 Cingular 网络。AOL Anywhere 的移动通信装置主要针对专业人士,这些人士希望能实时获取可靠信息,在办公室以外的地方回复电子邮件,或者当电话不通时能够留一份便笺。美国在线提供的移动业务如图 8-3 所示,包括四类服务:娱乐、信息、通信和商务。

AOL Anywhere 的营利模式,除了每月向其 2500 万客户收取接入服务费以外,还计划通过有针对性的广告来赚钱。例如,一个美国在线的客户在网上列出了所需的货物清单并提交给了美国在线。客户要求美国在线告诉他这些商品在当地几家百货公司的销售情况。

在动身去百货公司之前，客户从手机上提取购物单，并且同时注意到一条美国在线发来的消息，告诉他某商店的一些商品正在打折，如果去那里买的话，将能省更多的钱。看了这条消息后，如果客户想要知道如何去这家商店，就可以拿起手机连接至美国在线地图查询模块(MapQuest)进行线路查询。美国在线计划在两个项目上收取附加费，一是向目标客户提供帮助服务；二是在客户决定购买时及时促销。

| 娱乐——最主要的服务 | 信息—时间位置特定 |
|---|---|
| *游戏　　　　*彩票<br>*音乐　　　　*赌博<br>*娱乐信息　　*影视 | *普通新闻　　*地图<br>*体育新闻　　*气象<br>*目录表 |
| 通信——实时可以连接 | 商务——促销与支付 |
| *即时消息　　*可视电话<br>*电子邮件　　*个人信息<br>　管理 | *股票交易　　*票务<br>*支付　　　　*预订<br>*购物　　　　*广告 |

图8-3　AOL移动门户的功能结构

美国在线是移动商务服务的先行者。

2) 移动Internet服务：iMode

日本电信业巨头NTT公司旗下的DoCoMo移动公司推出的iMode移动门户，为移动用户提供众多移动商务服务。日语中，DoCoMo意为在任何地方能通过移动网络通信。

iMode门户包括网络、中间件、商业模式以及iMode品牌四部分。其中网络和中间件属于NTT DoCoMo公司专有。iMode的网络构筑在个人数字技术之上，而中间件则构筑在结构与WAP完全相同的cHTML(由DoCoMo公司开发的一种属于HTML子集的全新的语言)基础之上。iMode的商业模式要求网页开发者先对提供的服务内容付费，随后由运营商代其收回。

iMode为处于移动状态的客户提供Internet服务，拥有25 000多个内容提供站点作为支持。iMode可由客户定制，一旦客户签约，该项业务就会被激活。在日本，所有新加入NTT移动电话服务的客户中有高达80%的客户愿意将iMode作为他们签约通信业务中的一部分。

iMode的优势为：它使公司在对其客户的个性化需求深入了解后能够有效地进行管理和控制。同时，这些客户信息有助于运营商的门户提供有针对性的服务和内容。

iMode是这样工作的：客户只需按一下i键，便接入iMode，在每一个DoCoMo手机上都有该键。按了i键后电话通过iMode网关直接连接至Internet。客户也可以输入URL访问不同网站。iMode的屏幕显示色彩丰富，且被叫时手机的振铃声和来自被访问站点的声音完全同步。

iMode网站经常用来查阅信息或与另外一个网站进行短暂的交流，通常只需一到两分钟。客户可以迅速查阅邮件、查询股票价格、安排旅程或玩一场时间较短的游戏。娱乐是iMode最受欢迎的一项网上业务，它占客户所有使用业务的53%，包括下载音乐、玩游戏、看卡通片、算卦和赌博等。

iMode提供的游戏简单、易学，具有广大客户群。如玩钓鱼游戏时，玩游戏的人可以首先选择一个地点，然后选择诱饵的类型，接下来就可以放下电话机等待了。过一会儿，电话就响铃或者振动，然后客户就可以在屏幕上看到抓到了什么样的鱼。客户甚至可以下赌注，赌在网上会钓到什么样的鱼。

iMode 的另外一个主要用途是提供数据库查询，包括字典、酒店指南、导游及普通信息，如商务新闻、体育和股票行情等。iMode 还支持各种交易活动，如个人存/取款、网上购物和订票等。iMode 门户的成功在于它使用方便，并且可以很容易地根据客户读取的内容进行创建。

3) 移动商务在企业营销中的应用

企业构建移动商务系统，一般是在企业原有的 Internet、Intranet 系统的基础上，另外开辟一条通道来突破时空限制，提升业务处理的能力与效率。移动商务系统建设涉及三个大的模块的构建：一是终端应用系统；二是空间无线传输通道；三是企业内部现存 Intranet 的完善。如图 8-4 所示为典型的移动商务应用模式。

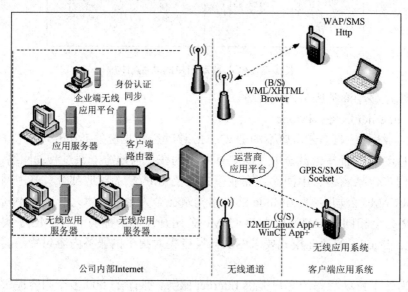

图 8-4　典型的移动商务应用模式

对企业来说，客户需求决定公司提供何种商品和服务。公司进入移动领域，其根本目标是将移动渠道作为新型工具，以创造客户价值，从而提升公司营销效率，降低成本。因此，将移动渠道与公司现有客户渠道相结合，以产生新的营销和服务模式，是企业应用移动技术的关键。

在移动商务环境中，企业与移动客户之间的互动交流，可以通过四种渠道进行(如图 8-5 所示)。

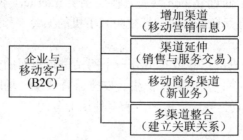

图 8-5　企业与移动客户的互动渠道

(1) 增加渠道，指增加提供信息的渠道，目的在于补充现有的商业渠道，如商店或分销机构等，公司利用这些渠道给客户提供营销信息。增加渠道能解决如下问题。

- 增加品牌知名度。
- 运用技术将低成本信息渠道和传统面对面销售链相互连接并融合，以降低销售成本。
- 渠道增加的形式包括各种营销和信息传播行为。

其中，移动营销通常被认为是下一代网络(移动网络)的利润源泉。移动营销在给客户创造价值的同时，也为公司增加了利润。移动营销手段主要是通过客户的手机或便携式计算机的界面，调用 SMS(短消息服务)图片和发布滚动的广告。这些功能将使公司：提供时间敏感或位置敏感的内容和服务，获得收入；有目的地接近新老客户，一对一促销，尤其适用于礼品类产品和价格经常变化的产品种类；建立品牌，增加与客户的共识，通过零售店或站点进行交易。

(2) 企业渠道延伸战略使客户可以进行移动交易并检索在线信息。因此，许多大公司认为移动渠道是现有自助服务、便利店和增值战略的自然渠道延伸。而且，渠道延伸模式充分利用公司现有的后端 Intranet 系统而不是从头开始建设新系统。实践证明，费时的、重复性的过程，如订单跟踪、票据业务、存货补充等都是渠道延伸战略的理想应用对象。

(3) 新的移动渠道的目标是给每个移动客户提供具有吸引力的、个性化的服务以期获得回报。新渠道不仅可以通过和客户的直接联系，引入新的移动产品和服务，而且可以作为娱乐与教育客户的应用平台。也许新渠道的最大好处在于它提供传播数字信息的方式并创造新的交易模式，而不用负担实体交易中的日常成本开支。

(4) 多渠道、多技术的整合。客户对渠道的选择是多样性的，无论在任何时候，看邮购目录、逛购物中心、拨打电话购物、网上购物，都会成为不同客户的选择。

企业要尽力识别客户的选择需求，致力于改善服务质量和多渠道模式下的客户服务。多渠道、多技术战略代表了移动商务发展的下一方向，综合渠道的观念正在转变行业领导者对渠道战略的理解。在这种模式下，固定与移动渠道是相辅相成的。即使客户最初可能是在移动环境中开始交易，也可以无缝地连接到其他渠道，给客户提供更为丰富的服务，公司首要的目标是避免让不同渠道中相互冲突的消息误导客户。

多渠道、多技术的整合集中体现在 5R 理念中。5R 即合适的内容(Right Content)、合适的人(Right Person)、合适的时间(Right Time)、合适的地点(Right Place)、合适的设备(Right Device)。实践证明 5R 的技术实现是有难度的，但移动商务环境为 5R 的实现提供了新的可能性。

## 五、移动商务发展

随着互联网以及移动技术的迅速发展，商务业务的移动化成为发展趋势。移动电子商务作为传统电子商务在移动领域的延伸，有着其他商务模式不可比拟的优势，得到了世界各国的普遍重视，使其发展和普及速度很快。但是目前在中国仍然处于发展的初级阶段，需要政府、企业、经销商、用户多方的共同努力。

纵观移动电子商务在中国的发展，可以总结得出以下发展趋势。

(1) 由单独应用转向综合应用。
(2) 多面向经济领域。
(3) 必须构建支持移动电子商务发展的统一标准和法律法规。

电子商务实务

案例

### 随 e 行：Internet 随身而行

"随 e 行"实现了无线上网。只需在笔记本电脑或 Pad 中插入 GPRS 卡和专用的数据 SIM 卡，即可实现无线上网，让 Internet 随身而行。

从移动电子商务的特点来看，移动电子商务非常适合大众化的应用。移动电子商务不仅仅能提供在 Internet 上的直接购物，还是一种全新的销售与促销渠道。它全面支持移动 Internet 业务，可实现电信、信息、媒体和娱乐服务的电子支付。不仅如此，移动电子商务不同于目前的销售方式，它能完全根据客户的个性化需求和喜好定制，用户随时随地都可使用这些服务。设备的选择以及提供服务与信息的方式完全由用户自己控制。他们可以在自己方便的时候，使用移动电话或 FDA 查找、选择及购买商品和服务。服务付费可通过多种方式进行，以满足不同需求，可直接转入银行、用户电话账单或者实时在专用预付账户上借记。

移动电子商务的发展将使普通的客户在网购、预订门票、支付费用、股票交易以及财务办理上受益。用户可以用手机进行网购，买地铁票、饮料、零食、购买足彩、预订演唱会门票等移动电子商务。据悉，有关此类服务今后还将扩展至交水费、电费等。

## 【任务实施】

在学习了相关准备知识后，结合自己的理解，谈谈对移动商务的看法。
要求：
(1) 将学生 4~6 人分成一个小组，组内分工要明确。
(2) 查阅与移动商务相关的知识资料。
(3) 小组成员讨论交流各自学习成果，由组长进行整合汇总。
(4) 由小组指定代表进行任务汇报。

## 【任务小结】

由教师归纳总结任务中主要的思想、知识点等。

## 【技能检测】

1. 移动商务在营销中的优势是什么？
2. 移动商务的体系结构与基于 Internet 的电子商务的区别是什么？

## 【实训任务】

作为广发银行与中国移动共同推出的一项服务，手机钱包以储蓄卡账户为资金支持，手机为交易工具，将客户的储蓄卡账户和手机号码绑定。通过层层加密的技术手段，实现购物消费、代缴费、转账、退货以及账户余额和话费余额查询等功能。

讨论问题：

1. 移动商务的特点是什么？手机钱包有何优势？
2. 举例说明移动商务适合在哪些方面应用。

# 项目九　电子商务信息服务

## 【知识与技能目标】

- 掌握网络作为媒体所具有的优势和特点；了解网络娱乐的主要方式和特点，以及目前的盈利和运作模式；了解虚拟社区的各种类型以及在商务中的作用；对博客、播客等有全面的认识。
- 会应用网络媒体的基本功能获取网络信息服务。

## 任务一　网　络　媒　体

### 【情境及任务描述】

你的一个小学二年级的妹妹问你网络媒体是什么？你准备怎样向她介绍？

### 【知识准备】

#### 一、网络媒体概述

**1. 网络媒体概念**

1998年5月，联合国正式提出"第四媒体"的概念，Internet成为继报刊、广播、电视之后新闻传播的第四媒体。

网络媒体和传统的电视、报纸、广播等媒体一样，都是传播信息的渠道，是交流、传播信息的工具，信息载体。

**2. 网络媒体的优势**

网络作为后兴起的媒体，具有独特的优势。主要表现在如下几个方面。

(1) 网络容量几乎无穷无尽，网络媒体可以提供海量的信息资源，涉及人类生活的各个方面。同时，网络的特性使网络媒体集文字、图形、图像、动画和声音等多媒体信息于一体，成为表现力最强的媒体。而传统媒体信息内容则受到媒体本身空间和时间的限制。

(2) Internet作为传输电子化信息的理想介质，不受印刷、时间、运输、发行等因素的限制，可以随时随地向用户发送信息。而传统媒体像报纸传播新闻通常是以天为单位，受到出版和发行时间的限制；广播和电视一般有固定的播放时间，要应对突发新闻就需要调整节目。

(3) 网络的互动性突破了传统媒体只能单向传播，而不能双向实时沟通的局限。它不同于电视、电台的信息单向传播，而是信息互动传播，用户可以获取他们认为有用的信息，厂商也可以随时得到宝贵的用户反馈信息。网民通过电子邮件、BBS 等网络工具对自己感兴趣的信息发表评论，提出建议，并与媒体进行实时互动。既实现了网络与读者交流的愿望，又为读者提供了有价值的信息。

(4) 成本低、效率高：最经济。电台、电视台的广告虽然以秒计算，但费用也动辄几万甚或几十万，报刊广告也不菲，超出多数单位、个人的承受力。Internet 由于节省了报刊的印刷和电台、电视台昂贵的制作费用，成本大大降低，使大多数单位、个人都可以承受。

(5) 强烈的感官性：全接触。文字、图片、声音、动画、影像——多媒体手段使消费者能亲身体验产品、服务与品牌。这种以图、文、声、像的形式，传送大量感官的信息，让顾客如身临其境般感受商品或服务，并能在网上预订、交易与结算，将更大增强网络广告的实效。

网络媒体的上述特征，使它成为有史以来发展最快、最具前途的媒体。

但是，由于网络作为大众化媒体平台，本身缺乏有效的管理。参与者的情况千差万别，容易传播粗制滥造，甚至虚假信息(如假新闻)等。在总体上使网络媒体缺乏权威性和可信度。而且，目前在我国，网络媒体不是新闻单位，由于其没有合法采访和首发新闻的资质，大部分新闻网站只有转载、发布的权利，缺少原创性新闻。

此外，网络上的海量信息资源，使人们阅读和搜索需要的信息更为困难，这反而增加了受众的负担。

## 二、网络媒体的盈利模式

网络媒体在商业化发展过程中，营利性是其重要的核心问题，这也是网络媒体产业能够不断发展的根本前提。从目前已具有相当规模和实力且已公司化运作的网站自身营运的实践来看，已经探索出许多盈利模式。下面是常见的几种盈利模式。

### 1. 信息内容收费

综合目前中外网络媒体信息内容收费模式看，大体有以下三种。
(1) 新闻和信息内容打包向其他网站或媒体销售。
(2) 用户付费浏览网站，如网上看电视、新闻、听音乐等。
(3) 用户付费进行数据库查询。

应该看到，网络媒体采取信息或服务收费并非易事。内容网站要收费，必须提供附加值高的产品和内容，即内容独特性高(可替代性要低)；如综合性新闻网站新闻来源替代性很高，网民可以从其他媒体得到相类似的新闻，要收费订阅就难以推行。

另外，要有完善的收费环境，如付款机制方便，消费者付费观念健全，上网费率要低、速度要快等。

### 2. 网络专供信息

网络专供信息是指根据有关政府、行业和企事业单位的特殊需要，网络媒体为其定制的一种专业性很强，有一定的实用性和实效性的电子读本，订购者通过网络媒体所给的网络通行证(密码)定期收阅。如分别针对金融系统、房地产系统和汽车、建材、化工、环保等行业编辑的各种研究报告，这种专供信息的收费一般都比较高。人民网、新华网目前都有了这项业务，像人民网的一种最新政策信息电子读本，销售势头就很不错。

### 3. 网上直播

这种营销模式是从电视和广播那里引进发展而来的。它根据政府部门或企业的需要，网络媒体派人到现场对其活动进行网上现场直播，文字、图片或是音像内容都可以在第一时间上网，与其他媒体相比，它有自己独特的优势。它不需要电视直播昂贵的设备，不需要庞大的直播队伍，收费也比较低，它还可以直接通过网络与读者进行现场交流，直播的内容还可以多次阅读，很久以后，你还可以随时调阅。新浪、搜狐、人民网和新华网等都在开展这项业务，它们对各地的一些节会和企业举办的各种活动进行现场直播，市场需求在不断扩大。

### 4. 多样化经营

网络媒体如同其他媒体一样，可以进行与本身相关或无关的多种经营业务。

(1) 利用网络媒体网站，搭建电子商务平台作为营收手段。如大洋网(广州日报网站)的图书销售和YNET.COM(北京青年报网站)的"团购"平台。

(2) 提供网络广告制作、域名注册、主机托管、空间租赁等业务，也可以利用自己成熟的技术向其他客户提供建设网站服务。如从2001年开始，上海东方网利用品牌优势推出"东方网点"工程，该工程已拥有连锁加盟店200多家，占上海网吧总量的三分之一。

(3) 提供宽带内容服务。广播电视媒体是音视频节目资源的最大拥有者，应该在市场上扮演宽带内容主要供应者的角色。在利益驱动下，已涌现出众多提供音视频节目的网站，其内容或为色情、新奇、刺激，或为侵犯版权，但用户需注册付费则是这类网站经营上的普遍做法。

### 5. 网络广告

在广告市场方面，尽管网络媒体目前还无法与传统媒体争锋，但已经成为许多网站，特别是门户网站的重要收入来源，越来越多的企业对网络广告已经认可，网络广告本身发展出越来越多的广告形式，支撑了整个市场的增长。调查显示，2012年国内网络广告市场规模突破750亿元，预计2013年将达千亿级别。

## 三、网络传媒产业

在网络媒体快速发展的大趋势下，传统媒体公司开拓网络业务的情况越来越明显。其主要方法就是媒体公司业务的纵向一体化，即将不同媒体的内容和通过各种媒体——印刷、视频和音频的传播渠道进行合成，从而产生"协同优势"。使用户可以通过宽带技术快速访问Internet上如视频点播、软件发布和多媒体游戏等各种多媒体信息。例如，迪士尼与Capital Cities/ABC的合并就考虑了将传统动画和电视节目内容以及电视网络结合起来，通过电视广播网络发送到每个家庭。

媒体和数字融合的直接结果，就是网络传媒产业的出现和快速发展，其主要标志就是报纸杂志和广播电视等主流媒体的网络化所形成的网络传媒产业。

### 1. 报纸杂志的网络化

传统平面媒体利用 Internet 拓展发展空间已经成为流行趋势，网络报纸和网络杂志就是典型代表。

网络报纸、杂志的发展大致有以下几个阶段：一是 20 世纪 90 年代出现的电子版阶段，即网上所有内容都是纸质报纸和杂志的翻版。二是超链接阶段，即通过超链接技术，使读者可以随时通过链接浏览更多的相关页面，或从这一网站跳到另一网站，以寻求所需信息。同时，在各网络报纸、杂志的网站上还开辟 BBS、邮件列表等服务，供受众在网上发布信息和定期接收信息。三是多媒体阶段，就是利用 Flash 等技术制作的多媒体网络报纸、杂志，它们的内容独立制作，有全新构建的发行渠道，体验更为全面立体。

美国心理学家吉尔福特将人处理的信息分成五种形式：视觉、听觉、符号、语义、行为。按照这种划分，传统报刊有较多的局限性：它只具有符号和视觉信息。而网络报纸、杂志则不仅具有视觉、符号、语义信息，还有听觉和行为信息。

具体来讲，传统报刊具有容易保存、信任度高、携带方便等优点，其不足之处是传播范围相对较窄、信息量有限；网络报刊传播速度快、成本低、信息量大、传播范围广、通过多媒体技术表达信息的方式丰富，但它依附于现代信息技术，需要有相应的软硬件设施。

网络报纸杂志的商业优势十分明显。首先，运营成本较低，没有纸张和印刷及发行费用；其次，内容来源多样，既可以用传统媒体的内容，又可以是网民自己创作的内容。而且终端设备丰富，手机、Pad，还有 IPTV 都可以作为终端进入该平台。同时，能针对用户做阅读分析，并得到时时更新的信息反馈，从而为内容制作和广告投放提供参考。

目前我国大多数报纸、杂志登录 Internet(如图 9-1 所示)。例如，《人民日报》依托人民网(www.peopledaily.com.cn)营造了良好的发展空间。人民网以《人民日报》的强大新闻资源为后盾，创办了"人民时评"、"人民视点"、"强国社区"、"观点碰撞"等一系列精品栏目；同时，《人民日报》也因为人民网的存在，拥有了更多的读者，增强了亲和力。

| 各地日报 | | | | | 返回页首↑ |
| --- | --- | --- | --- | --- | --- |
| 人民日报 | 光明日报 | 经济日报 | 科技日报 | 中国检察日报 | |
| 法制日报 | 北京日报 | 第一财经日报 | 天津日报 | 河北日报 | |
| 承德日报 | 河北经济日报 | 山西日报 | 山西经济日报 | 太原日报 | |
| 乌海日报 | 大连日报 | 营口日报 | 黑龙江日报 | 大庆日报 | |
| 上海日报 | 解放日报 | 每日经济新闻 | 南京日报 | 无锡日报 | |
| 连云港日报 | 扬州日报 | 淮安日报 | 南通日报 | 浙江日报 | |
| 今日早报 | 浙江工人日报 | 杭州日报 | 每日商报 | 宁波日报 | |
| 台州日报 | 绍兴日报 | 嘉兴日报 | 温州日报 | 金华日报 | |
| 丽水日报 | 上虞日报 | 萧山日报 | 诸暨日报 | 乐清日报 | |
| 瑞安日报 | 蚌埠日报 | 池州日报 | 淮北日报 | 福建日报 | |

图 9-1 部分网络报纸目录

作为强势传统媒体的南方报业集团下属的南方网创办了《WOW！ZINE·物志》网络杂志。在我国，Xplus、Magbox、Zcom、Xdoc、Vika、Iebook 等都是主要的网络杂志发行平台，旗下拥有近 100 本多媒体网络杂志，范围涉及服装、美容、数码、体育、娱乐、摄影、游戏、旅游等各个方面，已呈现出与传统杂志分庭抗礼的局面。

例如，万众国际传媒的全资子公司——"万众传媒"(http://www.wanzhong360.cn/)(如

图 9-2 所示)就是专业网络杂志发行平台，拥有高质量的原创多媒体电子杂志、品牌授权的多媒体电子杂志、整合的其他内容供应商的多媒体电子杂志以及传统杂志的普通电子版杂志共近 800 种。

同时，提供基于跨媒体平台的资讯服务业务，为用户提供丰富的、有价值的分类信息内容和娱乐服务，在聚集庞大用户群的基础上大力开展互动营销业务。

图 9-2 专业网络杂志平台——万众传媒

### 2．广播电视的网络化

随着 Internet 的普及，网络分流电视观众的趋势也将越明显。建立新的传播模式，开辟新的传播渠道，拓展新的经营思路，形成与新媒体互动发展的新形态，即广播电视网络化。

网络广播电视的优势，突出体现在网民在信息获取和传播过程中，不受时间的限制，拥有了更多的自主权。网民可以根据自己的时间、地点、兴趣，主动搜索、选择节目的内容，控制节目的播放。

同时，网络媒体与电视媒体的互动，产生了新的传播优势，现代化的数字压缩技术使网络传输系统兼容报纸、图文、电话、广播、电视、电影传播功能于一体，信息发布过程简易，运营成本低廉。

网上信息不仅可供网民阅读、收听、收看，也可供检索、存储、评论、下载、剪辑和转发，大大缩短了媒体和网民之间的距离，使网民和受众体会到前所未有的传播主体性和双向互动性，让网民有了说话的平台。

互动已成为电视传播和网络传播中的重要组成部分。目前，被广泛应用的互动方式主要有：通过在网络征集新闻采访线索，让受众能直接参与到信息的生产过程中；网民就某一话题发表的看法或论述；用文字或视频方式，进行网上直播；通过设立论坛，用推荐话题等方式，引导受众的关注，发表意见，这是受众参与网络传播的最主要方式。

2004 年以来，新华社、中央人民广播电台、中央电视台等传统媒体都建立了自己的网络广播和电视系统。在国外，美联社在运营中，将网络电视、网站和传统电视有效结合，通过在全球的采编队伍，制作出大量的节目，其中部分在网站上供读者观看，并且带动美联社网站新闻的点击率。英国的 BBC 也在全球提供网站内容和在线收听的内容。

央视国际网络(www.cctv.com)是中央电视台的网络电视，它以新闻信息传播为主，具有电视特色的国家重点新闻网站，其目标是建立以新闻、娱乐为重点的网络新媒体。

## 项目九 电子商务信息服务

CCTV 的网络电视(tv.cctv.com)(如图 9-3 所示)拥有网页浏览、E-mail、在线投票、在线主持以及在线订阅等多种功能，并提供 Real 及 Win-media 格式的视频点播功能。它充分依托 CCTV 的资源，每日发布央视独家信息 1000 多条；具有丰富的网上视频资源，每日网上同步全球直播 CCTV-1 新闻、CCTV-4、CCTV-9 等频道电视节目，并制作 30 多小时的多码数字流视频点播节目。

图 9-3　央视国际的网络电视新闻页面

CCTV 网络电视开办有电视指南、主持人、视听在线、新闻、经济、军事、台湾、体育、广告、综艺、教育、科技、生活等 48 个专业频道和英文版；创建了《网评天下》、《电视批判》、《在线主持》、《线上故事》等一批原创名牌栏目。CCTV 有 406 个电视栏目主要内容及其主创人员信息已实现网上传播，目前已上网栏目达到了 268 个，每年网络与电视在重大事件、大型活动、各类晚会、电视大赛、体育赛事、特别报道等直播互动 200 多场。

> **知识链接：流媒体(Streaming Media)**
>
> 流媒体指在数据网络上按时间先后次序传输和播放的连续音/视频数据流。与传统的播放方式不同，流媒体在播放前并不下载整个文件，只将部分内容缓存，使流媒体数据流边传送边播放，这样就节省了下载等待时间和存储空间。
>
> 常见的流媒体的应用主要有：视频点播(VOD)、视频广播、视频监视、视频会议、远程教学、交互式游戏等。

## 【任务实施】

在学习了网络媒体相关准备知识后，结合你自己的理解，谈谈你所认识的网络媒体。

要求：

(1)将学生 4～6 人分成一个小组，组内分工要明确。

(2)查阅相关知识的资料。

(3)小组成员讨论交流各自学习成果，由组长进行整合汇总。

(4)由小组指定代表进行任务汇报。

## 【任务小结】

由教师归纳总结任务中主要的思想、知识点等。

# 任务二 虚拟社区

## 【情境及任务描述】

你对面的奶奶正在讨论如何让你们居委会有更多的同志参加社区活动,有人提议建立一个虚拟社区来扩大影响力。正好看到懂电子商务的你来了,请教你如何使用虚拟社区。

## 【知识准备】

### 一、虚拟社区概念

社区(Community),是一个社会学概念,《中国大百科全书(社会学)》(1991年版)对社区的定义是:社区是人们在特定区域内共同生活的组织体系。它由以下基本要素组成。

(1) 有一定数量的人口。
(2) 有一定地域。
(3) 有一定制度和组织管理系统。
(4) 基本相同的经济水平和由此产生的认同意识。
(5) 有协调人际关系的种种行为准则。
(6) 有一定的服务设施,能够满足社区居民的物质和精神文明的需要。

随着网络的发展,出现了虚拟社区的概念。虚拟社区(Virtual Community),也被称作Web社区或在线社区,是指由网民通过Internet进行的社会互动形成的具有文化认同的共同体及其活动场所。

虚拟社区来自Internet提供的BBS基本服务。1978年在芝加哥地区的计算机交流会上,美国人克里森和罗斯一见如故,此后两人经常在各方面进行合作。但两人并不住在一起,电话只能进行语言的交流,而有些问题用语言是很难表达清楚的。因此,他们就借助于当时刚出现的调制解调器(Modem)将他们家里的两台苹果Ⅱ通过电话线连接在一起,实现了世界上的第一个BBS。近年来,BBS的功能得到不断扩展,并迅速发展成为全世界网民交流信息的园地——虚拟社区。

虚拟社区和传统的实体社区(如邻居、俱乐部或协会)一样,也包含了一定的场所、一定的人群、相应的组织、社区成员参与和一些相同的兴趣、文化等特质。而且提供各种交流信息的手段,如讨论、通信、聊天等,使社区居民得以互动。

但是,由于网络的特性,赋予了虚拟社区独特的属性。与传统社区相比,虚拟社区具有如下特点。

首先,虚拟社区的交往具有超时空性。人们之间的交流不受地域和时间的限制,从而改变人们现实交往方式和互动关系。使社会互动范围扩大,人们通过网络可与世界各地的人进行交谈,打破了现实社区的互动对"场合"的限制。同时,使社会互动速率加快。网络提供了便捷、快速的信息传播技术,使得远隔千里的人们可以在瞬间实现互动,这种互动速度的加快将拓展人们社会交往的范围,有助于人的社会化空间得到延伸和发展。

其次,人际互动具有匿名性和彻底的符号性。虚拟社区中人际互动是在社区的公告栏、论坛、邮件、聊天室上实现的,改变了人们面对面的互动方式,交流的内容可以随心所欲,无所顾忌;同时,由于互不见面,传统的性别、年龄、相貌等在虚拟社区里可以随意更改。社区成员仅仅是用一个代号标识自己。

再次,社区群体流动频繁,人际关系较为松散。

虚拟社区具有论坛、聊天、学习、娱乐、购物等多种功能,人们完全可以根据自己的需要在不同的社区间流动,而且,虚拟社区成员有很大的自主性,如果对社区服务不满或对社区中某些成员、言论不认同,他们便会毫不犹豫地离开。

社区的活力主要靠"人气"和点击率,吸引这些的主要是看社区的主题是否适合大众口味。虚拟社区成员依据不同的志向、兴趣和爱好,归属于不同的社区。换言之,虚拟社区在其功能结构上着重表现为专业性和鲜明的主题性。如科技社区、儿童社区、妇女社区、校园社区、老年社区等。

加入虚拟社区的方法很简单。一般情况下,要使用社区提供的各项功能服务,必须在线注册。基本流程是:注册人首先阅读社区服务条款,并提交同意申请;社区管理系统询问注册人的一些基本信息,如姓名、性别、年龄、职业等;然后再取一个账户名并设定密码,整个注册过程就基本完成。一旦注册成功,你便成为社区的合法居民。社区居民拥有唯一的账户号,这个账户号就是社区居民相互辨别的唯一标识。

## 二、虚拟社区的类型

现阶段,在 Internet 上有不同形式的虚拟社区,其中包括聊天室和网站等。一般将虚拟社区分为四类。

### 1. 交易社区

此类社区可以为买卖活动提供便利。社区成员包括买方、卖方、中介商等。许多企业在开展电子商务交易时,往往要建立相关的交易社区,作为营销活动的补充。

如"虚拟葡萄园"除销售酒类外,还提供品酒专家的意见以及让爱酒者可以相互交流的地方。通用电气 TPN 网络则为交易者提供了一个社区,让他们开展竞价,或是仅仅买卖产品。这些虚拟社区在商业活动中可以帮助公司、客户以及它们的供应商安排、协调、处理事务和所需的其他交流。

### 2. 兴趣社区

在此类社区中,人们可以就特别的主题相互交流。目前大多数虚拟社区都是按照兴趣和爱好设置主题,以吸引兴趣相同的网民。如美国"橄榄球 365"将橄榄球迷和音乐爱好者吸引到社区中。

如图 9-4 所示的西陆网站的"网络咖啡屋"社区是基于 Internet 的私密型社区，用于人们与亲戚、朋友、同学以及有共同兴趣爱好者进行沟通交流。每个申请人即成为属主(管理员)，其他人进入社区必须经过属主(管理员)授权，否则将不能进入咖啡屋。网络咖啡屋采用国际流行的俱乐部制度，其严格的会员制度及保密性使会员在交流信息时不受干扰。可以轻松地组建企业内部讨论区、VIP 会员区、同学录、兴趣小组等。

图 9-4　西陆网站的"网络咖啡屋"

### 3．关系社区

此类社区建立在共同生活经历或面临共同问题基础上。如糖尿病患者组建的社区，交流糖尿病治疗、护理的一些经验和方法；子女教育社区，主要交流有关教育子女的问题。因此多数社区都是根据职业、兴趣等组织起来的。如图 9-5 所示的网易社区是按照不同行业和爱好设置社区的。

图 9-5　网易社区

### 4．假想社区

这种社区建立了一个假想的环境，参与者在其中扮演一定的角色。假想社区大都模拟人们的生活情景，具有较强的娱乐性。如美国在线的客户可以在 Red Dragon 旅馆扮演中世纪的爵士。在 ESPNet 上，参与者可以自己组队与"乔丹"比赛。

来自芬兰的全图形化的虚拟社区 Habbo(哈宝中国)(http://www.habbochina.com/)是社区成功营运的例子(如图 9-6 所示)。

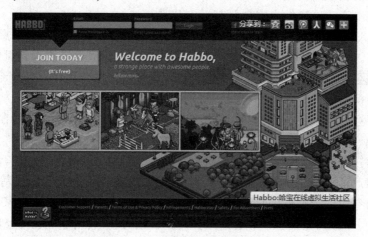

图 9-6　哈宝图形化虚拟社区

哈宝虚拟社区由多个浑然一体、精致耐玩的休闲游戏穿起，拥有图形化的街道，社区广场、游乐园、各种商店。"哈宝"完全像个城市或是国家，5 年间在世界 16 个国家和地区进行了成功的运营，更有超过 4000 万全球的注册用户，"哈宝"完全可以称为一个世界。虚拟社区的归属感、全球互动等几乎所有社区功能与特点在哈宝虚拟社区被完美地结合在一起。构建在这一基础上的哈宝交友、哈宝游戏、哈宝电子商务等三大功能板块，为客户带来虚拟世界的真实体验。哈宝虚拟社区在 2005 年年底进入我国，迅速成为众多虚拟社区中的明星。

目前我国虚拟社区蓬勃发展，但应该看到，国内虚拟社区大部分仍是 BBS、论坛等传统形式的翻版，以文字交流为主，缺乏创新和发展。且多是非商业性运作，缺乏持久运作的基础，不利于虚拟社区长远发展。

## 三、虚拟社区的商业价值

在上面虚拟社区分类中可以看出，交易社区是虚拟社区的一种重要形式。即虚拟社区是有商业价值的。

一般认为，虚拟社区的商业价值来自于其成员(伙伴或客户)为社区环境提供的信息，也正因为此，它正逐渐变成一种附加功能，成为其他商业模式(如电子商店、第三方交易场所、价值链整合商等)的辅助功能。社区的商业价值，是社区存在和发展的主要特征。

从客户行为角度上讲，客户购买行为的理性和偏好是在一个动态的互动过程中做出行为决定的。通过和周围人际网络关系不断交换着资讯，收集情报，受到影响，改变偏好，所以客户的行为既是"自主"又是"镶嵌"在互动网络中的。从这个意义上讲，维系好一个属于企业自身的虚拟社区对企业的发展是非常有必要的。

美国研究人员的调查发现，企业社区能带来下列有利的影响，按重要程度排序如下。

- 客户忠诚度提高。
- 销售增加。

- 客户参与度和反馈增加。
- 对网站的重复访问增加。
- 对网站的初次访问增加。

虚拟社区创造商业价值的方式主要有以下几种。

(1) 成员以评论、反馈、民意测验等形式向社区输入有用信息，这些信息被其他成员和商家获取并使用。社区组织者还可以放入自己的内容，其他成员需要为此付费。

(2) 虚拟社区将兴趣相同的成员集中到一起，这可以带来交易和信息交流的机会，商家和广告主对此很重视，并愿意为此付钱。商家还会向其成员提供各种折扣。

(3) 虚拟社区可以向那些想与社区成员交流的广告主收取费用，这是现在虚拟社区的一个重要收入来源。

(4) 商家和广告主可以从社区得到很有价值的市场信息，这类信息包括客户的人口和心理统计，他们对产品、服务和问题的看法，他们在社区中的交易行为数据等。这些数据从聊天室、调查问卷或电子邮件中收集，如果成员不反对的话，可以卖给商家和广告主。

(5) 社区成员下载特定的文章、音乐或图片，社区可以向他们收费。另外，因为社区成员建立了他们自己的主页，所以针对他们开展目标广告和营销很容易。

对于开展电子商务的企业来讲，有必要建立一个和企业盈利方向有关的虚拟社区。例如，企业可以以延伸性商品为出发点来建设。所谓的延伸性商品是指，当客户购买了这种商品后，就必须长时间付出劳力和财力维护这项商品，例如网上花店(www.burpee.com)是一家出售花草种子的以互动社区为形式的网络公司。在该网站上，潜在客户能了解到关于花草方面的知识，激发其购买花草种子的欲望，在其通过网上购物后，还能在网上了解到具体的培育方法。

由于虚拟社区的成员有相同兴趣，所以同质性较高，虚拟社区让每一个成员有归属感和亲近感，故能凝聚人心，增加忠诚度。在此前提下，为客户提供大量符合其需要的信息，以信息代替说服，从而使客户个性和需求得到最大尊重和满足，同时赢得其对企业网站的忠诚。

# 【任务实施】

在学习了虚拟社区相关准备知识后，结合你自己的理解，谈谈如何组建你们居委会的虚拟社区。

要求：

(1) 将学生 4~6 人分成一个小组，组内分工要明确。
(2) 查阅认证技术相关知识的资料。
(3) 小组成员讨论交流各自学习成果，由组长进行汇总整合。
(4) 由小组指定代表进行任务汇报。

# 【任务小结】

由教师归纳总结任务中主要的思想、知识点等。

项目九　电子商务信息服务

# 任务三　网　络　娱　乐

## 【情境及任务描述】

假设你是一名高级程序员，如何应用网络娱乐来充实你的业余生活？

## 【知识准备】

### 一、网络娱乐概述

娱乐是人类生活重要的组成部分。Internet 的宽带化及应用的拓展，使其成为新的大众娱乐平台和工具，这也使娱乐的内涵与外延不断演变，形成了独具特色的网络娱乐产业。

网络娱乐是指一切能够让人们觉得舒服、刺激或感官满足的网络服务，其核心意义，是通过多媒体手段将比传统娱乐更鲜活立体的娱乐元素综合地呈现给受众。

网络娱乐的优势主要体现在三个方面：内容获取的便捷性、内容选择的丰富性和内容接触的非直接性。

在 Internet 发展早期，由于传输带宽和存储容量等技术的限制，网络娱乐相对简单，网络游戏单一化、影音下载速度慢、聊天时语音滞后等。技术因素限制了网络娱乐的发展，无法体现网络娱乐的精髓——多媒体实时互动。随着技术的发展，网络娱乐也从最早的文字互动，到语音互动，再到近年的视频互动，网络娱乐互动正在实现完美的三级跳。

目前典型的网络娱乐活动包括：网络游戏、网络音乐、网络动画和网络文学。

### 二、网络游戏

#### 1. 网络游戏定义

网络游戏(也称在线游戏)，是利用 TCP/IP 协议，以 Internet 为依托，可以单人或多人同时参与，通过人与人之间的互动达到交流、娱乐和休闲目的的游戏形式。在今天，借助于数字、网络、创意、编剧、美工、音乐等技术和方法，游戏对于人们现实生活的虚拟达到了一个全新的境界。

#### 2. 网络游戏的发展阶段

网络游戏的兴起可以一直追溯到 20 世纪 60 年代末。1969 年，一位叫瑞克·布罗米的美国人为 PLATO 远程教学系统编写了一款名为 *SpaceWar* 的游戏，该游戏以诞生于麻省理工学院的第一款电脑游戏 *SpaceWar* 为蓝本，可以支持两人远程连线。可以说，*Space War* 是现在所有形形色色、品种繁多的网络游戏的鼻祖和雏形。1994 年以后，游戏开发商在计算机游戏中开始添加网络连接，特别是此时 Doom 和魔兽争霸这两款游戏的成功，使网络游戏开始出现爆炸性增长。

网络游戏发展经历了三个阶段。1969—1977 年间的第一代网络游戏，完全采用免费商业模式，在技术上非持续性，无法跨系统运行。1978—1995 年间的第二代网络游戏开始实行收费制，具有"可持续性"概念，并可跨系统运行。从 1996 年至今的第三代网络游戏往往采用包月收费模式，出现了大型网游概念，如 MMORPG(大型多人在线角色扮演游戏)等。

从 2000 年开始，国外网络游戏开始进入我国，第一批进入中国大陆的网络游戏之一《万王之王》就获得了巨大的成功。同时，国内的游戏营运商也创立了棋牌娱乐游戏，如联众、中国游戏中心等，经过几年的发展，现在已经成为国内首屈一指的网络游戏运营商。到 2001 年 6 月，网络游戏进入中国大陆仅仅一年时间，市场上推出的网络游戏数量就有十数款。而真正让网络游戏"疯狂"起来，并建立起成功的运营模式的则是盛大公司代理的《传奇》。这款游戏就像它的名字一样确实成为中国网络游戏产业的"传奇"，从公开测试到正式运行短短一年的时间内，注册用户数量就超过了 600 万。

### 3．网络游戏的分类

根据不同的游戏运行平台，可以将网络游戏分为电脑网络游戏、视频控制台网络游戏、掌上网络游戏和交互电视网络游戏等四类。

电脑类网络游戏是目前最流行、最有代表性的网络游戏。该类网络游戏按照不同的内容又可分为以下几种。

(1) 休闲游戏类。主要指的是棋牌类、益智类的桌面小游戏，是网络游戏中最普及的一类游戏。此类游戏以联众、中国游戏中心和 QQ 游戏最具代表性。棋牌类游戏一般具有相对固定的规则，益智类游戏的规则也比较简单，这就降低了游戏程序设计的难度。

(2) 竞技对战类。主要是指一些动作型游戏，如赛车、拳击、枪战等，现在国际上举办的电子竞技大赛往往选用此类游戏。《魔兽争霸》就是此类游戏的典型代表。

(3) 模拟经营类。此类游戏往往是模拟一项事业，如一个国家的建设、一个企业的经营等，如《足球经理在线》。此类游戏相对来说节奏比较缓慢，对抗性不强，但头绪复杂繁多、连贯性较强，需要耗费大量的时间，容易吸引一些有耐心、思维有条理、愿意开动脑筋或对某个行业特别有兴趣的玩家。

(4) 角色扮演类。该类游戏建立了一个类似于虚拟社会的环境和相应的规则，一般都有一定的故事情节，游戏中玩家彼此之间需要进行交流与协作，每个游戏参与者都在其中扮演一个角色，彼此互动。代表作有《传奇》、《魔力宝贝》等。如图 9-7 所示游戏网站就有大量的角色扮演类游戏。

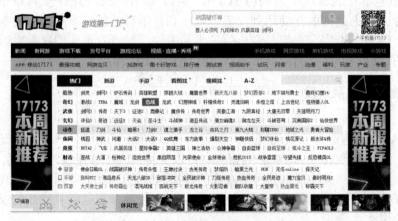

图 9-7　17173 网络游戏网站

### 4．网络游戏的盈利模式

(1) 销售各类游戏卡。就是销售用于游戏计时付费的"点数卡"和"包月卡"，这是目前最主要的收费模式。这种模式主要以网吧为基础，建立了直接面对终端客户的商务系统。不少网站还在全国织就了一张很大的销售网，通过各地游戏专卖店进行销售。同时，它们开通了银行网上支付功能，少数运营商也通过手机缴费；在价格上，热门的游戏基本保持在不到 1 元可购 10 个点的价位，其他则视热门程度递减；在时间上，月费卡在规定的期限内可随意上网，点数卡则严格按点消费，每个点大约能玩 15 分钟，现在的游戏点卡计时功能已精确到秒。例如，中国盛大互动娱乐有限公司在 2012 年全年网络游戏净营业收入达到 46.82 亿元人民币。

(2) 虚拟产品交易。网络游戏的虚拟产品分为虚拟装备、游戏账号(ID)代练和 ID 交易。在众多游戏玩家看来，游戏中虚拟财富都是可以用现实的货币来衡量的。游戏公司在玩家游戏账号转让中收取一定的交易佣金，也将给运营商们带来无限商机。

> **知识链接：虚拟财产**
>
> 虚拟财产主要有几种：一是游戏中的装备、等级、金币、各种参数等；二是具有一定价值属性的虚拟倾向；三是直接用金钱买来的游戏点数，如某些公司的点卡中的点数。

## 三、网络音乐

### 1．网络音乐的定义与发展现状

网络音乐指通过 Internet 直接传输到计算机(或其他接收和播放设备)的数字化音乐或在网络上直接收听的音乐。

网络音乐是伴随着 MP3 技术出现的。MP3 是一种把 CD 中的音轨 track 压缩成计算机纯声音文档 wav 的技术，是由德国一家研究机构开发出来的。后来，随着 MP3 技术的发展，可刻录的光驱和 MP3 播放装置的出现，将歌曲转换成 MP3 文档储存在计算机上随时播放，以及同其他音乐爱好者相互交换，逐渐地成为一种不可阻挡的趋势。

越来越多的网站开始向网民提供音乐下载与试听服务，网络音乐迅速颠覆了传统音乐获取模式。一时间，Internet 成了人们的音乐天堂。使得网上下载音乐变成了一件十分简单的事情，每个可以上网的人都可以通过网络在线下载自己喜欢的、丰富多彩的音乐，并成为网友们欣赏丰富的最新最快的音乐的一条捷径。

网络音乐市场的快速发展，吸引了来自内容提供商、计算机厂商、零售终端、门户网站、搜索网站、专业音乐网站等不同方面的关注和追捧，在促进网络音乐发展的同时，使得产业链结构变得复杂(如图 9-8 所示)，各方之间的利益冲突变得明显，竞争变得激烈。

如何对现有资源以及产业链加以调整和整合将成为中国网络音乐企业所要面临的一个主要问题。产业链调整中的整合成为中国网络音乐的主要任务和方向。一方面，产业链横向的整合是增强控制力，掌握话语权，争取更多利润的基础；另一方面，产业链中的纵向联合，也给内容提供商、服务提供商带来了切实的利益。

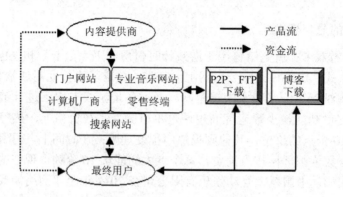

图 9-8　网络音乐产业链结构

**2. 网络音乐产业的商业运作模式**

人们对音乐的需求是强烈的，而网络是获得音乐的有效的载体，尤其对年轻的客户而言。随着未经授权的非法网络音乐传播向合法网络音乐下载的转变，网络音乐意味着越来越重要的市场和商业机会。

目前，主要音乐网站的商业运作模式有以下几种。

(1) 单点式下载，以每首歌为单位收费，每首歌一般收 1 美元，通过账户付费。

这一模式为苹果公司的 iTunes 首创。与 iPod 播放器捆绑销售的苹果公司 iTunes 网络音乐店，开创了网络音乐的新时代。iPod 播放器在全世界共销售了 3500 万台，iPod 内置的软件使其在 iTunes 上的音乐下载简单快捷。

iTunes 网站销售包括录音版图书在内的音乐产品，可以通过电子邮件试听，提供 VOD 服务和个性化歌曲，歌曲可以转载到便携式播放器。

(2) 在线收听和个性化收听，一般是按月收费，费用按歌曲数计算，另外也销售预付卡。Napster、Rhapsody 等音乐网站就采用这种方式。这些网站提供的服务包括：VOD 服务、个性化歌曲、免费网络音乐杂志、歌曲下载到便携式播放器等。

(3) 年费制。提供会员制服务，向缴纳年费的会员提供网络音乐文件。如英国提供 P2P 服务的网站 Wippit 等。

在我国，以免费为主的网络音乐服务，在保护网络知识产权和打击网络音乐盗版的大趋势下，正在摸索收费服务的网络音乐产业运营模式。

在网络音乐收费机制日渐普及后，会有更多元化的网络音乐下载服务陆续出现，为客户带来更多样化的服务，并可以给网络音乐的源头——音乐产业，注入新的力量，以促进网络音乐产业的健康、持续发展。

## 四、网络文学

**1. 网络文学概念**

网络文学至今还没有一个明确的定义，一般认为，网络文学是以网络为媒介，在网络上创作、发布(首发)和流传的作品，没有网络就不可能产生网络文学，这也正是与传统文学在形式上的重要区别。

从网络作者角度出发，网络文学可分为三大类：一是传统媒体的文学作品的网络化，即传统媒体发表过再上网的，比如大量的小说收藏站点；二是利用网络的多媒体和 Web 交互作用而创作出来的文学作品，只存在于网络，其代表有联手小说、多媒体剧本等多媒体电子书；最后一种，就是以传统的创作手法而只为网络创作的作品。

第一类文学仅仅将传统刊物原封不动搬到网络上，而后两类具有真正网络特色。

### 2．网络文学特点

与传统文学相比，网络文学有如下特点。

(1) 自由与个性化。网络相对来说是一块自由而且个性化十足的天地，不同层次的写手们自由地创作、自由地发表，没有人为障碍，也没有严格的选稿标准，在计算机上敲击键盘，然后贴到各大 BBS、文学论坛，就算发表了。这在传统文学简直是天方夜谭，网络的开放性让更多的民间作者走出来，展现自己的原创作品，以最快的速度发表，也可以得到读者的最快反馈。

(2) 网络文学的高科技性。网络文学以网络为依托，以电子化的形式存在。与传统文学的纸介质相比，其创作、保存和阅读方式离不开计算机、Pad 等高科技阅读和创作设备。因此，高科技设备和环境是网络文学存在的基础。

(3) 网络文学的多媒体性。多媒体、超文本集成，是 Internet 的基本特征。应用到文学创作上，就会产生众多不仅图文并茂，而且声像俱全的文学作品，这是网络文学独有的表达形式。比如多媒体创作(在诗歌中加联结，在文字中附以图片、Flash)等。

网络文学网站从运作模式看，更像文学社区，由爱好文学写作和阅读的网民交流。难以与网络游戏和网络音乐这些形成产业规模的服务相提并论。目前，文学网站的运作主要以免费形式，但也在逐步开始探索收费服务模式，且服务内容也在不断拓展。

例如，由上海榕树下计算机有限公司主办的榕树下网站(www.rongshuxia.com)，以"文学爱好者的网络家园"为定位，决定其永远不能达到门户网站那么大的访问量，也不可能吸引到足够多的广告来维持网站运作。因此，为了让网站运行良性循环，需要对一些功能提供收费服务，同时不断推出增值服务。如图 9-9 所示是榕树下网站的主要文学内容和提供的网络服务。

图 9-9　榕树下文学网站的内容和网络服务图

电子商务实务

## 【任务实施】

在学习了网络娱乐相关准备知识后，结合你自己的理解，谈谈如何应用网络娱乐来充实你的生活。

要求：
(1) 将学生4~6人分成一个小组，组内分工要明确。
(2) 查阅相关知识的资料。
(3) 小组成员讨论交流各自学习成果，由组长进行汇总整合。
(4) 由小组指定代表进行任务汇报。

## 【任务小结】

由教师归纳总结任务中主要的思想、知识点等。

# 任务四　Web 2.0 及其相关社会软件应用

## 【情境及任务描述】

假设你是人民网的编辑，你如何利用播客来进行宣传？

## 【知识准备】

### 一、Web 2.0 及其相关应用的基本概念

#### 1. Web 2.0 的基本概念

Web 2.0 是相对 Web 1.0 的新一类 Internet 应用的统称，它以 SNS、TAG、Blog、RSS、Wiki 等社会软件的应用为核心，依据六度关系理论、XML、Ajax 等新理论和技术实现的 Internet 新一代应用，是一次从核心内容到外部应用的革命。由 Web 1.0 单纯通过网络浏览器浏览 HTML 网页模式向内容更丰富、联系性更强、工具性更强的 Web 2.0 Internet 模式的发展已经成为 Internet 新的发展趋势。

Web 2.0 体现了三个特点。

(1) 个性化。用户也是消息源，门户网站对消息的控制将被削弱，消息传播的渠道因此发生改变。

(2) 真实化。在 Web 1.0 时期，网络上都是虚拟社区、虚拟个体，但 Web 2.0 的基本原则是真实，其社区将推广实名制，即使每个人的名字不算真实，但个人资料起码是可信的，这在 SNS(社会网络软件)中体现得更加明显。

(3) 相关性。每个用户以自身辐射出一个私有的可信赖的交际网络，无论是一度还是二度，都与每个用户相关。

Web 2.0 的出现，使网民从过去被模式化了的 Internet 中走了出来，用户不再被动地接受信息，用户成了网络的主体，用户可以参与到 Internet 中，网络中的每一个人都可以是读者、作者或编者。用户通过 Blog 可以表达自己的思想，通过 RSS 可以分享、传播知识和信息，通过 Wiki 用户可成为网络信息的构建者。

2．与 Web 2.0 相关的 Internet 应用

Web 2.0 的具体特征，体现在下列社会性网络技术的应用上，主要包括：博客(Blog)、播客(Podcast)、社会网络(SNS)、内容聚合(RSS)、维客(Wiki)、社会化书签(Social Bookmark)等。

1) 博客与播客

博客与播客都是在网络上发布和阅读的流水记录，通常称为"网络日志"。博客一般发布文字或图片信息；而播客传递的是音频和视频为主的信息。

2) SNS——社会网络软件

美国著名社会心理学家 Stanley Milgram 于 20 世纪 60 年代提出了六度关系理论：在人际脉络中，要结识任何一位陌生的朋友，这中间最多只要通过六个朋友就能达到目的。就是说你想认识一个人，托朋友找朋友找认识他的人，之间不会超过六个人。

社会网络软件 SNS(Social Network Software)就是依据六度关系理论，以认识朋友的朋友为基础，通过网络扩展自己的人脉。并且无限扩张自己的人脉，在需要的时候，可以随时得到该人脉的帮助，如国内的 SNS 网站大全(如图 9-10 所示)。

图 9-10　SNS 网站大全

3) RSS——内容聚合

RSS 是一种"推送"信息(也叫聚合内容)的技术标准，用于共享新闻和其他 Web 内容的数据交换规范。读者可以通过 RSS 订阅一个 Blog 或者其他信息源，随时获得更新，它有助于 Internet 内容更分散化、更自由地传播。RSS 目前广泛用于 Blog、Wiki 和网上新闻频道，世界多数知名新闻社网站都提供 RSS 订阅支持。

网络用户可以在客户端借助于支持 RSS 的新闻聚合工具软件，在不打开网站内容页面

的情况下阅读支持 RSS 输出的网站内容。如图 9-11 所示为人民网通过 RSS 订阅新闻。

图 9-11　通过 RSS 订阅新闻

以新闻订阅为例，介绍 RSS 的应用方法如下。

首先下载和安装一个 RSS 新闻阅读器，然后从网站提供的聚合新闻目录列表中订阅感兴趣的新闻栏目的内容。订阅后，就会及时获得所订阅新闻频道的最新内容。

RSS 新闻阅读器自动更新定制的网站内容，保持新闻的及时性，同时，用户可以加入多个定制的 RSS 提要，从多个来源搜集新闻并整合到单个数据流中。

4）Wiki——百科全书

Wiki 是一种超文本系统，它支持面向社群的协作式写作，同时也包括一组支持这种写作的辅助工具。我们可以在 Web 的基础上对 Wiki 文本进行浏览、创建、更改；Wiki 的写作者自然构成了一个社群，Wiki 系统为这个社群提供简单的交流工具。与其他超文本系统相比，Wiki 有使用方便及开放的特点，所以 Wiki 系统可以帮助我们在一个社群内共享某领域的知识。

对于企业，Wiki 所具有的集体性的潜力可以用于公司的内部和外部应用中。例如，对于一些在企业内部网中信息更新存在问题的公司，Wiki 使得雇员和客户能自己来做更新；Wiki 也能帮助调整内部的开发项目，实现远距离的人员之间的交流沟通和想法共享，减少协同工作人员之间的电子邮件发送数量；Wiki 也能被用来构建网上客户社区，用以提供建议和支持。

5）Social Bookmarks——社会化书签

社会化书签，起源于一家叫作 Delicious 的美国网站。该网站自 2003 年开始提供一项叫 Social Bookmarks 的网络服务。它可以让你把喜爱的网站随时加入自己的网络书签中；你可以用多个关键词（Tag）而不是分类来标示和整理你的书签，并与其他人共享。

## 二、博客

博客来源于英文单词 Blog，为 Weblog 的简称，指在网上发布和阅读的流水记录，通常称为"网络日志"。Blogger 指撰写 Blog 的人。博客有 Blog 和 Blogger 两种意思。

本质上，Blog 是一个网页，由简短且经常更新的帖子构成，这些帖子一般是按年份和日期倒序排列的。作为 Blog 的内容，可以是你纯粹个人想法和心得，包括你对时事新闻、国家大事的个人看法，或者你对一日三餐、服饰打扮的心得体会等，也可以是在基于某一主题的情况下或是在某一共同领域内由一群人集体创作的内容。它并不等同于"网络日记"。作为网络日记是带有很明显的私人性质，而 Blog 则是私人性和公共性的有效结合，它绝不仅仅是纯粹个人思想的表达和日常琐事的记录，所提供的内容可以用来进行交流和为他人提供帮助，可以包容整个 Internet，具有极高的共享精神和价值。

Blog 是继 E-mail、BBS、IM 之后出现的第四种全新的网络交流方式，它有着极其出色的交流功能。在以往的网络交流方式中，BBS 过于公共化，而 E-mail 和即时通信工具 IM 则有很明显的私人性质，Blog 的出现则将公共性和私人性很好地结合起来。

博客始于美国，1997 年 John Barger 创造了"Blog"一词。1998 年，博客网站的原型"德拉吉报告"报道的美国总统克林顿性丑闻一案使类似的写作方式在美国大行其道。2004 年 Google、Yahoo！等全球几大 Internet 公司开始全面提供 Blog 服务，欧洲、日本、韩国等国家最主要的 ISP 服务商也加入 Blog 服务阵营，Blog 浪潮开始真正来到。2002 年 8 月，博客中国网站第一个引入博客概念，2003 开始在国内正式推广。目前中国已有众多的各类博客网站。博客网注册步骤如图 9-12 所示。

图 9-12　中国博客网博客注册步骤

## 三、播客

博客传播的是以文字和图片为主的信息，而播客传递的则是音频和视频信息(目前播客是以音频信息为主)。2004 年 9 月，美国苹果公司发布 iPodder，这一事件被看作是播客(Podcast)出现的标志。

Podcast 是苹果公司的 iPod(Audio and Video)和广播(Broadcast)的一个合成新词。它指的是一种向 Internet 发布音、视频等媒体文件的方法，用户通过 RSS 订阅自动接收文件，并将媒体文件转到便携终端如 iPod、手机等媒体播放器上收听、收看。播客指的就是制作、发布 Podcast 的人，英文是 Podcaster。

与流媒体音频不同，播客节目可以自行选择收听的时间与方式，是独立的可以下载并复制的媒体文件。播客是"自由度极高的广播"，人人可以制作，随时可以收听。

按照现有 Internet 播客节目来划分，播客主要有以下几类。

(1) 传统广播节目的播客版本。例如广播巨头 Clear Channel Communication Inc。向拉什·林堡俱乐部的会员推广一项包含了播客技术的服务，免费收听流行广播节目。沃尔特·迪士尼公司(Walt Disney Co)旗下的 ABC News 也提供 *Nightine* 等节目的播客版本。NBC 及 ABC 同时开播了其新闻频道的播客项目。这两家广播公司提供的大部分都是经过编辑的现有电视节目的播客版本，外加一些播客格式的特制内容。

(2) 专业播客提供商。提供音乐下载服务的 iTunes Music Store 现在也罗列了 15000 份免费下载的播客内容，从业余人员制作的节目到艾尔·费兰肯等著名评论员主持的主流节目片断，无所不包，用户注册下载的播客内容已经超过了 700 万。

(3) 个人播客。与博客相似，个人播客用麦克风、计算机录下自己的音频版日记，然后传到自己的播客上，与网友分享。播客们上传的音视频文件内容有八卦杂烩、娱乐艺术、动漫游戏、每日流水账、情感、工作等一些个人作品。

播客的历史非常短暂，但有着不可思议的发展速度。2004 年 8 月 13 日，世界上第一个专门的播客网站——亚当·科利的"每日源代码"(Dailysourcecode.com)诞生。2004 年 10 月，播客迎来了发展的"井喷阶段"。根据 Google 搜索的结果显示，当年 9 月，有关播客的搜索结果仅有十几条，10 月 5 日，该搜索结果是 5950 个，10 月 30 日就达到 8.57 万个，2006 年 4 月更达到 194 万个，可见发展速度之快。2005 年，Internet 上播客电台数量也增长到 5600 多个。2005 年年底，中国第一个播客网站——土豆网(www.tudou.com)开通。截至目前已有中国播客网、动听播客、播客天下、播客中国等知名网站。2006 年国内第一份 Web 2.0 报告《中国 Web 2.0 现状与趋势调查报告》显示，用户所了解的播客网站中，雅虎播客排名第一，其次是中国播客网、播客天下、土豆网和播客中国。每周访问播客网站 2～3 次和每周访问 1 次的人群分别达到 22.6%和 20.5%，每周 4～6 次的人群有 11.1%，另外还有 13.9%的人群每天访问。

2005 年 6 月 28 日，苹果公司 iTunes 4.9 的推出掀起了一场播客的高潮，iTunes 4.9 是一款优秀的播客客户端软件，或者叫作播客浏览器。通过它，用户可以在 Internet 上浏览、查找、试听并订阅播客节目，并具有下载功能。一些播客网站甚至因为访问量过大而暂时瘫痪。

据统计，国内目前播客人数已达近百万。部分播客充当"电视台"的角色，播放播客们制作的各种文字、视频、音频或者 Flash 节目；还有文字博客和播客兼收并蓄、提供下载节目在手机上播放的。总之，声、影、乐、动漫，播客网应有尽有，成为时尚又具旺盛生命力的大众娱乐平台。

与博客一样，注册成为播客十分简单，如在浙江播客网站注册播客，只需三步，如图 9-13 所示。

项目九 电子商务信息服务

图 9-13 浙江播客网站播客频道发布的播客注册步骤

## 四、移动博客和移动播客

移动博客和移动播客是指在手机上使用博客和播客的功能，主要是利用手机这个载体，充分强调移动的随时随地的特点。如果移动博客=手机+文本+拍照，那么移动播客=手机+录音+摄像。使用手机的文本、拍摄、录音和摄像功能，就可以随时发布短小精悍的博客和播客文件，同时，利用移动上网也可以在手机上直接收看和收听。

例如，中国博客网(http://www.blogcn.com)推出了移动博客服务功能，只需将安装在手机中的移动博客插件 MRabo 与用户 ID 及密码进行绑定后便可随时随地通过手机发表博客文件，上传手机图片，查看其他博客文件和图片。

又如，著名的土豆网就是一个播客网站，如图 9-14 所示。

图 9-14 土豆网播客服务

## 五、Web 2.0 及其应用的商业价值

Web 2.0 作为一种新型 Internet 应用模式出现，必然伴随新型商业模式。

目前，全球知名的网络公司和许多企业都在进行 Web 2.0 的商业化运营。

例如，2003 年 2 月，Google 并购了全球最大的博客托管服务网站 Blogger.com 母公司

247

Pyra 实验室。Pyra 成立仅 3 年半，博客注册用户就达数百万。

雅虎推出的 Yahoo 360 服务，就是一个包含了图片上传、Blog、IM(即时通信)所有功能在内的个人 Web 2.0 平台。微软也发布了与之类似的 MSN Space，微软非常看好 Blog，它甚至雇用一个 Blog 团队来为其 MSN 门户网站制作原创内容。

中国博客网是中国市场规模最大的 Blog 服务托管商(BSP)，目前注册用户超过 200 万，并以每月 8 万～10 万的速度增长。

对于这些专业的 Web 2.0 服务提供商，未来盈利将来自三个方面：广告收入、无线增值服务和向博客用户提供增值服务和应用程序收取的服务费。

有研究者提出了商业化 Web 2.0 公司的主流盈利模式，是提供内容或功能与众不同的软件服务。这些软件具有专利技术、属难以再生的数据资源、具有版权的内容，以及机密的程序等特点，如图 9-15 所示。

图 9-15 Web 2.0 软件的商业价值

这些通过专业服务获得商业利益的方法，已经在许多公司成功应用。如 iTunes 的音乐和视频库(具有版权的内容)、Google 或 Baidu 的搜索引擎(机密的程式和专利技术)或 del-icio-us 提供 Internet 上最好的书签(难以再生的数据资源)等。

对企业而言，Web 2.0 应用于企业管理和市场营销，体现了多中心信息源发布、多节点信息接收为主要特征的，以博客为代表的各种传播手段的应用。

它具有平等与共享的精神，将普通的网络信息传播附加特殊的文化意义，影响读者的消费思想与消费习惯，从而达到营销目的。与传统公关以及广告营销手段相比，具有营销成本低、时效性强、参与性与互动性突出、读者信任度高以及营销效果易见等优势。目前，博客已经被广泛应用于消费者沟通、媒介关系处理、产品事件行销、行业先锋形象树立以及企业文化宣传等诸多领域，并且取得了十分显著的成果。

例如，在企业内部实施 Blog 和 Wiki，可以让知识轻松共享，员工可以通过企业内部 Wiki 熟悉工作技能，了解企业文化；通过 Blog 相互交流和传递信息。

企业的营销人员利用 Blog、Podcasts 和 RSS 来接触并与他们的客户、员工、潜在客户和商业合作伙伴进行沟通。

知识链接：Ajax

Ajax 并不是一种技术，它实际上是几种 Internet 技术的结合。

Ajax 混合了以下几种技术。

- 基于 XHTML/CSS。
- 由 DOM(Document Object Model)实现动态显示与交互。
- 通过 XML 和 XSLT 进行数据交换及处理。
- 使用 JavaScript 整合上述技术。

案例

**VisaUSA、Oracle 和 IBM 应用博客营销的方法**

Visa USA 的企业博客应用,在开始是想考察通过病毒性传播手段,博客宣传能够达到何种传播效果。Visa USA 在 2005 年 10 月发布了第一个博客,叫作都灵之旅(www.journeytotorino.com),该博客网站以冬奥会体育新闻为内容主题,包含采访运动员的 Podcasts 音频内容。值得注意的是,Visa USA 并没有特意推广这个博客站,同时除了网站 logo 和页面底部的说明"Brought to you by Visa USA."外,内容中也没有提到 Visa USA 公司。结果显示,网站用户数从一小部分读者开始发展到每天 300 人,2006 年 1 月份第一周读者人数达到 1 万人。

Oracle 的 Podcasts 节目和博客社区 Oracle 在营销领域一直热衷于尝试新技术应用。2005 年 4 月,Oracle 就制作了一个 Podcasts 节目,内容是技术专家讨论公司的技术和应用,放在 Oracle Technology Network 的 Podcast 中心,用户可以自由下载到桌面或 MP3 播放器中。同时,Oracle 还拥有一个大的博客社区,目前有 60~70 篇博客文章,都是由 Oracle 的客户和合作伙伴发布的,讨论他们如何使用公司的技术产品。Oracle 还计划改用第三方提供的博客系统,以加大对博客的利用。不过,要测量这些新兴媒体的投资收益率是比较困难的。Oracle 使用网页浏览数指标来判断博客达到的沟通和传播效果,以及通过 Podcast 的下载量等进行效果评估。

IBM 公司也是博客营销的积极实践者。2005 年 8 月,他们发布了专门针对投资人的 Podcasts 站点(www.ibm.com/investor)。其中讨论商业和技术主题,如银行业、购物和网络游戏等。IBM 也在公司内部网上提供博客系统以鼓励员工使用博客和 Podcasts。IBM 的发言人称,员工对于这些社会化网络和沟通方式的活跃状态让他们意识到新兴技术应用的极大潜力。到目前为止,约 15000 个 IBM 员工注册了公司博客,2200 个员工定期维护其博客。博客主题从技术讨论到寻求项目帮助,应有尽有。但 IBM 也发现不少潜在的问题,如机密信息泄露或可能危害公司声誉的信息等。为了降低风险,IBM 还专门针对员工发布博客拟订了发布指南,包括员工不得泄露公司机密信息、未经客户许可不得提及客户、不可使用侮辱性或亵渎性语言等。

# 【任务实施】

在学习了相关准备知识后,结合你自己的理解,谈谈你如何利用播客来宣传。

要求:

(1) 将学生 4~6 人分成一个小组,组内分工要明确。

(2) 查阅安全技术协议相关知识的资料。
(3) 小组成员讨论交流各自学习成果，由组长进行汇总整合。
(4) 由小组指定代表进行任务汇报。

## 【任务小结】

由教师归纳总结任务中主要的思想、知识点等。

## 【技能检测】

1. 什么是网络文学？
2. 博客和播客有什么不同？
3. 网络游戏为什么这么热门？

## 【实训任务】

谈谈如何对家纺网店进行播客营销。

# 项目十　电子商务法律法规

## 【知识与技能目标】

- 了解电子商务法的概念和调整对象。
- 理解电子商务法的性质、特征和作用。
- 了解国外电子商务立法情况。
- 掌握我国电子商务立法现状。

## 任务一　认识电子商务法

### 【情境及任务描述】

李某原是一家高尔夫公司的市场策划兼产品宣传经理，对公司产品的品牌推广做出过一定贡献，他逐渐变得自大而我行我素起来，后终因工作严重失职被公司解聘。但李某不是反省自己，反而以掌握公司内幕为幌子，在业内几家网络媒体上发表文章或者在论坛上发帖散布不实信息，恶意中伤原公司，严重影响了公司品牌在高尔夫用品市场上的信誉。一时间，该公司的国内外客户纷纷致电或来函询问情况，有些甚至直接撤销订单。最后，公司上下经过努力，通过与相关网络媒体和客户的广泛沟通，澄清了事实，给外界还原了真相。公司认为李某利用网络侵犯了公司的名誉权，依法对李某上诉控告。请你谈谈：公司的做法是有法可依的吗？

### 【知识准备】

### 一、电子商务法的概念

电子商务法是随着现代信息化技术发展和应用而形成的商事法律部门中的一个重要领域。它不仅是对传统商事理念和交易规则的继承和发展，而是对传统法律无法应对新兴交易规则、交易模式等问题的突破。

电子商务法的定义为：政府调整、企业和个人以数据电文为交易手段，通过信息网络所产生的，因交易形式所引起的各种商事交易关系，以及与这种商事交易关系密切相关的社会关系、政府管理关系的法律规范的总称。

### 二、电子商务法的调整对象

电子商务法是调整以数据电文为交易手段而形成的商事关系的规范体系。联合国国际贸易法律委员会在《电子商务示范法》中所给数据电文的定义是："就本法而言，数据电文是指以电子手段、光学手段或类似手段生成、发收或储存的信息，这些手段包括不限于电子数据交换(EDI)、电子邮件、电报、电传或传真。"当以数据电文为交易手段时，一般应由电子商务来调整。

## 三、电子商务法的地位

传统观念认为，电子商务法属于民商法的范畴，也有人认为应该属于一个全新的、独立的法律范畴，是独立的部门法，属于民事特别法，它调整平等主体的当事人之间以计算机网络为媒介所进行的活动。其学科体系由电子商务法原理和具体制度两部分组成，具体包括电子合同法、电子签名法、电子支付法、个人信息保护法、网络知识产权法等。

## 四、电子商务法的性质

(1) 电子商务法既有任意性，又有强制性。任意性规范主要体现在电子商务交易法中，它给予交易主体以充分的选择权，体现了当事人的意愿；而强制性规范表现为它要求当事人必须在法律规定的范围内为或不为，违反这种规定就要受到国家强制的制裁。违反电子商务法不但有民事责任，还有行政责任和刑事责任。

(2) 电子商务法的表现形式是制定法，联合国贸易委员会制定的《电子商务示范法》是以制定法的形式表现出来的。电子商务法应该是由一系列成文的法律、法规所组成的，它是调整电子商务活动的法律规范的总称。

(3) 电子商务法具有国际性。它的法律框架不应局限在一国范围内，而应适用于国家间的经济往来，得到国际上的认可和遵守。

## 五、电子商务法的主体

电子商务的发展是政府、企业和消费者等各类主体协同努力的结果，不能缺少任何一方的参与和支持。企业是市场的主体，是电子商务的主力军，既是发起者，又是响应者，同时还是结果的承担者；政府是倡导者和支持者，是政策、法规的缔造者，是市场经济活动的宏观调控者；消费者则是电子商务最终的服务对象。而作为生产力中最为活跃的要素，消费者也是商务模式的创新之源。

## 六、电子商务法的特征

电子商务法是一个规范商事主体和商事行为的商事法律，是一个新兴的领域。它与其他传统商事法律规范不同，存在着独有的特性，表现为以下几个方面。

### 1. 技术性

电子商务的基础是电子工具的使用，而这些工具的使用和相应的技术规范密不可分。体现在电子商务法中，即大多数法律规范都是直接或间接由技术规范演变而成。因此，技术性是电子商务法的首要特征。

### 2. 开放性

由于电子商务的基础是 Internet，是国与国之间、网络与网络之间连成的庞大体系，实现全球性的信息互通，同时在这个开放性的网络中又充斥多样化的技术手段和信息媒介，这要求电子商务必须以开放性的思维接纳这些各式各样的技术手段和信息媒介，以开放的方式来制定相应的规范和标准，以便更好地促进电子商务的发展。

### 3. 复合性

这源于电子商务交易手段的复杂性和对技术手段的依赖性。体现在电子商务活动中，常需要通过第三方协助或参与才能完成交易。因而，电子商务法除了需要对商事主体的双方当事人进行规范外，也不能忽略广泛参与商事交易的第三方主体。一笔电子商务交易，需要以多重法律关系的存在作为前提，有民事法律关系、商事法律关系、经济法律关系、行政法律关系甚至刑事法律关系，这是传统的口头或书面形式没有的。故电子商务需要一个全方位的全面的法律调整，以及多学科综合知识的应用。

## 七、电子商务法的作用

电子商务法的作用主要体现在三个方面。

### 1. 为电子商务的健康快速发展创造一个良好的法律规范

制定电子商务法的目的就是，要向电子商务各类参与者提供一套虚拟环境下交易的规则，说明怎样去消化此类法律障碍，如何为电子商务营造一种比较可靠的法律法规。

### 2. 是保证网络交易安全的重要手段

电子商务交易的安全，不仅需要技术保障措施，还需要法律规范。电子商务安全问题往往涉及两个方面：交易安全和信息、网络安全。它们交织在一起。目前我国还没有专门针对电子商务交易的法律法规，主要是因为上述两个方面相关的法律制度尚不完善。我们应该逐步探索完善适合我国国情的电子商务法律制度。

### 3. 鼓励利用现代信息技术促进交易活动

电子商务法的目标主要包括促进电子商务的普及或为此创造方便条件，平等对待基于书面文件的用户和基于数据电文的用户，充分发挥高科技手段在商务活动中的作用等。这些都是促进经济增长和提高国内、国际贸易效率的关键。所以，电子商务立法的目的就是要创立尽可能安全的法律环境，以使得电子商务参与各方高效开展贸易和服务。

## 【任务实施】

在学习了相关知识后，结合你自己的理解，谈谈你所了解的电子商务法。

要求：

(1) 将学生 4~6 人分成一个小组，组内分工要明确。

(2) 查阅电子商务法相关知识和案例的资料。

(3) 小组成员讨论交流各自学习成果，由组长进行汇总整合。

(4) 由小组指定代表进行任务汇报。

## 【任务小结】

由教师归纳总结任务中主要的思想、知识点等。

# 任务二　电子商务立法

## 【情境及任务描述】

一次朋友聚会，谈起女博客秦涛起诉搜狐的这样一个事件。事情是这样的：秦涛在新浪网、和讯网和博客网开了博客，并且在博客里注明，未经本人许可不能转载。但是她偶然发现，搜狐 2005 年 8 月 9 日发布的《百度疯了，麦莎来了，阿里巴巴卖了的六种感觉》和 2006 年 2 月制作的《博客，女人，谁成就了谁？》专题部分内容取自其博客内容，但搜狐未曾和她联系过，秦涛认为这侵犯她的著作权。于是，秦涛向法院递交了诉状，要求搜狐承担侵权责任。版权争议拉开序幕。你的朋友问你觉得对电子商务立法的态度怎样？

## 【知识准备】

### 一、电子商务立法概述

1995 年美国犹他州颁布《数字签名法》，至今已有几十个国家、组织和地区颁布了与电子商务相关的法律。随着电子商务的蓬勃发展，全球电子商务立法自 2005 年以来掀起新高潮。目前已有 30 多个国家和地区制定了综合性电子商务法。从国际经验来看，立法已成为促进电子商务发展的通行做法，符合国际发展趋势，也为我国提供了比较成熟的国际经验来借鉴。

令人兴奋的是，在我国，2013 年 12 月 27 日，全国人大财经委成立电子商务法起草组，并首次划定中国电子商务立法的"时间表"：从起草组成立至 2014 年 12 月，进行专题调研和课题研究并完成研究报告，形成立法大纲；2015 年 1 月至 2016 年 6 月，开展并完成法律草案起草。

### 二、国外电子商务立法

自 20 世纪 90 年代中期以来，电子商务如一场风暴迅速席卷全球。面对这一潮流，各国和相关国际组织纷纷行动起来，制定适应电子商务发展的规范。从各国的电子商务立法中，把握一些全球电子商务立法的规范化趋势，吸取其中的经验教训为我所用，对我国电子商务立法相当必要。

从发达国家目前的动向来看,一方面,他们基本上是从一个战略发展的角度来规范和建立电子商务立法规则。如美国着眼于21世纪经济的持续增长,为此发展电子商务更成为克林顿政府第二个任期内的主要任务。另一方面,发达国家纷纷制定相关法律法规、起草电子商务基本框架、签署双边协定、发表白皮书等,其目的都是争取制定电子商务国际规则的立法权。通过对美国1998年以来发表的有关电子商务的政策性文件,基本框架原则以及美国和日本、欧盟、法国、北爱尔兰等国签署的双边协议来看,美国的电子商务基本政策和原则框架已趋向成熟,并在某种意义上成为各国发展电子商务的先导。

就目前状况而言,探讨电子商务立法的主体、客体、权利、义务、诉讼程序、诉讼管辖等细节条款还为时过早,因此国内外都从制定和细化有关电子商务立法的原则问题着手。如欧盟提出的行动计划,得到了一些国际商会的支持。在这个计划中所提出的国际立法原则与大多数国家的电子商务发展和立法相吻合,值得借鉴和研究。其中都遵循着一些基本原则:电子商务基本上应由私营企业来主导;电子商务应在开放、公平的竞争环境中发展;政府干预应在需要时起到促进国际化法律环境建立、公平分配匮乏资源的作用,而且这种干预应是透明的、少量的、重要的、有目标的、非歧视性的、平等的,技术上是中性的;使私营企业介入或涉入电子商务政策的制定;电子商务交易应同使用非电子手段的税收概念相结合;电信设施建设应使经营者在开放、公平的市场中竞争并逐步实现全球化;保护个人隐私,对个人数据进行加密保护;商家应为消费者提供安全保障设施,并保证用户能方便实施、使用。

表 10-1 是国外电子商务立法初期的相关法规。

表 10-1 国外电子商务立法初期的相关法规

| 国际组织或各国 | 电子商务立法初期法规 |
| --- | --- |
| 欧盟 | 1981 年《贸易数据交换指导原则》(GTI)<br>1988 年《版权与科技挑战绿皮书——亟待解决的版权问题》 |
| 美国 | 1986 年《电子通讯陷私法案》<br>1978 年佛罗里达州《计算机犯罪法》<br>1978 年《电子资金划拨法》<br>1979 年标准化委员会 ANSI/ASC/X.12<br>1984 年国会通过 lable 法案,保护隐私权<br>1986 年《电子交流法案》<br>1989 年《统一商法典》<br>20 世纪 80 年代中期《信用卡欺诈法》、《计算机安全法》、《信息安全管理条例》 |
| 英国 | 1984 年《数据保护法》 |
| 意大利 | 1984 年通过公共信息服务部门以电子手段传递的单证可具有一定的法律价值法案 |

表 10-2 是国外电子商务推进期的相关法规。

表 10-2　国外电子商务立法推进期的相关法规

| 国际组织或国家 | 电子商务扒进期 EC 相关法规 |
| --- | --- |
| 世界贸易组织(WTO) | 1994 年 4 月 15 日，WTO 协定附件 IC《与贸易有关的知识产权协定》(Trips)，将数据库纳入版权保护范围 |
| 经济合作发展组织(OECD) | 1990 年，《保护隐私和跨界个人资料指南》 |
| 国际商会(ICC) | 1990 年，《国际贸易术语解释通则》(INCOTERMS，1990)允许通过 EDI 系统提供各种单据 |
| 欧盟 | 1992 年，《欧共体关于数据库著作权的指令草案》、《关于数据库法律保护的指令建议》<br>1995 年 1 月，《欧盟隐私保护指令》<br>1995 年 10 月，《个人数据处理中个体权利保护指南》<br>1996 年 3 月 11 日，《欧盟数据库指令》 |
| 美国 | 1995 年，犹他州《数字签名法》<br>1995 年 10 月，美国律师协会科学与技术委员会，公布《数字签名指南》草案《统一商法典》(UCC)，关于电子合同效力、电子签名效力、电子付款等的增补 |
| 英国 | 1996 年 3 月 23 日，《电子通信法案》 |
| 日本 | 1996 年，电子商务促进会(ECOM)，认证机构工作小组发布《认证机构指南》、《交叉认证指南》 |

表 10-3 是国外电子商务立法高速发展期的典型法规。

表 10-3　国外电子商务立法高速发展期的典型法规

| 各国际组织或国家 | 典型法规 |
| --- | --- |
| WTO | 1998 年 5 月，WTO 部长级会议《全球电子商务宣言》 |
| 世界知识产权组织(WIPO) | 1996 年 12 月，《WIPO 版权条约》又称因特网条约，《互联网名称和地址管理及其知识产权问题》 |
| 经济合作与发展组织(OECD) | 1998 年 10 月，渥太华部长级会议通过《OECD 全球电子商务行动计划》 |
| 国际商会(ICC) | 1997 年 11 月 6 日，ICC 巴黎举行的"世界电子商务会议"通过《国际数字保证商务通则 GUIDEC》 |
| 电子商务全球商家对话(GBDe) | 1999 年 1 月，GBDe 在美国成立。公开明确电子商务九大问题 |
| 八国集团峰会 | 2000 年 7 月，发表"全球信息社会冲绳宪章" |
| 美国 | 1996 年 12 月 11 日，美国政府发表《全球电子商务框架》草案；1997 年 7 月 1 日，《全球电子商务框架白皮书》；2000 年 2 月 13 日，美众议院通过《电子签名法案》 |

## 三、我国电子商务立法

### 1. 我国电子商务立法的主要原则

(1) 遵循国际惯例，做到与国际接轨。
(2) 充分考虑我国实际情况，分阶段发展，重点突破，不断完善。
(3) 充分利用已有的法律体系，保持现有法律体系的完整性与稳定性。
(4) 在电子商务的立法过程中，充分发挥各部门规章及地方政府立法的作用。
(5) 在立法的同时，注意充分发挥司法、行政执法、仲裁及国际组织的作用。
(6) 充分发挥产业政策的推动作用，促进电子商务的发展。
(7) 在电子商务的管理上，普遍采取了登记、备案、许可的制度。
(8) 充分重视网络安全与加强网络管理。

### 2. 目前我国主要的电子商务相关法规(如图 10-1 所示)

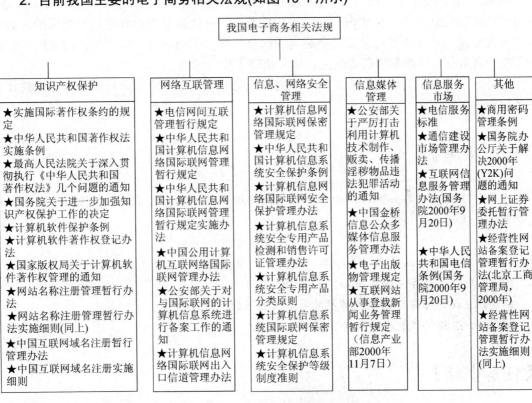

图 10-1 我国主要的电子商务相关法规

近年来，我国电子商务领域交易主体真实性、假冒伪劣商品、消费者权益保护、知识产权保护、个人信息安全等问题比较突出，行业竞争秩序问题凸现，出现了电商价格战、3Q 大战、围攻淘宝商城等事件。因此，规范市场、加强监管迫切需要电子商务法。

我国电子商务领域仅有的法律是电子签名法。该法于 2004 年 8 月由十届全国人大常委会第十一次会议通过，解决了电子签名的合法有效问题。但是，该法并未解决电子合同、电子票据、电子支付等电子交易环节的其他关键问题，全流程电子商务存在诸多障碍。此

电子商务实务

外,现有法律主要规范线下商务活动,应对互联网线上交易显得捉襟见肘,既无法全面规范电子商务活动,也无法有效保障各方权益,因此还应有专门法或者特别法进行规定。2005年中国人民银行出台了《电子支付指引(第一号)》,全面针对电子支付中的规范、安全、技术措施、责任承担等进行规定,贯彻了电子签名法并充分估计了电子支付领域的一些具体问题,是一部很有意义且操作性很强的规定。但该规定连部门规章都算不上,只是提供一种指引方向,强制力和约束力有限。我们很有必要尽快制定综合性电子商务法,理顺体制机制,减少各类准入审批,明确促进政策,降低交易成本,鼓励电子商务应用。通过立法规范网上信用、电子认证、在线支付和物流配送等支撑体系,优化电子商务发展环境,促进电子商务持续健康发展。

当然,我国各类电子商务与互联网企业的"网规"值得在立法和治理电子商务时借鉴。这些电子商务和互联网企业在十余年起伏中沉淀下来的有效治理措施,是来自第一线的实战经验,是企业在既无法律指引支持、又无国家执法措施保障的情况下摸索出来的宝贵经验,可谓是治理创新的典型。

例如,《淘宝规则》(2012年2月版)共129条,从用户注册到商品陈列、从搜索到广告、从身份认证到信息核查、从知识产权保护到反欺诈、从消费者保护到用户数据保护,基本涵盖在淘宝网上从注册到交易完成会遇到的所有问题。依照这些"网规",淘宝网有效维护了电子商务交易秩序和消费者利益,极大减轻了政府压力。

此外,立法也应为现在和未来能预期的法律问题设定基本原则,从而保障各方权利,规范行业秩序。

## 【任务实施】

在学习了相关准备知识后,结合你自己的理解,谈谈你通过秦涛起诉搜狐等事件,对电子商务立法的看法如何。

要求:
(1) 将学生4~6人分成一个小组,组内分工要明确。
(2) 查阅电子商务立法相关知识的资料。
(3) 小组成员讨论交流各自学习成果,由组长进行汇总整合。
(4) 由小组指定代表进行任务汇报。

## 【任务小结】

由教师归纳总结任务中主要的思想、知识点等。

## 【技能检测】

1. 请你归纳电子商务的法规范畴。
2. 你对哪些电子商务的法规有兴趣,为什么?

项目十　电子商务法律法规

3. 你能对哪个方面的电子商务法规提出你的对策或建议，请谈谈。

## 【实训任务】

1999年5月14日，北京正普科技发展有限公司向国家商标局申请将中文"阿里巴巴"及汉语拼音"a li ba ba"的组合注册为第35类、第38类、第41类及第42类服务商标。国家商标局于2000年6月进行了商标公告。1999年9月，阿里巴巴(中国)网络技术有限公司成立，"阿里巴巴"这一商标归属权发生了争议。2000年年初，CNNIC获准提供用户申请注册顶级域名为"中国"的中文域名服务。2000年1月18日，CNNIC推出了"中文域名试验系统"。北京正普科技发展有限公司于当日的第一时间以在线注册的方式向CNNIC提出注册"阿里巴巴"中文域名的申请，但因CNNIC把"阿里巴巴"中文域名已经预留给了阿里巴巴(中国)有限公司，故北京正普科技发展有限公司未能注册成功。2000年11月7日，CNNIC全面升级中文域名注册系统，正式推出"中文通用域名"，因同样原因，北京正普科技发展有限公司仍然不能注册成功。原告认为，第一被告违反了其向全社会公开发布的受理中文域名注册要约的约定，应承担违约责任；第一被告将域名预留给第二被告的行为，违反了"先申请先注册"原则，应承担相应的法律责任。此外，第二被告明知原告已经就"阿里巴巴"申请了注册商标且在先申请域名注册，仍向CNNIC申请注册了该域名，侵犯了原告的合法权益。2001年1月17日，北京正普科技发展有限公司向北京市第一中级人民法院提起诉讼，告第一被告CNNIC违约、侵权；告第二被告阿里巴巴公司恶意注册、侵权，并要求法院判令"阿里巴巴"中文域名由其注册所有。

请你谈谈对于此案，应该如何判理。

# 参 考 文 献

[1] 俞立平. 网络营销[M]. 南京：东南大学出版社，2009.
[2] 李肖肖，周莉. 电子商务案例与实训教程[M]. 北京：北京交通大学出版社，2009.
[3] 李琪. 电子商务概论[M]. 北京：高等教育出版社，2009.
[4] 埃弗雷姆·班特，戴维·金，等. 电子商务：管理视角[M]. 5版. 严建援，译. 北京：机械工业出版社，2010.
[5] 施志军. 电子商务案例分析[M]. 北京：化学工业出版社，2009.
[6] 王硕. 电子商务概论[M]. 合肥：合肥工业大学出版社，2007.
[7] 吴吉义. 电子商务概论与案例分析[M]. 北京：人民邮电出版社，2008.
[8] 卢国志. 新编电子商务概论[M]. 北京：北京大学出版社，2005.
[9] 宋文官. 电子商务概论[M]. 北京：清华大学出版社，2007.
[10] 孙燕军. 电子商务教程[M]. 北京：高等教育出版社，2008.
[11] 利荣. 电子商务概论[M]. 北京：科技出版社，2005.
[12] 苏丹. 电子商务概论[M]. 北京：电子工业出版社，2006.
[13] 李适时. 各国电子商务法[M]. 北京：中国法制出版社，2003.
[14] 埃弗雷姆·特伯恩. 电子商务[M]. 2版. 北京：电子工业出版社，2003.
[15] 王纪平. 电子商务法律法规[M]. 北京：清华大学出版社，2004.
[16] 中国就业培训技术指导中心. 电子商务师国家职业培训教程[M]. 北京：中央广播电视大学出版社，2005.
[17] 吴晓萍. 网络营销[M]. 北京：北京交通大学出版社，2009.
[18] 阿里学院. 阿里巴巴新版认证培训国内贸易课程资料[D]，2010.
[19] 周曙光. 电子商务概论[M]. 南京：东南大学出版社，2008.
[20] 胡革. 网络营销(工具+理论+实战) [M]. 北京：清华大学出版社，2010.
[21] 刘喜敏，马朝阳. 网络营销[M]. 3版. 大连：大连理工大学出版社，2009.
[22] 岳云康. 电子商务实训教程[M]. 大连：东北财经大学出版社，2008.
[23] 中国就业培训技术指导中心组织. 电子商务师国家职业资格培训教程[M]. 北京：中央广播电视大学出版社，2005.
[24] 俞立平. 电子商务实验实训[M]. 北京：中国时代经济出版社，2007.
[25] 高晖. 网络营销[M]. 西安：西安交通大学出版社，2012.
[26] http://b2b.toocle.com/
[27] http://www.iresearch.com/
[28] http://www.ec.org.cn/
[29] http://alirsearch.com/
[30] http://china-ecom.com
[31] http://chinaepayments.com
[32] http://mopay.cn
[33] http://digitalforture.com.cn

[34] http://www.e-works.net.cn

[35] http://bankinfo.myetang.com

[36] http://www.yesky.com

[37] http://ipay.com.cn

[38] http://www.cncard.com

[39] http://cmbchina.com

[40] http://cnci.com

[41] http://www.pcword.com.cn

[42] http://www.obv.cn

[43] http://hxinfo.cn

[44] http://ciweekly.com

[45] http://alipay.com/

[46] http://www.cbinews.com/ins/showcontentc.jsparticleid=29084

[47] http://baike.baidu.com/view/5,228.htm

[48] http://www.rxyj.org/html/2010/125/453159.php

[49] http://cio.ctocio.com.cn/eed/443/7669433/25721.html

[50] http://www.study365.cn/Article/qyzl/200612/25721.html

[51] http://www.qikan.con.cn/ArticlePart.aspx?titleid=wlxx20080421

[52] http://www.enet.com.cn/article/2008/1230/A20081230410131.shtml